Research in Classics No.5

赫尔德与历史主义

J. G. Herder and Historicism

古典学研究

刘小枫◇主编

第五辑

贺方婴◇执行主编

华东师范大学出版社

VI HORAE
华东师范大学出版社六点分社　策划

本刊由中国比较文学学会古典学专业委员会主办
鸣谢：本辑由北京粉笔蓝天科技有限公司赞助出版

目　录

专题：赫尔德与历史主义（冯庆策划）

论文

书评

Contents

哲学如何变得更为普遍且造福于人民

(1765)

赫尔德　撰
苗思萌　译

[**编者按**]《哲学如何变得更为普遍且造福于人民》是瑞士伯尔尼"爱国者学会"的一次有奖征文的题目,赫尔德此文就是为了这次征文而作,其中体现出明显的"大众哲学"(Popular philosophie)诉求,对流行的形而上学、道德哲学和政治哲学都有相当程度的批判和攻击。这篇文章是赫尔德早年的一篇带有片断性和总括性的思想文献,就其手稿来看,内有相当程度的断裂和含混,其中体现出前批判时期康德的重要影响,尤其是《一个视灵者的梦》的影响。

本文从英文迻译,原刊 Michael. N. Forster(ed. and trans.), *Johann Gottfried von Herder Philosophical Writings*(Cambridge:2002). pp. 3-29. 英译本所依据的德文本来自 U. Gaier et al.(eds.), *Johann Gottfried HerderWerke*(Frankfurt am Main:1985-2000),文中注释均为英译者所加。

导　言

如果说有某种科学充满矛盾,还能作为受人崇敬的对象被添砖加瓦,那便是高贵的哲学(Weltweisheit)。它自始就是一方的烦恼之源,与此同时,也是另一方的真理之基石。这一奇特的矛盾现象,不仅仅是一种区隔门户的记号,一句分宗别派的暗语(shibboleth),换言之,它出现于所有时代、不同人群和诸宗派之间。然而,哲学必须在同一时代、同一群人之间,乃至同一个人不同人生阶段的标准的变迁中持存下去。的确,若一人并非学者,哲学于他便是一种非凡的人类理解现象,就像一个人并非政治家,人与人的冲突对他来说也同样非同小可。哲学已然成为各民族当中的普罗透斯(Proteus)。看吧,它总是在数学和物理学经验的废墟之上称王，却又始终是与语文学关系甚密的盟友，然而，数学与语文学很难说是同气连枝的。

既然在这场保卫战中，形而上学的攻守双方都高举宗派主义与党派偏见的旗帜，人们就无需讶异战场是如此狂热而又迷雾深重——在这迷雾中，人们相互指责对方目不能视，却听任双手乱舞。也不用惊奇，没有一个人丢掉蒙蔽事实的遮眼布——事实上他正朝着幽灵，甚或朝着他自身的影子奋力挥砍。然而，由于战争如此旷日持久，战争的天命又这般诡异难测；在这奇略诡谋的车轮战中，师老兵疲，战士们皆已计穷智尽，勇丧力竭。故真正应当惊叹的是，竟然没有一个超然的旁观者，敢于带着冷静的热忱，化身成务实的修昔底德或波利比乌斯，目光敏锐地纵观全局，寻找解释驱动力的可能，找出动因之间的关联，体察事件隐秘的效果。我之所以说需要波利比乌斯，乃因我们向来不缺新闻记者。

更糟的是，人们仅为抽象概念而战，却并未关注其实际利益。捍卫者认为——其益处太过神圣、伟大，显而易见，无需证明。他们甚至不愿意为他们的释义者做上述工作，尽管这一努力颇为必要。至少，他们本应向无力做这些事情的人证明其不可否认性。而另一方面，轻视者则大多以为抽象概念全然无用，想要将其运用到其他科学，则又是一种新的愚蠢。至少，经济学已经提出了如下问题：对于这无用之物[形而上学]，这长期为害的不幸存在，我必须做些什么呢？为了最终从中获得些许益处，而非受害，我必须要对它做些什么呢？

形而上学的全部敌人分为两大群体，各自为战。它们有着不同的武器与作战准则，有着各自的进攻和防御方式，向敌人的不同侧翼展开攻击。它们中一方向哲学的真理进击，另一方则把矛头指向真理的功用。前者是数学家的阵营，他们向来不在真实性、确定性和明晰性方面向敌人让步。一旦他们指出哲学家的演算结果毫无成效，便完成了最终的非难。这两种科学常常是死对头：即便其中一方胜利，但最终两者谁也无法除掉另一方，正如土耳其人（Turks）与萨拉逊人（Saracens）一般：哲学，作为较弱势的一方，借鉴了数学的方法、步骤和表达式，实际上，在这一过程中，哲学自己也丧失了灵魂。纵然是在单独的个体那里，这些学科的精神也从未能共存：在斯宾诺莎和笛卡尔那里，哲学成了一组不幸的假说；莱布尼茨则是一个相对幸运的诗人；至于沃尔夫，作为先驱者[莱布尼茨]的伟大代言人，赋予了哲学以数学的系统性，而这又宣告了什么成功呢？继续对此发表见解会偏离我们的主题，我只是想要指出,这个主题可能尚未有答案。

哲学与数学的内部纷争从何而来?纷争又将如何解决?是否应当出于要求哲学提供数学上的确定性、明晰性和实用性的目的,而将两门科学加以比较?怎样能使一门科学汇入另一门,却又不引出合二为一带来的损害?对这一切问题,不同的关心会有不同的见解。

反对哲学的第二类人不过是第一类人的分化,他们是物理学家(不幸的是,他们的数量少得可怜)。他们有勇气研究抽象的现象,如自然的显著特质等等,凭借经验而不是假设来下判断,将物理分析的精神而非数学综合的精神纳入哲学。简言之,他们有勇气对我们精神的产物加以剖析,判断它们是谬误还是真理。在物理学方面,在笛卡尔的假说之后有牛顿的假说。在哲学领域,愿物理学的时代在漫长的数学时代之后降临——stat palma in medio, qui poterit, rapiat[棕榈树立在中央,能者居之]!

那些对哲学进行后验观察的人同样来自大不相同的两个阵营:他们是神学家和政治思想家,如果愿意的话,也可称其为上帝之友和人类之友。前者总是过早地将哲学真理植入宗教真理的领域,结果两者都被扭曲了。除了亚里士多德主义酵母的可怜残存之外,我们教义学的经院方法还剩下什么?很不幸,这些方法通过神圣旧时代的偏见来自我保护,而只有寥寥无几的神学-哲学家会着手根除它们。另一方面,人们也会想起德意志最新的流行哲学,它把神学的公设带入形而上学的第一原则中,从神学视角考量整个哲学,战战兢兢,如临大敌,因此他们可谓是年轻神学家的偶像,为了成为形而上学家,不惜牺牲他人。探索这两门科学(它们之为"科学"的意义大抵上是不同的)在思想观点、推论方法、证明方式甚至知识之本源上的一切重大差异,消除我们神学家的方法中如此之多的无用哲学教条,而另一方面,为了传播圣经真理的哲学精神而探索新路,筹划方案,这样的话,一个人就不会相信那种神圣而空洞之物——对于这项事业,英国和少部分的德意志神学家业已为我们留下珍贵的遗产,至少也是良好的实例。

第四种见解是最为有益也最适合我们这个经济-政治时代的,对它略加修改,就成了爱国者协会的追问:"真理如何……?"①哲学怎样与人文科学和政治学和解,从而真正地为后二者服务?不止一个职业哲

① 设立于瑞士伯尔尼的"爱国者协会"曾举行过有奖征文命题:"哲学真理如何变得更为普遍且造福于民?"

人回答[过]这一问题,恰恰也需要这样一类人来决定问题的答案。柏拉图、卢梭、休谟和沙夫茨伯里(Shaftesbury)都曾深入思考过这一问题,并陷入疑惑之中。①

英格兰不乏自然的深度观察者,盛产自然哲学家、政治家和数学家。法兰西则不乏文艺家(Schöngeister),遍布着绅士、权术大师和几何学家。德意志——勤劳的德意志——唯一的民族德性就是自行变得智慧(weltweise zu sein)。其他国家在这方面赶不上我们,就只能轻蔑我们。哦,就此来说,这对于每个血管里流淌着德意志之血的人而言,不正是一项使命吗?不正是一种发扬爱国主旨、展示哲学如何处理与政治科学、数学和美的艺术之关系的德意志哲学精神吗?由此,在任何关乎哲学及其地位的事情上,他都不会放弃。

正如某一协会所探讨过的,人民乃是公共社会当中最高贵的部分,他们与那些跟密涅瓦晚上起飞的猫头鹰们一块儿住在洞穴里的躲躲藏藏的哲人们截然不同!如果哲人们有财产,那就得贡献出来变成共同的产业。如果他们没有财产,也就是自甘堕落,于国家无用,那么就拆掉他们的洞穴,让猫头鹰们飞向太阳吧。

我在一般意义上使用"人民"这个词,即,国家中的每个公民,他们仅在遵循健全理性的准则范围内行事,并不以更高的哲学为指导原则。虽然,想要准确地厘清在富有(Reichtum)与宽裕(Wohlhabenheit)、修辞的雄辩(Beredsamkeit)与良好的风格(Wohlredenheit)、健全的思想与博学的见解之间的边界,实在是如此困难,然而,如果我们注意到"哲学"一词的含义,并理解"人民"指的是那些并非哲学家的人的话,我们就不会感到困惑。

如果我在一所学会担任主席,它由四门以上学科构成,并且很不巧,我又不属于其中任何一个学术领域,那么,这一问题就需要一个既不同于神学家或几何学家,也不同于自然科学家或政治学家的解决方案,而我就会作为一个人类去评判,不会偏袒哲学(它正逐渐受到谴责),不会迁就我的个人倾向或袒护我的任一研究范畴。如果一个人志不在辩驳,不求标新立异、成就声名,而是奋力学习、下定决心写作,

① 正如盖尔所指出的(*Werke I*, p. 974),在导言部分被删除的一段话中,赫德尔将这些人名与皮浪(Pyrrho)的名字联系起来。参看赫尔德在下文第一部分的评论,"我正为皮浪主义者们而作"。

那么,真理将会逐渐明晰。

我已经率先将诸种观点悉数列出,如此便能申明我论题的必要性,也可能呈现所有可被考察的诸多观点的不同侧面。因此,我尝试着手回答这样一个问题——“真理如何能够……?”——并且首先要为阐明这一问题的必要性做辩护。如果这个问题不过是那些让人耸耸肩的学院式固定论题之一,而一个令人痛苦的谜语自会吸引痛苦的俄狄浦斯之辈,那么,我不过是庸人自扰罢了。但是我希望这个追问得到更多的关注,足够好运,能激起更广泛的效果。我讨论的是德意志的话题,并且面向德意志人——这些人是思想最深刻的、在英国人之后最少偏见的欧洲的哲学家(Weltweise)。我作为一个德意志人而发言。我并不想播撒语词,而是种植思想和希望。我把种子留待他人耕种,让它们长成大树,或许也能收获果实。我对自己的要求仅仅是专心寻找那一颗也许是高贵的种子。

我将把问题分解开来,并谈谈哲学的每一部分,讨论它不能引发何种效果,以及它如何能为国家结出硕果。我知道我的思路、观点和想法看起来并不正统规范。但我也希望,大家最终能够明白,为什么我没有选择或许最易于理解以至于其他人都会选择的观点。

一

哲学中的真理

若让我来展示哲学中存在着真理,我看起来就[会]像是一个辩护士,为了捍卫一位处女的清白,便暴露出她最私密之处,来展现自己并不是在谈论男性。(然而,即便如此,对法官而言,这仍然不足以作为证明她清白的证据,同样,这么做也只不过解释了为哲学中存在真理且可以运用这一观点进行辩护的可能性。)由于我在为皮浪主义者(Pyrrhonists)而写作,它便如此这般……①

[在逻辑学的第一部分,]它与我们灵魂的自然秩序是对立的,仅仅包含了语言表达的秩序。而且,其中总会有一些无法绕过的琐碎话题,人们难以给予它们过高的评价。②

---

① 此处手稿上有缺失——可能是相当重要的一处。

② 在赫尔德的手稿中,这部分的第一行到此为止,除了一段缺失外,也有许多其他问题。因此我的翻译一定程度上是推测性的。

逻辑学(Logic)的第二部分,不过是一本词汇名册,它能够集中涣散的注意力,稍许充实我们的思想。在哲学中,这些定义作为工具性概念,大半是多余的。只是为了成为逻辑学家,人们才学习它们。学习?是的,对于哲人(philosophoumenos)来说,这是一种真正的堕落:如果教育他如何运用灵魂的艺术是让他训练记诵,那么他便会以为,所有的哲学性思考都不外乎是记诵而已。他学着如何下定义,学习如何以他老师的话语赌咒发誓。我们的独立思考者为何如此之少?因为他们在学院中已被逻辑学禁锢了。哦,你这机器似的教师,你就好好用你的学院逻辑学来压制你学生那健全的理解力吧;可是,一旦他们弄明白了你的手法,就能平易自然,毫无学究气地仅用三言两语复述你花一个小时老生常谈的官样文章。他们会鄙视你的!这都是你惹的祸:一千个即将长大成人的头脑中,只有十个才有胆量变得智慧;剩下的都窒息在埃及助产妇一样的学院式尘土中了。①

就此而言,我们的逻辑学里囊括了令人不适的、太过普泛的规则,除此之外,就是哲学手册,一套古老论辩的学究式方法。因此,逻辑学的真理无法为造福于民而普遍化。纵然,对学者来说,它也并非工具性的科学,即便在哲学上运用这些方法,也大多会把哲学思考变为争论,因为我们的时代已经不再用谷堆悖论和省略推理法来武装自己。[鉴于此,]如此一个忙碌于把绳结系上又解开的任务,正像透过针眼把小扁豆扔出去一样,是徒劳无益的。

但是,它们能否变得更有益处呢?我的解答不同于学者和那些对逻辑学定律一无所知的人。当我仔细思考我们的逻辑学有何益处时,对我而言,逻辑学必须被视为形而上学,而绝不应被假定为工具性的知识,但它却不外乎成了从心理学(Psychologie)中被完全错误分离出来的部分。我们的逻辑学以心理学中的大部分内容为前提,人们把它看作我们灵魂的残肢,看作尸体遍布的原野。因为,又有谁能谈论不为我知的力量所能做的事呢?然而,如果我们的逻辑学想变得有益,就必须与灵魂学(Seelenlehre)的精髓联系起来。简而言之,我业已尝试要将

---

① 盖尔(《赫尔德著作集》卷一,页976)推测,这是影射埃及农民妇女蹲在地上分娩的做法,这种做法可能有时会导致新生儿在尘土中窒息,也影射助产妇的相关问题。助产妇可能指的就是赫尔德正在谈论的哲学教师,典故来自柏拉图《泰阿泰德》。

灵魂的断肢植回躯干，并且看到了万物如何由此复苏，一阵灵气返回尸骨，使之生意盎然。

可是，这难道不过就是[学科]安排上的错误吗？这当然也算是一个足够严重的错误了，但就这学科自身而言，也是个错误。如果逻辑学应当被视为形而上学，那么我必须要剖析思想的主观性观念和真理的客观性观念，不应用武断的方式来阐释和命名它们，而是去展示它们，譬如说，通过对观念的广泛分析，搜寻我灵魂中全部真理与科学的起源。这样，心理学的这一部分就变成一门发明(invention)的艺术，亦即一门判断力和语言表达的艺术，它把益处与坏处的哲学历史都铭刻于我当中，呈现出内在于我的能力；它作为随着错误与收获之流而运动的科学精神，向我揭示出我的灵魂。这样一来，如果我有内在的驱动力，它就一定会借此而被唤醒，就可以说，在关乎我自身灵魂的层面，我已然进入到了神和哲人的领域，正如彼得①等人那样——证据就在我的种种发明之中。

这里我们的预设是要确定逻辑学自身——我并不会把另一门科学命名为逻辑学——有怎样的用途，那么，其对于人民的益处呢？如果有一种逻辑学，它被安放在我们偶像所具有的理想的完美特性中，排除了一切错误，那么，它会变得更普遍、更有益于人民吗？只要有人对一门理想的思维科学的完美与否作出判断，而非让科学女神在人性苍白的粉饰下现身，我们就可以承认，运用中的瑕疵，亦是其带来益处的体现。当然，哲学思考本身是完美之物。但是对于我们这种凭借本性而呐喊着"生存、繁衍、死亡"的人类来说，是否仍是完美的呢？对于那些国家以"行动吧！"为口号加以呼召的公民们，哲学化的思考是否适用呢？这是与我们的论题高度相关的问题。

(在严格的意义上，)最好的逻辑学能让我们达到的一切哲学化，于国家来说，都是可有可无的。派人去问问计划的专家波美莱(Beaumelle)吧，②并为我命名一下那些在抽象思想的膝头，而非健全理性的怀抱中成长起来的最伟大的行动和最优良的计划吧。战争中最伟大的功绩，国家最优良的机构，都[是]我们的保姆们植入我们心中的逻辑学最纯粹的成果，而不是我们的学院教师用来给我们烙下印记的逻辑

---

① 彼得大帝。

② [中译按]波美莱(L. A. de la Beaumelle)(1726—1773)，法国作家。

学。如果不能容许哲学自己登上这样的一些台阶,那么人民就更不会受这些律令的束缚了。

哲学能力的最高境界,根本无法与健全理解力的最高标准共存,因此,前者的传播对人民是有害的。我们的灵魂一旦超越了需要的边界,就会欲求不满,贪得无厌;如果哲学无法在本质上确定什么是必要的事物,那么它就成了那些好奇心永无止境的科学。如果哲学让我们产生思想,我们就会舍弃学习如何行动,如果缪斯女神喜欢宁静,她就会成为哲学女神。一旦坚守我们哲学家认真研究的那些我们自己理性的造物,我们就不再会有热忱关注自然和社会造物的习惯。如果我们想成为学者,就会失去爱国者的美名。诸种意见在这方面影响巨大,在别处亦是如此。但是,单凭一个更高深的思想,能够消除健全理解力带来的上千个过失、偏见和错误吗?不必说出一千个例子,请谁来为我举出一例即可。健全的理解力的缺点,必须能够被它自己克服。因此,自然无论在何处总是自我治疗,它并不是被指派来给人类看病的天使。我们的哲学理性像代达罗斯(Daedalus)一样,为了指引路线,给自己建造了迷宫;为了解开绳结,自己先系上了结;为了扮演神圣艺术的形象,它将自己投入到刀剑交错的战斗之中。哦,医生啊,诊治你自己吧。不需要你诊治的人民才是走运呢。

所以,哲学家啊,要么请什么也别[做],要么,你便教我如何思考真理,提升我所需要的健全理解的能力吧。这件事需要推动,却不需要指导。一个人会十分自然地认为:一定存在着某种智识的逻辑学,值得我们的人民去广为传播,这是一种尚未被发明出来的逻辑学,在某种意义上说,实现它比实现我们理性的规则更为困难,因为它必将安排我们的想象力和感性,它绝非由规则构成,而是一种为了实际运用而要求更多哲学精神的逻辑学。简而言之,它是"生气勃勃地为人类精神保留它的自然力量,并能适用于各种事态"的那种方法。

除了我们那爱国主义的人性之友卢梭的作品,还有什么地方能找到这种逻辑学呢?他的伟大论题与我在此的论题甚为密切:他向每个拥有尚未被哲学的望远镜削弱人类之眼的人证明了"为了人类的利益,灵魂诸更高力量的发展是不可取的",为了造福于国内的人民,造福于这些比学者更接近自然的生命,我也必须证明灵魂的哲学力量的发展是不足取的。然而,他需要伟大的哲学精神,来揭露人性的弱点和这些弱点的可悲安慰者,哲学家——同样也包括伟大的先哲们——也就是必需的,以求让否定性的逻辑学付诸运作,引导人们沿着漫长且千疮百孔的逻辑的涌流,回溯到健全理解力的源头。这样,真理就会为民众的利益而变得普遍,我们的思想的科学也会变得对民众有益。

综上所述:我们的逻辑学并不教我们想得更多,想得更好(学术思维只应为学者而存在,即便这样,逻辑学也无法实现,除非被看作形而上学的一部分)。人民不应当成为哲学家,因为那样他们就不再是民众了。这对于人民是有害的,人民需要的是引导——通过哲学——换句话说,关于健全理解力的逻辑学。

是否存在应普遍化的哲学真理,能摧毁实践性偏见的原则,让人民在道德上变好?

我们的道德理论(Moral),是关于义务的科学。它从全新的视角,展示了我们的各种责任。它以明亮的色彩,为我们描绘了种种理性,也摧毁偏见和坏的原则。它教育那些哲学地有德的人(the philosophically virtuous man)、崇高的智者,他们不再披着虚假幻想的外衣,在人群中卓尔独立。——哦,溢美之词如此之多,却怕没一句是真的。

人民真的有什么违背道德(Moralité)的实践性的不良原则吗?我以为不然。因为严格意义上讲,大多数人实际上并没有遵循任何原则行事。他们遵循的是什么呢?是指引他们的缰绳。这种指引来自创造我们的自然,并不通过认知,而是通过感觉,而感觉都是好的。因为,它是我们良心(conscience)的声音,是我们的引导者,是上帝送来的信息。它们可能变得微弱,但绝不会晦涩不明。

我的进一步推论就是,道德理论[道德学]的原则和箴言所认为的每一个人都知道的每一件事,其实是含蓄而晦涩的。假如有人为我展示一条作为人类的我并不知晓的道德理论原则,这恰恰构成一个最好的例证,说明它并不适合我。这种原则晦涩不明吗?当然是的。然而,这一晦涩不明,正是规律的威严所投下的阴影,与之可谓形影不离。哲学家照亮法则,都不过是让我先前业已明确的事情变得明晰罢了。他将此传授给我的理解力,但必须要感受这种法则的,不是理解力,而是我的心。如果法则能把人变得有德,那么衣冠楚楚就可以变成人,而哲学家就是上帝,是造物者了。当然,还有人会这样反驳我:道德理论方面最博学的人会从至高的视角洞悉真理,他知晓理性和法则,他绝对就是最有德的人。

让我运用前一节①所述来说明：道德理论并不传授新的法则，也不会改善旧的法则，道德理论是为了理解力而照亮这些法则。（但是难道这样就不存在偏见了吗？理解力有多少影响尚未触及心灵，甚至未能触及哲学理性？）然而，如果良心足够造就道德之善，就会只有纯粹有德之人存在于世吗？并非如此！而无知并不足以造就邪恶。否则，自然就成了继母，以至于把如此重要的功能留给人类本身的欺骗性工作。毋宁说，自然统治着偏见、腐败和不良品性。"对啊！这就是哲学应当消除的东西！"哦，这恰恰是哲学彻底蒙羞之处。要去颠覆那些偶像：它们宛若虚假的荣耀、不诚实的节制，依赖他人的判断，专横地统治各个民族，居于最精细敏感的神经当中，自称与我们的心灵之弦同声共气，却造成无穷无尽的邪恶——我们的道德哲学能消除这一切吗？哦，正相反，它是一种全新的障碍。

一旦感觉变为原则，它就不再是感觉。我思索、我考虑、我领悟了道德责任——我的观点与此非常不同，我故意忘却它的对立面：行动、践行原则。两种技能彼此对立。最伟大的道德理论教师，在最深刻的论证中，必须尽可能地避开每一声虔诚的呻吟，正如聆听布道的人想要被触动，就必须回避听到论题推演一样。一个想透过放大镜去观赏美丽面颊的学者，看到的将只是坑坑洼洼，细节被放得很大，但却无法被他的美貌触动。

那么，何为道德哲学呢？它是一系列太过笼统、无法用于个别情形的原则，并且总是绵软无力，无法对抗一连串的不良倾向，形成一套完整的思维方式。没有什么事情比听到一个孱弱的哲学家——ex grege communi［出自普通民众］——喋喋不休地讨论道德理论的至高力量更滑稽的了。除非，他有另一门科学的帮助——不论是形而上学，还是政治学，甚至是可悲的经济学——否则，他不过是一名空谈者。如果你拿

① 这里可能仅仅指的是"上一段"。然而，据推测，赫尔德在前面一节关于逻辑学的缺失的开头部分提出了逻辑法则的观点，这些法则与他在这里继续探讨的道德理论是相对应的。因此可以注意到，在下文中，他显然通过"［哲学的］第二部分也不过是一部关于技艺的术语的词典，它把道德理论变为了一门争论的技艺"这句话，继而实现了前文对逻辑学的论述与此处对道德理论的论述之间的相似性。

开他所站立的哲学木桶，如果你取走他言辞中那冠冕堂皇的粗鄙，那么他就会被嘘下讲台。

因此，[哲学]的第二部分，也不过是一部关于技艺的术语的词典，它把道德理论变为一门争论的技艺。但凡去询问那个写了十二篇关于至善的论辩文的老师，他是否比他所要指导的人更占有至善，就会得到"这两者毫不相干"之类的回答。

而我知道，有些实践哲学的教师声称，汲汲于教化之事将大有裨益。我并不想去研究要实现这件事是否应当以哲学为条件，因为，比起穿透到道德理论的根基，道德教化本身要容易得多。因此，我只想指出，在这方面发出声音的并非哲学家，而是一切人类——人类也会理解道德理论，并从中获益，但是，在别的一切方面，我都需要成为一名哲学家。就此而言，我们看到，问题又回到了我们先前的立场：为了理解道德理论，人民就必须要成为哲学家。但是要付出什么代价呢！那就是：他们不再是人民了。tanti poenitere non emo[我不会付出如此高昂的代价去改悔]！

简而言之，我们看到，道德理论为了继续作为哲学而存在，就必须仅仅作为一种意志的形而上学而存在，不断探索感觉、力量、道德感受，以及基本驱动力如活力、精神、神性的深邃和无限的明晰之类。它必须要从这些驱动力中建立我们的义务，使之上升为道德(Moralität)和律法的至高的第一观念。它必须要达到形而上学论证的精确性。它不能只是指出罪恶却不对其加以解释，诸如此类。尽管以下这些话题我谈了很多：我们的道德理论是否已经到了可明证的程度，它在何种程度上混淆了边界，等等，但在此我只是指出这些观点，暂且不管它。我在处理的问题并不是"哲学如何造福于哲学家"。

人民需要哲学，既非为了思考，也不是为了更好地去感受。因此，哲学作为达到目的的手段，可有可无。于我而言，这条路太为艰辛。因此，你们这些想使哲学变得普遍的哲学家，也要注意到它的弊端。倘若不然，好吧，你们就仍会被它虚假的幻象之类蒙蔽。撕开它吧，用人类的双目看待它，它会向你呈现一位维纳斯(Venus)，但并不是智慧的姐妹、属天的维纳斯，而是属尘世的维纳斯，是学问的姐妹，是人类与她的父亲通奸后产下的畸形的后代。① 但如果你认识她，那就太好

① 关于两个维纳斯的说法，见柏拉图《会饮》180d。

了！我以我能叫出名字的最神圣之物、以你自己的名义恳请你：作为一个人类，与那些比你更出色的兄弟同情共感吧，他们以自然的方式健全明智地思考，而不会在无休无止的怀疑与谬误的迷宫中走失，他们坦率而诚实，不会产生数以百计的理由和疑惑，以及这数以百计的疑惑中数以千计的谬误。看啊！你已然是哲学家了，哦，那就做一个人类吧，为会行动、会快乐的人类而思考。这样，你可以为世界而牺牲自我。哲学并不是普遍的，它的领域更为狭窄，万幸的是，它也就正因此而更加有益。

被视为目的的抽象哲学的真理。它们应当普遍化吗？

就此观念来看，它们仅仅是满足了我们的好奇心，并与快乐的无知为敌。

然而，好奇心是一种非常有效的灵魂驱动力，因为，正是好奇心，让人类的平面变为了学者宽阔的球面，使动物的需求转化为人类的需求。好奇心已成为哲学之母，她的儿子们又习惯性地向她回馈以极大的好感。他们称她为最初、最简单、最有效的推动力，甚至是全部愉悦的根基。宽泛地说，他们是对的，然而，事实上，好奇心并非最初的根本驱动力，她的父亲是自我保护的本能，她是一种由自我保护和自我防御构成的驱动力，在自然的范围内，她仅仅是防御性的，从不具进攻性。当可怖的调查船驶来的时候，霍顿都人（Hottentot）也感到好奇，但却未能企及更为精致的好奇。

后者是一种人为的驱动力，它以愉悦为旨，因此是灵魂的所有动力中最低等和最表面的。当人们允许它肆意驰骋时，它越过了自然，为它自己而创造新的世界和理念的王国。在此，它变得贪得无厌，没完没了。它超越了我们的能力，要么为自己凭空捏造出谬误与假想的想象之云，要么体验过万物走向暗淡的整个过程，让我们大呼："一切皆是虚空！"因为，即使是在它愉悦的激情之中，色彩[于它而言]也不过是光与影所构成的，[因为]它只攀附在事物的表面，未曾深入到其内部，因为它的本性反复无常，它所迷恋之物变化多端。因此，它并非最主要的愉悦，而是最低等的愉悦。可以肯定的是，凡是愉悦之物中都能发现它的身影，尽管它在让人愉悦方面只能排在最末。

故而，我们的好奇心绝不是不加限制地有益，如果人们接受这样的驱动力，去扩大我们的理念，把它作为灵魂的第一准则，那么，即便是有悖常情的理念，仍然会掳获我的认知，而人民，为了成就为人类，必须将这种抽象极尽最大的限度。一种悲哀的命运将陷我于永恒的谬误中，将我从我自己那里剥离。的确，这是哲学家的首要原则，但是好奇心是你的幸福吗？［如果你紧随它，］你就如同患了水肿，贪得无厌，即便你饮着纯净的甘醴，你仍是不快乐的。

那么，我们又为何要唤醒那些不懂哲学之人的耳朵，让他们去听塞壬之歌呢？这歌声会使他们越来越偏离他们自己的航路，把他们推向万劫不复。为什么我们想让他们解渴，却要先让他们口渴呢？为什么我们想把那些尝过好奇之苦涩的人，从快乐的无知中带走呢？哦，你啊，想要徒手撕下自然编织在万物上的面纱，愿你的手颤抖着缩回来吧。你这学院的教师啊，逼迫你的学生学习抽象哲学，你的工作违背了自然——狂热却无用，其实你是自然的毁灭者。

事实上，全部形而上学同样不值一提，因为它仅仅说出了健全的理解力所想的。往上一层则是一连串术语，再往上则是诸多假说。我们的哲学史是寓言：我在其中听到过一些最多关于人类的事情是说得过去的；我在格言和事迹中听到的则是愚言；或者，如果我得以看到哲学家如大衮（Dagon）一般残破不全的半身像，[①]和大多数罗马雕像一样，他的双手和头颅是被现代人的善心加上去的。这些［雕像］欺骗了很多人，但不包括温克尔曼（Winckelmann），前者或许并不认识他，但那些健全的理解力对此等事又如何做想？哲学家们是否差不多总是形成一个派别吗？向来不是同一个，向来不是正确的那个——或许现在仍然不是，或许到现在，与其说是他们真正的博学本性，不如说是三个伟人的工作，只是出于旁人的附和。[②]

如今，我们虔诚地应和他们三人，每个人都像他们那样思考。第一个人是数学家，健全的理解力明智而自然地思考的一切，都充溢在他脑海中。第二人是位神学家之辈。第三位是神秘主义者和诗人。[③] 本体论能断言什么真理呢？它正吻合了古代人对它的称呼“术语学”，[④]它

---

① 大衮：被推倒在地、折断手足的非利士人的神。

② 这里的文本杂乱无章。

③ 盖尔推测，这里提到的三人分别是笛卡尔、莱布尼茨和沙夫茨伯里。

④ 这曾是本体论的学术用语。

至今仍然是一匣语词。谁将[进入]这场争斗呢……？全部的宇宙学，除了一点属于自然神学的部分，难道不是一系列特定的语词吗？它用世界解释偶然，用偶然解释世界……谁又敢于投入到关于身体的交流①(自然神学)之中展开一场休谟式的争吵呢？[在这方面，]对于人类的理解力而言，几乎没有吸引力，除非它堕落了。幸运的是，大自然并没有赋予人类这样的倾向。他们是凡人，而非哲学家。

总体而言，哲学对人类是无用的，对每个人都是无用的，对社会也是有害的。当它如此这般时，人民也就失去了它"人民"的美名。当它牵涉到自身的根基时，就会忽略对那些琐事的注意。休谟同样也谈到了商人。至少，当他们工作的时候，他们不会[怠慢]。

近年来，政治学已经融合了他的②见解与谬误。要么，一场革命必须进行，而考虑到我们当前奢靡的弱点，这是不可能的，或不协调的。去除这些更糟糕的契机，颇有裨益。[这]要求我们的学院与女性教育的实施。造福于人民。

二

哦，人民啊，所以你们要往哲学的圣所进军。拆除所有的偶像，在那儿修造国家的厅堂并集合起来，那里拒绝哲学的胡言乱语，却欢迎健全的理解力向国家和人类出谋划策。从哲学家身上撕下第欧根尼(Diogenes)的斗篷，教会他们何谓国家的栋梁。

不，哦，共和国啊！通过这种毁灭的行径，你们会将自己投入野蛮人的口中；为了避免微小的伤害，你就让自己溺亡在埃夫里普(Euripus)海峡③中。在你周围潜伏着的成千上万的人，即使常以你的方式思考，他们现在也会反对你的想法。

对于哲学的好奇心使我们陷入的所有邪恶而言，只有哲学才能是

---

① 盖尔认为此处暗指休谟关于身体与灵魂相互作用的问题，似乎有道理，休谟这一问题对18世纪的德国哲学也是中心问题，如克努岑(M. Knutzen)和前批判时期的康德，在此它牵涉到一个较大的神学维度(因此，此处后面紧跟着的括号里是"自然神学")。

② 或者可能是"它的"(如"人民的")。整个这段的含义都相当不清楚。

③ 埃夫里普：希腊的一个海峡。

解药。

当然,把一个国家移入更精巧的环境中,也就打开了潘多拉(Pandora)的魔盒,传播不幸。但还有一种情况是,只有哲学自己才是解药。哲学为百万人而思考,从而他们得以去行动;它教育人们,并非使他们自我促进,而是它亲自来提升他们——纵是自己无家可归,陷入迷途,它却学会将别人引向正路;它依照更好的原则去教育(bildet)人,教育公民。如此,为着人民的福祉,它变得有益。在他的兄弟中间,爱国的哲学家成为一位光荣的诗人;人们都会听从他的一言一语;他以哲学布道。

的确,我们的哲学必须要从天上降至人间。它的抽象要素必须保持未受攻击和破坏的状态。但除此之外,难道没有一种对人民即刻有效的哲学吗?我必须用它的语言、它的思维方式、它的论域与人民交谈。它的语言是事物而非语词;它的思维方式是生动的,而非明晰的,亦非证明性的;它的论域是在日常事务中实实在在的好处及其根据,或是生动的愉悦。看啊!这就是哲学为了成为平民百姓的哲学所必须做的事情。谁还能在这幅图景中辨认出我们的哲学?

正是这种具有哲学精神的哲学,而非逻辑学和道德理论,在独立的思想中、在德性的感受中,教育了人类。是它,而不是政治,塑造了爱国者,真正行动的公民。它并非一门无用的形而上学科学,而是向公民展现真正令人欢愉的科学,它即刻……瞧瞧,为了我之前说过的诉求,我得实现什么啊!幸运的是,它大部分的远景,已经能被我最热衷的计划所勾勒。

不,人民啊,你没有借着哲学装腔作势,从而保持了你的光荣。而哲学家涂上科学的油膏,亦可以有更高的荣耀。他大概已抵达人类精神自我提升的至高水平,他为了培养自己的灵魂,放弃了如此多的欢愉,他为了理解力的快乐,抛下了生活的乐趣,他为着你而光荣。

然而,他不仅[作为]不凡的天才,理应[接受]赞美之词,而且身为真理的殉道者,也应请你向他的阴影祷告。因为,为了指引你走一条轻松的道路,他自己却踏上跋涉之途;因为他博学笃思,踽踽独行,发现如此不堪的境遇摆在自己面前,是为了让你免于陷入其中;因为,他为使得你的理由正当化而辩护,让自己的心灵在思辨之网中更艰难地穿行;因为他勘探着政治学的第一原理,以使你把开采出的金子,用作你市政厅的装潢;因为他为了将自然科学的经验做更准确的区分,而迷失在形而上学的原野——亲吻他额头的汗珠吧,他是为你而殉道的。人们不会伐倒一棵雪松的;它倾倒时,会占据大片空间,压倒一大片矮小的灌木。

有谁能将哲学与其他科学划界分疆呢?一旦哲学被驱逐,野蛮的来袭便不可避。人类理解力的最高水平遭到剥夺,它将受到限制,损折羽翼。野蛮将会发酵。为了展示我的观点确凿无误,让我们考虑科学的当前状况和哲学在所有科学中的统治性基调吧。神学家与法官、医生和数学家一样,都需要抽象哲学做他们的理论根基,实际上却混淆了它的边界。如今,尽管这大多基于错误的表征和经院哲学的残留,但为了免于不具哲学家资格者对成为哲学家的渴望,这场革命本应率先发生。事情仍将会持续……

当然,我承认,神学家之类可以在健全理解力之上,构建他们最重大的原则。然而,当他们的敌人从似是而非的哲学那里取得了对抗他们的武器,潜入黑暗,用树叶[掩盖]自身……那么哲学家必须要了解他们的战斗诡计,以此防御。这样,即便对方全副武装地作战,他也能战无不胜。

你们这些哲学家,你们这些平民,为了实际的用途,建立一个共同联盟吧。[这个联盟]能对每一个公民抱有期望,同理,你[这哲学家],作为长久以来品味这个国家的精髓且总是带来含混不明的利益的人,应成为一个好的榜样。

三

然而,迄今为止,哲学家所造福于人民的,在总体上仍然不多。即使这些哲学家坐拥矿山,他们也总是社会关系中的幽灵,无法将他们的全部发现置于宜人的光芒中。从教师到普罗大众,从学院派(academics)到潇洒的隐秘精神(galant shadow-spirits)……他们的语言、方法、思维方式,或许的确还包括他们的行动,形成了一道藩篱,这是一个必然关涉到每个哲学家的头脑和每个人道之友的心灵的问题,我如何能[使哲学真理变得更为普遍且造福于民]?那些野蛮人会要求攀登科迪勒拉山脉的学者去搞清楚他的奶牛在哪儿,多数时候,人们期待从哲学家那里获得的好处,也正与此一样。如果确如我们所想的那样,这属于哲学家的领域,如若功用性能够决定哲学,哲学便有祸了。为了变得有用,哲学家将学习如何写作、如何计算,胸中无物却滔滔不绝。然而,哲学家仅仅为他自己而活,这也不是什么好事。

不!哲学家自己必须明确他的益处(他是他自己的至高法庭)。让他问问凡人、爱国者,也问问哲学家自己。人民不过是人类(human-being)和爱国者而已,对哲学没有什么裁判权。知道你是否是一剂毒药的,正是你这[哲学家],而非人民。知道你是否是解药的,同样是你自己,而非人民。

我在此将人民与哲学家划分为两部分:对一部分人来说,哲学仅仅能把他们塑造成行动的机器;而对另一部分人而言,哲学家的确能够启发注意,使他们自行展开思考,但是却不能让他们进入哲学家的行会。前者以一种艺术形式的哲学来完成;后者则由一门技术科学形式的哲学去实现。

那些只会行动的凡人,除了男性与女性,对其他范畴一无所知,如果说哲学家能够塑造灵魂,那么,他们之中为何不可能出现男性-哲学家与女性-哲学家呢?①

如果哲学要有益于人类,那么它就应当把人作为自己的中心问题。哲学,由于极为过度的扩张,削弱了自己,当它将自己牢牢限制在中心时,便会强壮起来。让一个哲学家——无论是普通人、公民还是智者(Weiser)——在哲学特产的杂货铺里逡巡,那些大而无当的名目是毫无用途的,即便它们满足了他们的全部心愿。塞涅卡曾对着所有华丽的服饰感叹,“有如此之多我不需要的东西啊!”——为了安全抵达港口,让我们轻装上阵,将四分之三的学问扔下船。一个富人若不想太过忙碌或太过贫穷,挥霍的技艺便是他的家政学必要的组成部分。

我想埋藏起九十九磅,只好好利用那第一百磅。除了那些想使自己有益于不知道也无需知道何[为]正确的人民的人,还有谁更该说这句话呢?如果哲学指引他,让他教人民行动而非思考、正直良善而不自知,成为不用为国家的根本原则而思虑的公民,成为无需理解神学形而

① “男性-哲学家和女性-哲学家”在赫尔德的德文里的含义始终含混不明,这可能会有一个相对不那么激进或一个更激进的解释:“女性-哲学家”仅仅是指为了女性的(男)哲学家呢,抑或同时(也)是女性的哲学家呢?

上学的基督徒,则幸莫大焉。

逻辑教化

哲学若想有益,就必须由消弭伤害而始,并且首先是在人类的教育(Erziehung)中。当孩童仍然仅仅是动物状态时,哲学家所做的不过是让他们停留在人类的手上而已,这样的人类已经借由他的原则得到了提升——他们鲜为博士,更绝非宗教的教师。他会塑造孩童的身躯,而不加以强迫;他塑造孩童的感官,并使之保有动物的全部自由。为了达到这样的目的,那些高级才能的熟习必须越晚越好。在各个方面,都要始终记得如下的原则:在你教化(gebildet)完凡人之前,不要去教化(bilde)哲学家。

胚胎发育后,哲学家便可以借由成千上万的经验,来进行第二步指导:教人去品尝哲学的精髓,而无需去辨识它,让他们仅仅消化这营养丰富的琼浆。摆在他们面前的不是语词,而是大量的行动,以供其观看而不是阅读,不要企望教化他们的头脑,而是让他们自我教化,并免于错误教育的影响足矣。所有大张旗鼓的方法论筹备,关于理解力的专业哲学方案,都不过是错觉,它带给人们的是关于这一神圣名号的错误的观念。

试着在他心中烙下哲学精神之印,这样他便不会再想成为职业哲学家。愿你以自由为重要律令,独立自主,不作被迫的自我观察,不依赖旁人的判断。哲学家只能教授却不能做到的所有事情,那些接近自然的、朴实的乡野居民都会去做。这些人是最伟大的自然观察者,是身为农奴却最自由的人,他们瞧不起暴君的荣誉,也从不让旁人的判断优先于他们自己的想法。

简而言之,哦,哲学家啊,回归乡村吧,去学习农民的处世之道,将这样的图景化为理想,抛弃那无关哲学的生活方式,推倒那偶像吧,它把哲学当成腐败世界的东西向你展现,但并未通过哲学本身。那个带着哲学之眼审视人民的人,有多少未被理解的观念……当凡属哲学之外的都不被教授时,我们学到的仅仅是我们所不需要的。去和家庭教师说出这一切吧,如果他们也是哲学家,就能提升整个家庭;向村民说出这一切吧,向宗教的教师说出这一切吧,从他们那里我们也不幸地学习如何思考;向那些教育人民中谦卑的那批人的老师们,说出这一切吧。

道德教化

如果哲学能指引出数条无须科学参与便能够使人向善的道路,它就变得有益。或许,这些方法便是:

人们不应过早地养成美德。在灵魂的所有状态中,道德(Moralité)最晚发育。如果有些抽象观念即便对那些单纯去行动的人也终归必不可少,那么它们就是道德的观念,甚至是那些由于误用而引入的观念。然而,请把所有阶层的人民打量一番吧:从没有什么未被理解的主题像他们当中出现的那么多。

哦,还有我们神圣的宗教自身,在人们的口中,变为了一些粗俗之语的汇集,他们并不理解其中的含义(这些语词属于东方)。我实在太过卑微,不能说他们的导师自己也未曾理解,也无法说若非出于顺应,它们于我们就毫无意义。我只能说:它们或许是作为偏见而传授给人们的。的确存在着一个没有道德(Moralité)的年代,如果要让德性(virtue)灌注于其中,就等于是要让心灵永远保持着变异的态度。但是,德性几乎是最理想化的图画,在这幅画上,人人都为自己描绘出一位托波索的杜尔西内亚(Dulcinea of Toboso),[①]该如何解释这一事实呢?德性与我们对美的感受几乎承受着相同的命运,后者是通过感性而非理性植入我们内心的,又该如何解释这一事实呢?它过早地发芽了。我思考,我拥抱德性,而它原是被感性所采纳的一种严苛或甜美的态度,invito genio meo[有违我本性]。

人们不该传授德性,而是将它印刻在人心之中。在所有的观念中,道德的观念极为微妙,有鉴于世界的当前状况,它们可能是唯一的最不可回避的抽象观念。即便[遍]视所有的阶层……甚至我们的宗教之类。另一方面,如果我在抽象概念的外面建起围栏,那么,就能让我的哲学尽可能地变得有益了。如果我并不是向人们的理解力宣扬美德,而是向其良心宣扬它已经理解的美德,那么我不过是给自然搭了把手而已。

在良心的基底当中,整片原野一直处于长眠状态。我将它唤醒。

---

① 堂吉诃德爱慕的一个显然理想化了的美人,她其实只是一位农妇。

我在人们心中留下不会消亡的印象，但并没有以艺术为援。没有什么智术(sophistry)能骗过他，他习得这一观念，所依赖的并非智术。如果我只需在此发出足够响亮的声音，能够唤醒我们可敬的德性导师，当他们为德性布道时，也会成为哲学家，并把哲学搁在一边！我听说，有人会把天真的羊群引入那岔路重重的迷宫，要么羊儿会依然懵懂无知却感到遭受威胁，要么它们会在荆棘中迷失，无论怎样，它们都会受伤。哦，你这宗教的教师啊！有多少年轻的灵魂被你用那些他们不能理解的语词所糟蹋，并在他们的心中滋生了再也无法拔除的偏见！哦，把方法放到一边，做个孩童吧。抑或，如果你保持沉默，情况本该会更好。大多数人不足以成为哲学家，因为对别人而言，他们……而你啊，用半小时向我宣扬一堆不明所以的道德话语，它们脱离了上下文，于我们而言就如同东方人的咿咿呀呀，而你却花了一整日的时间来自我解释。我敢打赌，这种解释工作你至少还能再持续一年。

不应当以过度严峻的职责(duties)对人们加以训诫，不苛求对他来说内心不欲的外来的义务，而是向他的本有之光彰显真正的职责。我们的时代毫不严苛，反而满是奢靡享乐。对其他时代来说适合的，可能与我们的思维方式正相反。粗野质朴的时代，以强力判断美德和恶行，而如今则以柔弱来论。他们有数不胜数的阿尔喀比亚德(Alcibiades)、特米斯托克勒斯(Themistocles)和大卫(David)，而我们则太过柔弱，以至于无法以行动触犯那些让他们负疚的错误。我现在若是朝着那些粗鲁的多余内容加以进军，便等同于在进攻外邦的堡垒，重点在于，敌人却安然无恙地隐藏了起来。

哦，为了变得有益，让我们从人类内心中，而不要从不适宜的时代那里学习道德(Moral)吧。但当然，除了哲学家之外……任何能在德性方面成为我的老师的，便是我的哲学家。哪里有不需[借助]布道者的追求美德的人民的聚会呢？没人能够回避这样一些哲学家。最大的益处来自他们。而[他们必须]也是哲学家。他们为男人和女人布道，所以，他们为何还要像不识女性的僧侣那样布道呢？他们为人民布道，为社会布道，所以，他们为何还要像使用外语的僧侣那样布道呢？为何不用德性布道呢？哦，如此多的伟大良机……告解室……集会所……为何你皓首穷经于哲学？用上帝的威信武装……那便是人民的利益——恒久有益。

政治学教化:哲学如何造福于那些作为公民的人民

在此,哲学必须创造奇迹,哲人成为政治家的时代定会到来,国家定将在如下方面得到改观:

要么,哲学家教化作为人类的公民——每个人生而自由,不仰仗他人。所有的社会都是契约,如若这些契约一方被撕毁,那么他们便不再继续遵守另一方。我必须真正实存于社会之中。然而,人必须坚守信念。若有一位君王[统治][他的臣民],那么人民就必须授予他力量。这难道不会带来人民的不满吗?并不!甚至是农夫也会以他粗俗的特点所容许的方式,过着心满意足的生活。我并没有什么光辉灿烂的苦难。你也拥有你所需要的。

抑或,哲学家将公民教化为爱国者。让这股火焰蔓延开来,自行燎原。埋怨者已无容身之地,唯有发展……在共和国当中……社会……过早地教育(Erziehung)……书籍……艾伯特(Abbt)……布道词……家族精神……理解与我相关的一切……冷酷的农民……更有教养的家族精神。因此高贵之人在战士的学校中,在商业城市的商人中,在共和国的市民中。这种社会并不至于太冷酷。行动激发着行动……这里,哲学家不再被排除在行动之外。当他们伸出援手时,人们便会受到鼓舞。

如果,哲学家教化公民,而非诡辩者。布道者之为农夫—哲学家。

我们的共和国与古代共和国的区别。众人为我们思虑时的不利条件。

受书籍熏染的人

女人是人民[的一部分]。哲学家确实应当考虑去培养她们。这至关重要。博学男性与女性之间有着差异。她们没有财产,没有学院,没有学校,没有协会,没有著述。她们可以首先取得进步……作为学院的伟大[功绩]……愿她们不要成为哲学家,不要博闻强识,忽略掉一些科学,愿她们不要死记硬背,愿她们不要习得男子气的一切外来内容,如战争和政治。愿她们学着美妙地思考(schön denken)。[①] 要为女

① 鲍姆嘉通(Baumgarten)美学的关键性概念。

性提供关于美学的研习计划，愿她们学习感受德性——这非常容易。要为她们提供道德的计划，愿她们习得社交和趣味。其方法是：更好的家庭教师；[两性]之间更好的社会化；将更多的书籍交到女性手里；提供编排得当的书籍；提供关于女性的职业；从母亲的方面提供途径；从年轻人的方面提供途径；进而在社会之中提供途径。

学校和学会中还有更高贵的男性。他们也要变化。没有什么需要死记硬背，不应该有争辩，书籍应有不同的编排，应有更加开放的交际。他们是最容易获得进步，最接近哲学家的。这里的哲学是美好享乐的一部分，是闲暇，是好奇心。

四 概 述

我们的哲学长久以来始终缺乏一项教育计划。让人类从哲学中脱离吧，着手从事所有其他的事情。

人性的历史——而非人类(政治、历史、断片)的历史；不是人性的法则；不是人性的作品；而是自然自身；其核心是灵魂学以及……伟大的时期……

身体的多样性和心灵(Gemüter)的多样性，意见与趣味的多样性，感觉的多样性，等等。宏大的进程。

进而就是人性的事功，和作为人类的一切。他身为人类而享用这果实。

关于责任。主观的伦理教诲……万物的多样性与统一性……缺失……

关于宗教

关于思考——人类的学术史；哲学史的核心。

关于政治体制——正如孟德斯鸠(Montesquieu)的书——将哲学限制为人类学——享乐应当被推行……

为了这项计划，为了将教师隐匿起来，为了将全部印象化为劳作以外的任何事，处处都呼唤伟大的天赋。对于这项计划，需要来自父母与学生两边同样适宜的环境，社会内外同等友好的联系，还有教师那大量的经验、趣味与仁爱。简而言之，最出色的哲学在于它力图成为对最出色那部分人最有益的哲学。

为了建立这样的哲学，难道不需要将哲学家引荐到女性的居所与聚会中去吗？与女性交谈，从她们里借鉴、展现最出色的见解，并用如此可贵的部分充实哲学，人民之中的女性[部分]的知识必须成为其教化的基础：为了人类、男性、社会和孩童！①

五　哲学如何为了人民的福祉而提升他们的趣味？

在杂耍游戏的乐趣以外，人民也需要哲学家取悦他们，他们着重要求哲学家们的著作，应当与其时代和思维风尚相一致。人们的著作须不[仅]为学问家所作，也同时为了他的邻人百姓而写，只要这被公认为基本准则，那么，注意打通与人民脾胃相通的入口，便是责任所在。

在希腊和罗马共和国的上古时代，作家与普通人所用的语言并无二致。正如布莱克维尔（Blackwell）②所述，甚至天才荷马在他的史诗中用的也是同时代的散文，又或是当时的民众皆能出口成诗，人人都如歌手（aoidos）那样吟唱。这情况在我们看来可谓吊诡，但朗吉努斯如此断言，布莱克维尔也如此辩护：在人们的日常生活中，诗歌比散文更悠久。这也就是为何最早的作者是诗人，最初的法（nomoi）是歌谣，最古老的宗教是神话，它们所用的皆为感性之人的语言，这种语言对我们来说晦涩难懂，就好像我们目不能辨他们的象形文字，耳不能解他们的音乐。

随着更加精致的教化（Bildung）的演进，诗歌中发展出了散文，斯特拉博（Strabo）为我们保存了那些成为合乎新近庶民（plebeian）口味的文体创造者的名字。随着历史的进程，诗歌与散文渐行渐远。到了托勒密和奥古斯都的时代，两者最终分道扬镳，只有散文与少量体裁的诗歌留与人民。或许这也是晚期希腊人与晚期罗马人难以创作出崇高悲剧与更精致喜剧的缘故了。

---

① 在赫尔德的德文原文中，这里的翻译亦留有一些含混之处，可作或保守或激进的解释："人民之中的女性[部分]的知识"仅仅是关于它的知识，抑或（也）是属于它的知识？"它的"中的"它"仅仅指的是"人民之中的女性[部分]"抑或简单地指"人民"？

② 见 T. Blackwell（1701—1757）的《荷马生平著述考》（*An Enquiry into the Life and Writings of Homer*[1735]）。

长久以来，我们无数次遗忘了民众（public），遗忘了作为市民的人民（Volk）和作为学者的人民。我们的祖先曾是战士，他们的吟游诗人会为他们吟唱往昔的历史；当他们自我发展、进入城邦之后，这些人成为立法者，而从这一变形以来，谁能细数将"人民"一词从我们身上扯下的所有的入侵和转化？这一语词已经从剧作诗人那里扯下，霍尔伯格（Holberg）的喜剧自人民的劣处生发，狄德罗和盖勒特（Gellert）则从其良好一面着手，但他们同时都试图向剧场中平凡的观众屈尊降贵。然而，我们哭哭啼啼的布尔乔亚悲剧清晰表明，我们与古人的悲吟几无相通。自从哲学家们不得不为自己营建蚁冢而住，自从这学者的世界与人民共和国形成天壤之别，"人民"一词便已从他们那里绝迹——二者成了同一硬币的两面。

所有理应归于人民的哲学，必须以人民为中心，若哲学的立场发生如此这般的变革，如同哥白尼体系由托勒密体系进化而来那样，如果我们的整个哲学成为人类学，那还会有什么卓有成效的新发展不会出现呢？或许正有一些人渴望回应我在整个这节里所讨论的问题，故而我必须尽力将这一切予以正当化。

绘画和音乐何者影响更大?

一场诸神间的对话(1785)

赫尔德　撰
李佳欣　译

[**编者按**]本文迻译自英译本,载 Gregory Moore(ed. and trans.), *Selected Writings on Aesthetics*(Princeton: 2006), pp. 347 - 356。德文原文载 Bernhard Suphan(ed.), *Sämtliche Werke*(Berlin: Weidmann, 1877 - 1913), Vol. 15, pp. 222 - 240。

有些时候,缪斯女神们管不住自己的嘴,因此她们不时会就各自的优点、各种艺术的价值而展开争论。经由隐秘的传闻,我知晓了司掌绘画和音乐的缪斯女神在她们的父亲阿波罗面前的一次谈话,这就是我接下来要说的故事。当时,这位青春永驻的天神坐在自己心爱的月桂树下,他最小也最喜爱的幼女诗歌伏于其膝间。在她前面,两位姐姐分坐于左右两侧,争论着一个问题:她们各自所属的艺术——绘画和音乐——哪一个对人类灵魂有更大的影响?

"无疑是我的艺术,"司掌绘画的缪斯说道,"因为我的领地如天地般宽广无垠,无所不包。世间的一切客体皆为我所掌握。我既能用天上的闪电震慑心灵,又能以地上最美的景观取悦之。我能以险恶的岩石峭壁令其动荡不安,又能使之在看到无垠大海时心旷神怡。我能呈现一切激情:我赋予它们雄辩的形式,让它们的表现得以铭刻在心灵之中——还有比这更广泛、巨大的影响吗?"

"是否还能有更广泛、巨大的影响,我尚不知晓,"音乐的缪斯女神回答道,"但我相信,众所周知,我所司掌的这门艺术具备更深刻、更内在、更有力的影响。妹妹啊,你的领地虽然宽广,但对于这片宽广的领地,你几乎没什么权力,因为你只浮于事物的表面。不可否认你掌握诸多客体,但你只能传达它们的外在面相,就像镜子反映出影像。对于最深邃、最难测的客体,你所能传达的也至多如此,因此,即便用上你全部的纷繁素材,你所能实现的也只是非常中庸的效果。相比之下,(如果你允许我敝帚自珍,)凭借我那微不足道、寂然无名而又无处不在的七种音律,我感动了每一颗有感觉能力的心灵。事实上,凭借它们,我建立了并一直维系着这个世界。在我的里拉琴声中,一切井然有序,连你最美丽的形式也得依靠我的各个音律间的关系才能实现并发挥作用。我能够四两拨千斤,借助几道无形的音浪,我立刻抓住心灵,将其穿透、捕捉,因为一切感受之弦均是我的琴弦;我所弹拨的正是这些感受,而非仅仅是乐器上抖动的弦。我们的父亲阿波罗会操起画笔吗?不,然而他所做的是演奏基萨拉琴(kithara),因为音乐是一切艺术的艺术。"

阿波罗请求她们把他排除在争论之外,"因为,"他说,"你们都是我的女儿;其实,除了基萨拉琴外,我还会使用太阳的箭矢,所有光芒的色泽和美丽皆在其中。因此,绘画女神,我的女儿,好好为自己辩护吧,你似乎已经被打败了。我们的论题可不是艺术的范围,而是艺术的影响。"

于是,绘画进行第二次突围。"父亲,我的影响恰恰最为纯粹、清晰、崇高而持久,这无可置疑。我姐姐先前说她的音律不够显著,换句话说,也就是模糊不清;这些音律及其影响实际上非常含混不明。毕竟,有谁能说清音律能表达什么?难道它们不是说着最为含糊的一知半解的腔调,似乎总在靠近我们的灵魂,却从未抓住过?难道它们不是总像沙子或洋流一般在我们四周冲刷、呼啸,却几乎没有完全对我们产生影响?它们像溪流、像风的吹息一般消逝;它们的形象此刻在哪儿?它们的声音和语言又去向了何方?

相反,我可以骄傲地重申,我产生了最明确、清晰和持久的影响。我的形式有一种纯粹性;人们从我的作品中所看到的内容会变成知识,得以保留。人们凭借充满幻想的双眼和记忆力,在回忆与凝视之中保留这些内容。我用太阳的光线挥毫泼墨,我的影响也如同阳光一般恒久。若有人曾目睹过拉斐尔及其同道描摹的天堂般的光景,哪怕只是片刻,那种形式和构型也将被他所保留。他已经参观了我们的天国,瞥见了诸男神与女神,品尝到他们唇间的馨香,嗅到他们面纱的芬芳,看到了他们面容的光彩;这些形象、印象和观念永远不会离他远去。再瞧瞧你这位可怜的缪斯女神吧,只会在三根琴弦间左右徘徊。"

"我的妹妹,"谦虚的音乐女神灵敏地在乐器上敲了几个乐音,打断了对方,"当我的妹妹本应深刻而富于感染力地描述她的影响时,她却再次于一幅宽阔的画布上作画（这正是问题之所在）。无人否认线条之为线条、颜色之为颜色，也无人否认人们可以眼观之，并且只要人们想看它们，就肯定能看到。但观看并不意味被打动，最清晰和最持久的认知并不是感受。相反，众所周知，前者总在一定程度上妨碍后者，因为恰恰是人们观察时的冷静，造就了清晰概念的产生。你用太阳的光线进行书写，但凭借的是寒冷的回忆。光彩照人的妹妹呀，就连你谈论诸男神与女神、谈论芬芳与馨香时的激情，也不过是幻象的火焰，而非心灵与情感的热忱。你最喜爱的那些人物没有一个属于我们天上；他们只画凡人，比起你那些画家所描绘的那些人，大地上不是远有成千上万更加美丽的人吗？

这些画家无休止地互相抄袭，当他们尽最大努力要为理念创作肖像时却只是画虎不成反类犬，他们所谓的神圣和英雄的形式的范围最终变得如此狭隘与贫瘠，以至于你对我的责备相当适用于他们：他们在一个只剩一根半弦的乐器上弹奏，这就是他们所说的古代（antiquity），一个自然（Nature）的一切形式和心灵组成的整首弦乐据说都掌握在他们凡人手中的时代。妹妹呀，你真的认为调色板上的颜料团能和自然相竞争，甚至胜过她那全能的丰裕和真理？即便火焰点燃，照亮这块小木板，也不会轻易让一颗人类的心就此温暖起来，遑论让万物化为灰烬，以至于让人只能在天上找寻新的形式。”

“我的女儿，你的语气太刺耳了，”大会主席打断了她的发言，“你这是基于艺术家甚至是愚蠢的赞颂者的过失而谴责艺术。这也该差不多了，为你自己寻找理据吧。绘画女神控诉你的影响含混不清，而且总是不完整、暂时而短促的。回答她这项指控吧。”

“我觉得”，她说，“这个指控回答起来很容易，谁能比您对此更内行呢，永恒的音乐之父？我的妹妹希望我的音律成为形状和颜色，这绝无可能。她希望我把我的音律悬挂于墙，就像门农（Memnon）的雕像一样，当太阳照于其上，就发出钟声般的永恒回响；这种希望也绝无可能，事实上也会很快让人反感。我的影响纵然短促，稍纵即逝，但这是对谁而言呢？对那些迅速地屈服于各种感觉的可怜凡人而言。对他们而言，我的影响效果必须恰如其分，因为如果这种效果再持续稍微长一点，对于他们来说就太过热情、激烈且无法抗拒。是的，人们还没有做好准备接受诸神的永恒和谐；他们沉浸、淹没在我的艺术汪洋之中。所以，他们只掌握了一丁点儿无限弦乐的音律，只分析、测量、计算得出一丁点儿的音调和非常简单的韵律。

“在他们的琴弦上，我就像一阵和顺的微风拂过，留下的不过是含糊其辞。因此，我对他们的影响似乎总是不完整，因为他们的本性注定无法让这种影响完全实现，更不用说让他们自身成为和谐与旋律。他们感觉的朦胧与混乱的原因是他们的官能本身，而非我的音律，因为这些音律纯洁而明亮，是和谐秩序的至尊典范。一位曾受我启发的凡间圣人说过，在代表宇宙中各种关系和数量的所有象征中，这些音律最为令人愉快，轻盈且有影响力。妹妹，当你谴责我时，你其实是在赞扬我。你所展示的如此高贵的人类本性却几乎不能理解我无所不能的影响，而只能在非常短暂的时间里，以如此简单的形式和序列来加以体验，就此而言，你的确是在赞扬我的艺术之无限性及其最为内在的影响。在你种种颜色和形式的喧嚣中，人类本性绝不会感到迷惑，而正如你所言，其中甚至需要一些超越所有尘世形式的别的东西作为手段，防止空洞的反复再现。人们却不会对我提出这样的要求；每一位凡人都远远地落后于我的感觉，凡人在体验到哪怕一丁点儿的普遍完美的音律结构之前，在他能够体验到永恒上升的旋律的短暂时刻之前，将一步步地攀登很久。”

当音乐女神发出这些言辞时，她的面容和姿态都洋溢着热情，掌管天文学的缪斯女神紧挨她坐着，拥抱了她。年轻的诗歌女神的双眸也紧盯着她。音乐女神的言辞几乎变成了歌谣，更好地向奥林匹亚诸神展示了她的艺术影响；但阿波罗在恰当的时刻打断了她，并让她明白，在这次讨论中，只有尘世的音乐和音乐对人类心灵的影响才是问题之所在。“我的女儿，你已足够证明了自己；你确实已向奥林匹亚诸神赞扬了你的艺术。该是你妹妹讲话的时候了。”

“她确实已向奥林匹亚诸神赞扬了她的艺术，”绘画女神说道，“而她却觉得我最青睐那些神圣形式之梦想是奇怪的。”

“别提奥林匹亚诸神了，我的女儿，”阿波罗说道。“你们皆为至高的存在，就算你们的艺术对大地有影响，最终也必然是属天的。人类的灵魂也是我们的姊妹，所有对它应当施加影响之物必须包含一些深不可测的东西，因此具有属天的起源。凡人就这么说，并且说得很对。绘画女神啊，所有形式和形状，无论它们如何纯粹且完善，只要灵魂、属天的灵性未能激活它们，那么对你来说肯定是毫无影响力的。这种灵性必须贯通到你的每一件作品中，从而让整体成为一。否则，无论模仿得多么准确、巧妙，一切也会依然贫瘠、了无生机。音乐，你的作品亦是如此，灵魂的情感必得同每一种音律发生关联、相伴相随，否则它不仅会成为你所谓的冰冷的绘画式模仿，而且还有可能会更加令人难以接受，因为你的艺术仅仅基于属天灵性的感应而存活。因此，停止这些字面上的争执吧，把握住你们各自艺术的特殊的影响力。如果你们愿意，我就找老亚里士多德来帮把手；据说他是一位区分和精确定义的杰出大师。我确信他会毫不费力地把你们带到正路上。”

两位女神拒绝了这位被提名的裁判，并认为，如果阿波罗要让事情变得方便，就该选择她们的妹妹诗歌女神来担任这个角色。“她从我们两人这里都有所学习，并且她也爱我们俩。她是一位女性，因此最适合评判女性的艺术和影响力；而且，她还是我们的妹妹。”她们对诗歌女神说：“离开阿波罗的膝怀吧，在那儿的话，你的秀发只会使他混乱，过来挨着我们坐。”诗歌女神很高兴这样做，于是辩论继续，进入第三轮，也就是最后一轮。

诗歌说：“姐姐们，我觉得，你们若想达成某种共识，就必须依父亲阿波罗所言，更好地辨析出你们的工作所造成的影响；因此，你必须更精确地断定你所操控的灵魂的那一部分。绘画女神，你的影响更多在于营造幻象而不是打动心灵；但幻象也可以接近心灵，如果无论如何它无法企及，通常说来也离理解力最近。因此，你所再现的一切都更为清晰，但正如音乐女神所言，也更为冰冷。绘画女神，这并不可耻，甚至可能对你有益，因为确切和真实才是你施加影响的首要方式，而你只不过给它们披上了美丽宜人的外衣。画家离开堡垒往外突破，枉顾确切性和严格的真理而投身到营造直接影响的次要工作中，这是一种极大的僭越。绘画女神，于你而言，绘制图案并让整全跃然于图案的精神之上，才是主要的事；对此我勤学不已且日有所获。如果主要的工作是以明亮、显著、丰富和清晰的方式对灵魂说话，那么人面部特征的活动属性、康乃馨与种种色彩的幻觉和幽远深邃的思想都会是善好而卓越的。绘画越不想依据表象来得以创作，就越是回避对丑陋的再现，也就越能够产生影响，让一个模仿者上升为一位纯粹、谦逊的画家，描绘出难以想象的既深邃又永远崭新且美丽的真理。

“相比之下，你，音乐女神，你对我永远比绘画更重要，因为恰如你所言，你是一切的美，甚至如画之美的和谐基础和旋律伴侣。但你必须承认，如果没有我，没有歌谣、舞蹈和其他行动，那么你所能在人们身上唤醒的感觉将永远晦暗不明。你向心灵说话,但鲜能向理解力说话!即便你向心灵说话,你所传递的情感也不外乎只是唤醒感觉罢了!某些野兽不是也会因某些或一系列音律而感到喜悦或不安吗?事实上,曾经有过一次残酷的实验,将生命体的大脑打开,通过施加特定的压力而使之感到疼痛或兴奋;这种残酷地造成的感觉,和你以无疑精妙无比的方式所造就的东西有什么区别?确实,整个人类心灵都是你的里拉琴,但你注意到你演奏它的目的了吗?现在,我的姐姐们,我要求你们做的事情就是,比较一番你们的艺术自我表现的特殊案例,和它如此表现所达到的目的。”

绘画女神开始通过画像的再现方式来描述她时或造就的崇高印象。她提到,布鲁图斯(Brutus)的妻子在看到安德罗马克(Andromache)画像的一瞬间,情感的廊下派堤坝(stoic dam)[即坚忍的堤坝]随之崩溃,泪水奔涌而出。她引用了大量曾激起突转、带来慰藉和激励的画像,就好像它们是来自另一个世界的景象一般,让灵魂颠倒且转向。

“请原谅我,姐姐,”诗歌女神说,“但我想你谈谈,这样一些影像中哪些仅仅来自你。你所提到的大部分案例,都基于你所模仿的对象,而你无法否认的就是,如果安德罗马克或其他高贵之人凭借肉身,而非在画中出现,你和我对他们的在场的描述将苍白无力,而这种在场本身产生的影响则可能更大。想想圣母(凡人这样称呼她)或抹大拉(Magdalene)的外表吧,她们都披上了我们赋予她们的观念魅力的外衣。你必须承认,在这方面,你和我不过是距离甚远而喑哑微弱的模仿者。就影响力来说,比起基于色彩中介的最为艺术化的模仿,由于其所包含的个别的真理和现实,大自然的糟糕的、毫不理想的外观恰恰会在至大至善的因果关系中造就无限的丰饶。相比之下,你,音乐女神,总是创造者,因为你的艺术不具备这种现实模型,无论其是属天的还是属人的音乐。”

音乐女神对此回应说:“正是因为如此,我施加的影响总是新的、最初的且光荣的。我是一个创造者,从不模仿;我召唤音律,正如灵魂召唤思想,就像朱庇特从虚空中和不可见当中召唤出世界一样;因此,音律的确会进入灵魂,就像来自另一个世界的魅惑语言般,使得灵魂陷入歌谣的涌流中,忘记自我,遗失自我。你们都听说过古代和现代种种音乐造成的影响,尽管人们永远都听不够这些故事。我没必要重复安菲翁(Amphion)、俄尔甫斯(Orpheus)、莱纳斯(Linus)、提谟修斯(Timotheus)、斐弥俄斯(Phemius)等人的旧闻；在圣塞西莉亚(Saint Cecilia)的节日上，他们仍以歌声庆祝和赞美。”

诗歌女神打断道：“但这些影响现在仍然如此吗？它们不再如此的事实，难道不正说明，在古代，它们不全是你的功劳或者你的艺术的产物，尤其是和后来那些完全没有我的参与的艺术相对比的话？在那些日子里，是我帮助了你。我支持你的音律，而你只是施以援手，让我的歌唱更有活力。相反，我照亮了你的语言，用灵魂的一切感受和状态的力量加强它；通过这种方式，我们一起施加影响。自我们分道扬镳以来，我们的艺术已经变得比之前更精妙一千倍；它们之间的界限更准确；规则泾渭分明，像斯库拉(Scylla)和卡律布狄斯(Charybdis)或者海格力斯之柱(Pillars of Hercules)一样屹立在那里，没人能够逾越它们而航行：然而，现在我们在地球上的何处还会有古人所诉求的那种影响？我是用来阅读的，你是用来倾听的；人们对我投以批评和呵欠，将你视为游戏或闲谈的助兴；最后说来，他们和我们都只是点头之交。”

“这不怨我们，”和谐的女神勇敢地回答说，“而只是对我们名字的滥用。我从未把小提琴手、吹笛手、折磨琴弦或与之调情的那些人视为我的艺术之子；他们的音律产生了什么影响？你可曾去过伏尔甘(Vulcan)的锻造厂，并把烤肉的转叉误递给美丽的赫柏(Hebe)以搅拌花蜜与诸神的佳肴？如此多的四重奏和奏鸣曲、三重奏和交响曲，那些大量可怜而单调的歌声旋律，如果不是跛脚伏尔甘活着的转叉，还能是什么呢？他们说艺术是通过永恒的规则创造出来的，人们能够也的确必须由此制造出一套旋律，就像转叉基于重量而旋转一样。我觉得我们三姐妹不必因这批成群的笨蛋和追求者而自责。”

“不过，”诗歌女神打断了她，说道，“回想一下你那单纯的起源和你在那时的影响吧。即便我们的母亲莫涅莫辛涅(Mnemosyne)向我们讲述的神话只有一半是真的，那么你的俄尔甫斯和安菲翁现在又在哪儿创作他们的音乐？他们现在又在哪儿工作呢？”

“的确，”音乐女神回答道，“在许多地方，我的年少时光业已逝去；但不是我，而是他们——所谓的文雅世界(polite world)——业已变得老旧阴沉，他们并非要从音律中获得愉悦，而是在某种程度上希望去构造、模仿或把玩它们。他们还建造了相当奇妙高大的和声的建筑，设法以迅疾之势抵达天国，抵达理解力，因为内在的圣殿亦即心灵不再承认他们。简单的事情对他们来说太过简单；他们克服了不可能性，随后开始追求惊喜、闪光和耀目。妹妹们，如果音律不是为了施加影响，而是出于构造一种新的音乐的目的被用来画画和作诗，你们认为它还能使我感到快乐吗？这对我来说非常陌生，就像发明彩色古钢琴的人疑惑这项儿童运动没有提供真钢琴同样多的乐趣那样。不过，我的艺术的真正影响断然不会在地球上完全消失。在所有民族中，即便对于土耳其人和野蛮人来说，音乐也会依旧存在，每个民族都根据其感官的发展程度和发展方向，从中享其所享，乐其所乐。越是文雅的民族，越需要更文雅的飨宴；因此，在他们当中，我的影响更多地在精神上展现，如果音乐曾致人失去理智或陷入莱斯（Lais）的怀里，或使波斯波利斯（Persepolis）燃烧起来，他们会认为这是我的艺术造成的不幸后果。

"我所致力的终极目的和乐趣更加完善，但莫认为因此我的行动必然变得更加无力或犹豫不决。一首歌的音律、几个神圣音符的简单片段常常能把一个人从悲伤的深渊中拉升到天堂！一段简单旋律引出柔和、忧郁的泪水，还能突然将人们带回到往昔的情感和青春之地或幸福天堂的陌生牧场上，和古代的销魂音律一样，这一切都经常发生，只是以更精致的方式。当然，我的妹妹们，只要我的艺术大师们研究能够最大程度激发人的音律或者说旋律，就能打动一个人的整个感觉系统，使其体验到最美妙的种种事情。如果他严格地关注旋律并追求最大的影响，就会在其能力范围内赢得人心，即便这些心灵是用钢和铁做的。

"亲爱的姐姐，如果你我的艺术更紧密地结合在一起，人们难道不能复制那种古老而伟大的影响吗？"诗歌女神问道，"我为你草拟出种种感受；你可以仅仅关注这些内容。"

音乐女神笑了，说道："挺好的；这种工作偶尔也是必要的，但很难说是充分的。你的诗人误导我而非引领我的艺术有多少次了？事实上，他们那大量的工作也许腐蚀了我的艺术。不过，妹妹，回忆一下你自己说过什么：音乐家凭借其自身来从事创造；每次他都必须更新其种种感觉的语言。如果他不能做到这点，如果他未能有所感觉，而只是从诗人指定且不完美地描述的感觉出发，他又怎么来表达它们呢？诗人如何能够用语言把感觉传递给音乐家？

"用话语向某人传达音律，这绝无可能，特别是当他并没有置身感觉的音律大厦之中时；因此，我们必须从内部开始纠正将过失归咎于音乐自身的态度。妹妹，顺便一提，我们都同意，诗歌和音乐彼此相属，当我们齐心协力时，也会产生最大的影响；不过，我不会承认自己只是你的女仆，因为我一直是你的老师，而且掌控着我自己的行动。舞蹈和言辞，姿态和动作，还有你的诗句，皆为我服务；而且实际上我的本质包含了所有这一切：调节、舞蹈和韵律。音乐家在演奏时写诗，就像真正的诗人在创作诗歌时演唱一样。"

在她们对话时，绘画女神和阿波罗百无聊赖。有一阵子，绘画女神专注于描摹一处美丽而宁静的风景，而忘记了所有与争论相关之事。"这，"她说，"就是我的艺术的最大影响力：它使灵魂平静而安宁。喜爱绘画之人满怀愉悦地享受着每一缕阳光；别人什么都看不到的地方，他却看到千倍的光芒。他在大自然的每一个角落当中专研其所能施加的最平静而愉悦的影响，并无尽地享受着它们。"

"对于自然和风景的艺术家来说，可能真是如此，"诗歌女神回答道，"但我听说，在你手下那些历史题材的画家中，也有充满激情的人，而我和音乐女神却很难说手下有这种艺术家。由于经常凭借冲动而非热情来给我们钟爱的人赋予天才，我们备受指责；我相信，如果一个人想要学习和表达激情，那么此人必须自己真的感受到这种激情。"

阿波罗打断了诗歌女神的话，让她不要介怀。他认为这一切并非重点，在某种程度上也并不符合真实："要描绘一个正在发怒的人，人们不必自己愤怒；要描写一个正在咆哮的人，人们不必自己咆哮。确切说来，这就是属天的艺术的特权：它凭借一种全知而秘密的预感而知晓一切，对于艺术家来说，即便是人心中的种种私密之处，他也能够透过反射缪斯女神的光辉将其照亮并显现给他人，而他根本不必考虑他本人的感受。

"相信我，要吟诵醉意，最佳的歌手并不是醉酒者；描绘一种激情的诗人，会同时通过揭示其最极端对立的激情来衬托之，他却不会将这些激情纳为己有；如果他像一面平静的镜子，忠实地接纳并反映它们，这便足矣。绘画和音乐也是如此。各种各样的最伟大的艺术家们总是最冷静安详之人；他们和我一样青春永驻，生活在我的阳光的灿烂中。就此而言，让我来为这场争论做个总结吧。

"你，绘画，用你的艺术生产出最明亮、美丽、清晰和持久的再现作品吧，用你的形式表达幻景，借此与理解力和内心沟通；你改善凝视，开启万物之门，为你所爱的人带来平和与宁静。你满意了吗？而你，音乐，持有真正且直接影响人类心灵的魔杖；你激起感觉和激情，尽管手段含糊不明，而且需要某位向导、阐释者来起码让你在物理和道德感两方面都能够影响人的理解力和愉悦感。你也满意了吗？你们俩的争论焦点是‘影响’这个词，就其语言用法而言，它更多地涉及音乐而非绘画，因为我们习惯于用影响这个概念来描述给人留下印象的强度，而不考虑理智和人类灵魂方面，这样的性质偶尔会以外延、清晰性和持续性作为其补偿。

“因此，你们其实一直在争论眼睛应当成为耳朵或耳朵应当成为眼睛。都冷静一下吧。你们的行动越具备个性，也就越有特色、越完善。尽管你们是以一种相当不可通约的方式打动一个人及其灵魂的。如果你希望看到你的艺术对他们施加的最纯粹的影响，而不陷入口舌之争，那么就去观察盲人和聋人吧，想想他们各自都缺乏什么。聋人的视力和洞察力可能更好些，但于社会而言，他总是迟钝且缺乏内心的快乐；他无法享受直接与其心灵沟通的感觉和艺术。盲人是可怜的；也许他也渴望掌握精确的区别、形式和维度，而这些只能通过视力的感觉和艺术才能获得。尽管如此，他可以倾听感觉和激情的弦乐；当由此感到喜悦时，他可以让它响彻心灵，在他黑暗的孤独中创造一个充满和谐和欢乐的世界。盲人通常是伟大的音乐家和诗人；但不管聋人的模仿多么精确，他可能成为一名杰出的描绘者吗？你们自己知道这个问题的答案。你们都是我的女儿啊，这便足够了：你，绘画女神，是理解力的描绘者；你，音乐女神，是心灵的发言人；而你呢，我亲爱的、年轻的诗歌女神，你既是学生又是老师。”

他们互相拥抱彼此。阿波罗用他不朽的桂冠为她们加冕，由于他们的讨论过于漫长，赫柏为他们提供了一杯提神的花蜜。

论赫尔德的历史语言观

李　睿
（北京大学外国语学院）

摘　要：德意志启蒙语言学家、哲学家赫尔德是狂飙突进运动的灵魂和理论奠基者。赫尔德语言哲学著作《论语言的起源》是语言哲学史上关于语言起源问题最知名的一部著作，标志着德国古典语言哲学传统的肇端。在《论语言的起源》中，赫尔德提出了“悟性说”，认为语言起源于人类的“悟性”，是人的“天生禀赋”。本文尝试从德语语言发展史的角度梳理赫尔德语言哲学思想，通过挖掘赫尔德历史语言观中的人类中心主义及语言民族主义理论，揭示赫尔德语言哲学对德意志民族主义发展的影响，即：赫尔德将17、18世纪德意志文化爱国主义者的人文主义“民族”概念发展为以语言为导向的“文化民族”概念，从而借助“语言民族”这一概念，使“文化民族”概念与启蒙运动的“国家民族”概念形成对比。

关键词：赫尔德　语言哲学　《论语言的起源》　语言民族主义

18世纪的德国，处于“小邦诸侯专制主义”①统治之下，与英、法等欧洲国家相比，德国在政治、经济、社会发展各方面都较为落后；当时的知识分子、文化精英早已意识到这种落后源于国家的碎裂状态以及德意志民族认同感的缺失，诚如诗人歌德那句耳熟能详的喟叹：

> 德国我亦眷注。当我念及德意志人民，我常深感痛苦，他们作为个人那样值得尊重，作为整体却又如此可悲。②

---

① 参见丁建宏，《德国通史》，上海：上海社会科学院出版社，2002，页115。

② 引自1813年12月13日歌德与耶拿大学教授、历史学家卢登（H. Luden）的对话。参见 Gilbert Krebs / Bernard Polini（Hrsg.）. *Volk, Reich und Nation. Texte zur Einheit Deutschlands in Staat, Wirtschaft und Gesellschaft* 1806－1918，（转下页注）

18 世纪德意志思想界和当时欧洲其他国家和民族的思想界一样，也发生了启蒙运动。德意志启蒙运动并非是对洛克、笛卡尔、伏尔泰和卢梭等英法启蒙哲人思想的简单“复制”与“粘贴”，而是诞生了诸如莱布尼茨、戈特舍德（Johann Christoph Gottsched）、康德以及赫尔德等德意志启蒙者。他们希望指引德意志人民，以理性之光照亮蒙昧内心，摆脱宗教教条羁绊，反抗封建愚民暴政。德意志启蒙者的“宣言”写在康德那段著名的“1784 年的启蒙定义”中：

> 所谓启蒙，就是使人从错在自身的幼稚状态中走出来。所谓幼稚状态，是指若无人引导就不会运用自己的理智。如果这并非因为缺乏理智，而是由于缺乏决心和勇气，那么这种幼稚状态就是错在自身的。Sapere aude！鼓起勇气，去运用自己的理智！这就是启蒙的箴言。[①]

从康德所谓“错在自身的幼稚状态”中走出，就意味着人类的自我认知与自我解放。

一　人类中心主义：赫尔德的“悟性说”

18 世纪中期以后，启蒙运动达到巅峰，人类本身成为认知对象。[②] 在启蒙语言哲学家赫尔德的语言观中，可以觉察到明显的“人类中心主义”（Anthropozentrismus）。[③] 赫尔德认为，人是“能言之生物”，“万物

（接上页注）Publications de l'Institut d'Allemand, Université de la Sorbonne Nouvelle, 1994, S. 32。歌德用 miserabel 来形容作为整体的德意志人民。Misere（f.）作为一个借自法文 misére 的外来词，在 18 世纪超越了德文同义词 Elend 而成为当时的流行词汇。参见范大灿，《德国文学史》（第二卷），南京：凤凰出版传媒集团、译林出版社，2006，页 1。

① 引自康德 1784 年所作《答复这个问题：什么是启蒙？》。参见 Immanuel Kant: Beantwortung der Frage: Was ist Aufklärung? In: *Berlinische Monatsschrift*, Band 12, Verlag Haude und Spener, 1784, S. 481。

② 参见乌尔夫·迪尔迈尔等，《德意志史》，孟钟捷等译，北京：商务印书馆，2018，页 175；以及庞文薇，《论赫尔德语言哲学思想的人类学根基》，载《外语学刊》2015 年第 6 期，页 2。

③ Erich Straßner, *Deutsche Sprachkultur. Von der Barbarensprache zur Weltsprache*. Tübingen: Max Niemeyer Verlag, 1995, S. 151.

之标准”；赫尔德为其名著《论语言的起源》(*Abhandlung über den Ursprung der Sprache*)如此开篇：

> 当人还是动物的时候，就已经有了语言。①

在这部虽不厚重却影响深远的小书中，赫尔德还留下了一句常被引用的名言：

> 语言是人的本质所在，人之成其为人，就因为他有语言。②

赫尔德认为，语言是人类的本质特征，只有通过语言和理性，人才区别于动物：

> 上帝还教会了人将所思变为声音，以声音描绘架构，并以口吐之莲花统治凡间的艺术。从语言开始，人发展出了理性和文化；因为只有通过语言，人才能把握自我，操控思考与抉择。③

语言起源问题是17、18世纪学者们最喜探究的主题之一。对于德意志学人来说，这个问题通常涉及两大方面：关于人类语言本身的起源；关于德语的起源和历史。前者是神学家和语言哲学家的兴趣所在，而后者则是语法学家和德语护养者们的话题。

关于人类语言的起源，在17、18世纪的欧洲，占主导地位的依旧是基于基督教《圣经》传统的“语言神授说”。④ 对于启蒙学者来说，这个问题之所以重要，因为它涉及人类对自我的认知问题。可以说，人类语

---

① 赫尔德，《论语言的起源》，姚小平译，北京：商务印书馆，2016，页5。原文：Schon als Tier hat der Mensch Sprache。参见 J. G. Herder：*Abhandlung über den Ursprung der Sprache*, Stuttgart：Reclam，1966，S. 5。

② 赫尔德，《论语言的起源》，前揭，页26。

③ J. G. Herder：*Ideen zur Philosophie der Geschichte der Menschheit*, Wiesbaden：Fourier，1985，S. 117. 关于赫尔德的“以音构义”理论，可参林远泽，《从赫德到米德：迈向沟通共同体的德国古典语言哲学思路》，台北：联经出版公司，2019，页104－130。

④ 姚小平，《论语言的起源》，“译序”，前揭，页i。

言起源这个问题的答案直接关系到对人智的评估；如果主张语言神授，这不仅意味着人类自己无法创造语言，更意味着语言作为人智认知世界的工具这一基本观点也难以成立。①

1769 年，柏林普鲁士皇家科学院为“人类语言起源”这个焦点问题设立专奖，欧洲各国数十位学者参赛，以各自语言撰文阐述自己的观点，最终获奖的只有一篇，即赫尔德的《论语言的起源》，此文标志着德国古典语言哲学传统的肇端。二十世纪六七十年代，有西方语言学史研究者专门考察了当年参赛的 30 篇语言起源论作，对比后发现：若以推论的严密性和行文的谨慎性来看，赫尔德的论文并不占先，甚至不无漏洞。那么，究竟是什么打动了普鲁士皇家科学院的评委，使他们定要将这语言哲学发展史上注定是划时代的奖项颁发给赫尔德呢？难道是因为那通篇的感叹号——代表着青年赫尔德的激情澎湃——抑或是赫尔德那诗化的语言风格征服了评委吗？

普鲁士皇家科学院的评委之所以把这个重要奖项颁发给这个当时只有 25 岁的青年学者，是因为这位来自东普鲁士的青年以人类中心主义为理论基础，坚定地主张语言人类本源说，“决然否认神造语言的任何可能”②。在赫尔德这部小书的结尾处，赫然写着：“语言神授说不仅毫无用处，而且为害极大。它使人类心灵的作用丧失殆尽。”③

赫尔德的核心观点是：语言起源于人类的“悟性”（menschliche Besonnenheit）。④ 悟性，是人的“天生禀赋”；⑤悟性建立在感觉的基

---

① Andreas Gardt, *Geschichte der Sprachwissenschaft in Deutschland. Vom Mittelalter bis ins* 20. *Jahrhundert*, Berlin/New York: Walter de Gruyter, 1999, S. 219.

② 姚小平，《论语言的起源》，“译序”，前揭，页 x。

③ 赫尔德，《论语言的起源》，前揭，页 128。

④ 台湾学者林远泽将赫尔德自创的概念 Besonnenheit 译为“觉识”，是指“人能意识到他在实践的自由中，拥有这种一无所有的世界开放性的反思能力”。林远泽认为，这个德文概念在中文中很难找到合适的对应，而姚小平的译法（“悟性”）容易与 understanding 这个认知能力的中文翻译相混淆。通过参考海德格尔对 Besonnenheit 概念的阐释（Besonnenheit = Vermögen der Besinnung［知觉能力］= Bewußthaben von etwas［对某物的具有意识］，参见 Heidegger, *Vom Wesen der Sprache*, S. 190），林远泽建议将其译为“觉识”，以符合这个德文所有的“明觉而识知之”的含义。参见林远泽，《从赫德到米德：迈向沟通共同体的德国古典语言哲学思路》，前揭，页 123。

⑤ 赫尔德，《论语言的起源》，前揭，页 29。

础之上，[①]“当人处在他所独有的悟性状态中，而这一悟性初次自由地发挥了作用，他就发明了语言”。[②] 这种悟性是“人类种属固有的，语言和语言的发明也同样如此。所以，语言的发明对人来说是极其自然的，就像他是人一样自然！”[③]

赫尔德认为，人类语言起源于一次创造性的、感性的、肉体和精神相结合的“活动”。[④] 这一观点后来为洪堡（Wilhelm von Humboldt）所继承并发展，洪堡提出了著名的“创造活动说”（Energeia -These）：

> 语言不是僵死的“成品”（Werk，Ergon），而是一种“创造活动”（Thätigkeit，Energeia）。对语言的真正定义只能是一种不断生成的存在，是一种精神的永动。[⑤]

从语用学和社会语言学角度来看，洪堡所谓的“创造活动”是一种社会言语活动，它既指个人之间相互作用的语言行动（Sprachhandeln），也指集体语言行为。[⑥] 语言也不仅是一个静态的、需要被人描述的概念和规则体系，而是动态的社会语言实践。而语言的使用者也不再是理想化的某种语言共同体，而是指处于一定的具体社会交际情境中的某些可区分的“语言人口群”（Sprachbevölkerungsgruppen），正如赫尔德所说：语言始终是“民族的语言”（Völkersprache）[⑦]。

二　彻底启蒙者的反理性主义：哈曼与赫尔德的语言怀疑论

凭借着“悟性说”和“创造活动说”，赫尔德和洪堡成为18、19世纪

---

① 对于赫尔德“悟性”（Besonnenheit）概念的理解，参见姚小平，《论语言的起源》，“译序”，前揭，页 vi。

② 赫尔德，《论语言的起源》，前揭，页 32。

③ 同上。

④ Peter von Polenz, *Deutsche Sprachgeschichte II*, Berlin/New York: Walter de Gruyter, 1994, S. 330.

⑤ Wilhelm von Humboldt, *Schriften zur Sprachphilosophie*, Werke III, Darmstadt: Wissenschaftliche Buchgesellschaft, 1963, S. 418.

⑥ 参见 Peter von Polenz, *Deutsche Sprachgeschichte I*, Berlin/New York: Walter de Gruyter, 1994, S. 2f.。

⑦ 姚小平译为“社群的语言”。参见姚小平，《论语言的起源》“译序”，前揭，页 iv。

语言哲学家的代表。众所周知,赫尔德曾就读于东普鲁士柯尼斯堡大学,是启蒙哲学家康德的门生。若论对后世语言学、人类学、语言哲学和分析哲学等领域的影响,赫尔德本应被列为康德门下最优秀的弟子之一;然而,赫尔德在德国传统哲学界的地位并未得到应有的承认①,概因赫尔德在晚年曾公开对康德的思想提出异议,是康德"最不得意"的门生。

早在1781年,康德出版《纯粹理性批判》之时,赫尔德就曾批评康德忽略了人类语言的问题。② 1799年,晚年的赫尔德又出版了《纯粹理性批判之元批判》(*Eine Metakritik zur Kritik der reinen Vernunft*),此书一出,就被康德主义者讥为"赫尔德式胡诌","根本不值一驳"。③ 因为针对的是德国古典哲学创始人康德,赫尔德的这部书引起了德国哲学界的抵制,只有少数人敢于对赫尔德的批判公开表示赞同;连诗人席勒也跳将出来,成为赫尔德的坚决反对者,只因他是康德的信徒。④

与赫尔德语言哲学思想一致的,除了后继者洪堡之外,还有赫尔德的知交好友哈曼(Johann Georg Hamann)。比康德小六岁、比赫尔德年长十多岁的哈曼,从1758年开始,就一直坚定地站在康德的对立面上;那时候的康德也还不过是个刚刚出版过一本较为重要的学术专著(《自然通史与天体理论》[*Allgemeine Naturgeschichte und Theorie des Himmels*])并获得大学讲师资格的青年哲学家。

在康德《纯粹理性批判》(1781)出版之后,哈曼在1784年出版了《对纯粹理性纯粹性之元批判》(*Metakritik über den Purismus der reinen Vernunft*)。哈曼反对康德所谓"理性是认知最高原则"(Vernunft als oberstes Erkenntnisprinzip)的观点,强调人具有直觉和感觉创造力,人类的语言是精神与感性的统一,语言先于理性;语言不仅是一种交际工具,而是认知先验,堪比人类本能。哈曼被认为是"狂飙突进的先驱"⑤,"现代语言分析哲学的先驱"以及"语言相对论的先驱"。

---

① 庞文薇,《论赫尔德语言哲学思想的人类学根基》,前揭,页2。

② 伍铁平,《论人脑同电脑的"思维"、自然语言同电脑"语言"的区别》,载《北京师范大学学报(社会科学版)》1993年第4期,页46。

③ Elisabeth Leiss, *Sprachphilosophie*, 2., aktualisierte Auflage, Berlin/Boston: Walter de Gruyter, 2012, S. 101.

④ Ibid, S. 102.

⑤ 范大灿,《德国文学史》(第二卷),南京:译林出版社,2006,页207。

先驱者哈曼语言哲学的最基本要素是语言怀疑论。① 他反对纯净德语运动者所致力于的正字法改革、语法规范化等语言净化努力。这场始于巴洛克时期的有意识、有目的的德语护养运动，在17世纪时被称为“语言工作”(Spracharbeit)，到了18世纪末称作“语言净化”(Sprachreinigung)②。从19世纪初开始，“语言净化”被称为“语言维护”(Sprachpflege)。

从17世纪巴洛克时期开始，受到文化爱国主义(Kulturpatriotismus)的影响，很多作家学者，特别是语法学家们，致力于“拯救”当时被视为“濒临灭绝”的德语。从语言发展史的角度来看，致力于将德语护养并发展为一种文学语言、学术语言和民族语言(Nationalsprache)。其具体措施诸如正字法、制定语法规范、确立书面语规则、编纂德语词典、规范外来词等等。这场运动发展到极端，就演变成德语语言史书写中经常出现的这样一些具有论战性质的关键词：语言纯粹主义(Sprachpurismus)，外来词斗争(Fremdwortkampf)，外来词追捕(Fremdwortjagt)等。③

哈曼之所以反对语言净化，是因为他认为这种努力代表了启蒙者对人类理性的狂妄高估。因此，哈曼主张对德语进行“非理性松绑”，也就是充分发挥德语语序相对自由的优越性，多使用倒装法，他称赞这种语序自由度代表着“德意志的自由和大胆”(deutsche Freiheit und Kühnheit)。④ 哈曼还提倡句法高度压缩，用他自己的话说就是，要“省略如希腊人，譬喻如东方人”⑤。哈曼的这些主张直接导致了他自己在行文上充满了模棱两可的讽刺、来路不明的典故、张扬个性的

---

① Leiss, Elisabeth:“Die Vernunft ist ein Wetterhahn”. Johann Georg Hamanns Sprachtheorie und die Dialektik der Aufklärung. In: *Zeitschrift für germanistische Linguistik* 19, Berlin/New York: Walter de Gruyter, 1991, S. 259 – 273.

② 参见 Peter von Polenz, *Deutsche Sprachgeschichte II*, Berlin/New York: Walter de Gruyter, 1994, S. 107。

③ Ibid, S. 107.

④ Ibid, S. 330.

⑤ 原文：Elliptisch wie ein Griech, und allegorisch wie ein Morgenländer。参见：Eric A. Blackall, *Die Entwicklung des Deutschen zur Literatursprache* 1700 – 1775. *Mit einem Bericht über neue Forschungsergebnisse* 1955 – 1964 *von Dieter Kimpel*, Stuttgart: Metzler, 1966, S. 337。

句读、大胆开放的句法、跳跃突变的语义、孤立无援的名词组合、复古主义的构词乃至稀奇古怪的屈折变化,形成了独特的哈曼文风。① 可以说,哈曼以实际行动令一代代德语护养者们自17世纪以来的努力付诸东流。然而,他的语言却对后世诸多名家构成了难以抗拒的吸引力并产生了深远影响:赫尔德、歌德、黑格尔乃至克尔凯郭尔都是"哈曼迷",直到更为疯狂的表现主义的出现,才算终结了哈曼文风的影响力。②

然而,哈曼看似古怪的文风之所以会对赫尔德和歌德这样的文学大师构成吸引力,并非毫无道理。这首先要回溯到哈曼和赫尔德生活的那个时代。18世纪中期以后,启蒙运动达到顶峰,"狂飙突进"来了。在德国文学史上,那是所谓的"天才时代"(Genie-Zeit);在德语发展史上,这一阶段的德语也被称作"天才语言"(Geniesprache)。所谓"天才",就是天降的不拘一格,是"未被异化的主体"。③ 哈曼对德语的"非理性放松"当然符合天才的做法,他被赫尔德和歌德等大师推崇备至的个性语言当然也可算作"天才语言"。

哈曼没有意识到,他这种"德意志的自由和大胆"与他所反对的德语护养运动并非毫无关系。正是德语护养运动使德语纯净化、规范化,从而提升了德语的可阅读性,使德语的交流范围不断扩大,德语使用者的语言能力增强,社会文化自信心也随之得到增强,个人权利的意识也由此得到发展,这才有了哈曼所代表的这种"文学语言个性化的历史性突破"。④ 而伴随着以哈曼为代表的天才们的努力,也使得德语的规范化开始具有了对新发展新情况的适应性,从此,规范化所导致的德语复杂性的降低也被认为是一种"失真",德语规范化也开始变得适当有

---

① Eric A. Blackall, *Die Entwicklung des Deutschen zur Literatursprache* 1700 – 1775. *Mit einem Bericht über neue Forschungsergebnisse* 1955 – 1964 *von Dieter Kimpel*, S. 332.

② Peter von Polenz, *Deutsche Sprachgeschichte II*, S. 330.

③ 原文:das nicht entfremdete Subjekt。参见 Peter von Polenz, *Deutsche Sprachgeschichte II*, Berlin/New York: Walter de Gruyter, 1994, S. 302。

④ 见 Gotthard Lerchner, Die historische Formierung von Spielräumen individuellen Sprachverhaltens. Vom Aufstieg des Individuums in der Geschichte der deutschen Sprache. In: *Beiträge zur Geschichte der deutschen Sprache und Literatur* 114, Berlin/New York: Walter de Gruyter, 1992, S. 227 – 248。

度了。[①]

哈曼看似古怪的文风之所以会对赫尔德等文学大师构成吸引力，除了他们所处的天才时代之外，还有一点原因，那就是哈曼所坚信的语言本身具有的"天然无序性"(die naturhafte Unordnung)，这种无序性体现在简洁、具象、感性的《圣经》语言中，对此，赫尔德也极为赞同。[②] 赫尔德认为，在路德的《圣经》译文中可以看到古老而阳刚的德语。哈曼坚信，"诗歌是人类的母语"。[③] 赫尔德也要求一种诗性的语言，那是一种充满不确定性的、不清醒的语言，他在语言中寻求真正的激情和充满力量的表达。赫尔德将非诗性的语言称为"理性的语言"(Die Sprache derVernunft)，并视之为"诅咒"。他批评启蒙哲学语言中那些"麻木的"抽象概念，并将这种语言风格形容为"双陆棋一般"。[④] 赫尔德认为，诗性的语言是众神的语言，也必须是人民的语言。[⑤]

作为哈曼的挚友，赫尔德继承并发展了哈曼的语言哲学思想，哈曼的影响主要体现在赫尔德作于1766年的《关于当代德意志文学的断片》(*Fragmente über die neuere deutsche Litteratur*)以及1782年的论文《莪相与古代民族的诗歌》(*Ossian und die Lieder alter Völker*)中。赫尔德认为，自16世纪之后，那种古老而阳刚的"硬核德语"(männliche und starke, alte deutsche Kernsprache)就失传了，我们只能在民歌、中古高地德语诗歌、路德的《圣经》译文及其创作的大众赞美诗中找到。赫尔德之所以背离高度发展的启蒙语言，和哈曼一样，也是因为那种完全的语

① Peter von Polenz, *Deutsche Sprachgeschichte II*, S. 329.

② Eric A. Blackall, *Die Entwicklung des Deutschen zur Literatursprache* 1700 – 1775. *Mit einem Bericht über neue Forschungsergebnisse* 1955 – 1964 *von Dieter Kimpel*, Stuttgart: Metzler, 1966, S. 324f.

③ 原文：Poesie ist die Muttersprache des menschlichen Geschlechts。参见 Eric A. Blackall, *Die Entwicklung des Deutschen zur Literatursprache* 1700 – 1775. *Mit einem Bericht über neue Forschungsergebnisse* 1955 – 1964 *von Dieter Kimpel*, Stuttgart: Metzler, 1966, S. 332。

④ Erich Kleinschmidt: Entregelte Poetik. Zum dichtungstheoretischen Sprachaufbruch im 18. Jh. In: J. Dittmann / H. Kästner / J. Schwitalla (Hrsg.). *Erscheinungsformen der dt. Sprache. Festschrift Hugo Steger*. Berlin: Erich Schmidt Verlag, 1991, S. 78ff.

⑤ Erich Straßner, *Deutsche Sprachkultur. Von der Barbarensprache zur Weltsprache*, S. 151.

言怀疑论，他们与莱布尼兹和戈特舍德所代表的对哲学语言的进步信念形成了鲜明的对立。①

虽然没有哈曼走得那么远，但是赫尔德也积极努力地在自己的语言哲学著作和演讲中实践着反理性主义的创作风格，与文学史上这一时期的代表作家克洛普施托克（Friedrich Gottlieb Klopstock）以及歌德和席勒的早期作品一样，形成了狂飙突进文学的语言特征。这些“天才时代”的青年作家们的创作长期以来一直被视为一种发自本能的、非传统的语言对高级文学语言的一种“文化革命式”的突破，这在文学史上被称作“狂飙突进”（Sturm und Drang，源于诗人剧作家克林格尔［Klinger］作于1776年的一出戏剧）。在语言哲学史上，这场天才文学运动也被称为“哈曼-赫尔德语言怀疑论的反理性主义”（Hamann-Herderscher sprachskeptischer Antirationalismus）。② 这也就是哈曼被称作“狂飙突进的先驱”，而赫尔德被视为“狂飙突进的灵魂”的原因。尽管哈曼和赫尔德对启蒙哲学家康德的思想提出了异议，然而他们并不是“反启蒙者”，而是“彻底启蒙者”（radikaler Aufklärer）。③

三 溯源德意志神秘主义

从哈曼和赫尔德对于路德德语（das Lutherdeutsch）的推崇不难看出，其实他们二人坚持的反理性主义的语言风格从德语语言史角度看是有传统的，这一传统最早可以追溯到路德所崇拜的陶勒（Johannes Tauler），中古高地德语时期第三代德意志神秘主义大师。④

在德语语言史上，13、14世纪属于神秘主义时代。中古高地德语在经历了经典时期（1170—1250）的发展之后，已然胜任表达细腻内心

---

① Erich Kleinschmidt：Entregelte Poetik. Zum dichtungstheoretischen Sprachaufbruch im 18. Jh. In：J. Dittmann / H. Kästner / J. Schwitalla（Hrsg.）. *Erscheinungsformen der dt. Sprache. Festschrift Hugo Steger*, S. 77－92.

② 参见 Peter von Polenz, *Deutsche Sprachgeschichte II*, S. 329。

③ Ibid., S. 329.

④ 关于陶乐，参见 I. Weithase, Die Pflege der gesprochenen deutschen Sprache durch Berthold von Regensburg, Meister Eckehart und Johannes Tauler, In：*Gestaltung-Umgestaltung*, *Festschrift zum 75. Geburtstag von Hermann August Korff*. Müller, J.（Hrsg.）：Verlag：Leipzig：Koehler & Amelang, 1957, 46－75。

生活的语言内容。此时,中古神秘主义者尝试用德语表达他们的宗教感受和属灵体验,并借此实现与上帝的结合,这在从前只能依赖三大神圣语言(古希腊文、拉丁文、希伯来文)才能完成。为了能够用德语去领会上帝之不可思议(unbegrîfelichkeit Gottes),用德语去描述上帝之不可言传(das Unsagbare),神秘主义者充分发挥想象力,为信仰和属灵生活创造了大量新鲜而合理的德语概念。①

中古德意志神秘主义主要经历了三代大师发展,他们都擅长以细腻文字表现内心生活,语言上各有创新。第一代神秘主义大师是13世纪的马格德堡的梅西特希尔德(Mechthild von Magdeburg),她是最早用德语散文描摹心灵感受的女作家,也是最著名的德意志神秘主义大师。马格德堡的梅西特希尔德继承了《圣经·雅歌》的文学传统,将人神合体想象为两性之爱,其代表作是用低地德语写就的《流动的神之光》(*Das fließende Licht der Gottheit*,约1345)。生活在13到14世纪的霍赫海姆的艾克哈特大师(Meister Eckhart von Hochheim)是第二代神秘主义大师的代表,他创造了后世德语哲学中的一些常见概念(如All,Sein等)。第三代神秘主义大师以14世纪的苏瑟(Heinrich Seuse)和陶勒为代表。苏瑟被称为"神秘主义者中的骑士爱情诗人",他把苦行僧比作骑士,骑士的女主人是圣母玛利亚,永恒的智慧是骑士的情人。② 陶勒是斯特拉斯堡多明我会修士,他擅作布道词,语言简洁朴素,贴近大众德语,便于传教,因此直到19世纪,陶勒创作的布道词仍旧被教会使用,陶勒的语言风格为宗教改革家马丁·路德所继承,形成了天然、古朴、简洁而易于理解的路德德语。③

---

① 德意志神秘主义者创造的词汇中包括许多以后缀-heit,-keit和-unge构成的抽象表达,如:Gleichheit, Hoheit, Unwissenheit, Gemeinsamkeit, Erleuchtung, Vereinigung等;此外,神秘主义者还擅用前缀be-, ent-, er-, ver-, zer-, hin-, her-, in-等构成动词来表达内在心理活动,如:begreifen, einsehen, einbilden, ausbilden等;除了派生法之外,神秘主义者还擅将动词不定式名词化,这些词汇后来都成为德国哲学常见概念:daz niht,daz wa,daz al,daz wesen, daz sin等。参见Peter von Polenz, *Geschichte der deutschen Sprache*, 10., völlig neu bearbeitete Auflage von Norbert Richard Wolf, Berlin/New York: Walter de Gruyter, 2009,S. 52f.。

② 安书祉,《德国文学史》(第一卷),南京:译林出版社,2006,页176。

③ Peter von Polenz, *Geschichte der deutschen Sprache*, 10., völlig neu bearbeitete Auflage von Norbert Richard Wolf, Berlin/New York: Walter de Gruyter, 2009, S. 54f.

为哈曼和赫尔德推崇的路德德语在近代早期对德语发展产生了巨大影响。中世纪德语文学书面语(即中古高地德语)对路德德语的影响并不大,路德德语的基础一是迈森官话(die meißnische Kanzleisprache),①一是市民口语。如果要为路德德语定性,那么我们可以说:改革家路德所使用的德语既非文学书面语亦非学者书面语,而是民众语(Volkssprache),即百姓使用的白话。与神秘主义大师陶乐一样,路德也偏爱那种清新、直接、易于理解的日常德语。路德不仅是第一个将全本《圣经》译成德语的人,也是首位敢于使用底层大众所操鲜活日常语(Alltagssprache)来翻译《圣经》的人,只因他致力于让《圣经》成为广大民众都能读懂的一部基本书。不难看出,路德与哈曼和赫尔德的语言观一致。

虽然路德遭遇了帝国政府和天主教会的迫害,更受到人文主义知识分子的鄙视,然而他却通过路德德语从大众中收获了最强有力的回应和支持。路德认为,只有最简洁、最直接、甚至"最粗暴"的语言才能靠近民众。如今,从德语书面语的语体风格层面来看,"粗俗"固然是贬义,然而在路德那里,粗俗却是表达效果最好的。用路德自己的话来说,德语《圣经》必须采用"所有"基督徒的语言,要参照家中老母(die mutter jm hause)、胡同儿童(die kinder auff der gassen),以及贩夫走卒(den gemeinen man auff dem marckt)的语言去翻译神圣的经文。② 这就是路德《圣经》取得迅速成功的原因。路德那原始、天然、古朴、粗犷的语言风格意味着德语语言史上长久以来最积极、最有效的一次努力——即:让一种"没教养"的语言成为文学书面语,让一种自然而无拘束的语言具备文学表达能力——从而以顺应时代的、"所有"基督徒都能读懂的语言来将《圣经》呈现在普通读者面前。通过这种勇于亲民、"接地气"的翻译风格,路德《圣经》对整个德语区产生了巨大影响,使得一次波及广泛的语言社会学运动取

---

① 迈森官话是萨克森公文语,主要在迈森、莱比锡和维滕堡等地选侯官署使用,也被称为新教标准语,它是东中部德语的代表;从 15 世纪开始,迈森官话(史籍中作 Misnica lingua, Meichsnische zung, meisnische sprache)就被称为普通德语(hochdüdesche sprake, Hochteutsch)了。参见 Peter von Polenz, *Deutsche Sprachgeschichte I*, Berlin/New York: Walter de Gruyter, 1994, S. 260。

② Erich Straßner, *Deutsche Sprachkultur. Von der Barbarensprache zur Weltsprache*. Tübingen: Max Niemeyer Verlag, 1995, S. 51.

得了重大突破。路德通过自己的努力，使德语真正与三大神圣语言并列起来。

中古德意志神秘主义和路德德语的继承者是 17 世纪下半叶的虔敬派（Pietismus）。虔敬派与早期启蒙主义一样，都是对晚期巴洛克浮华文风的反抗。除了高深的神学著作之外，虔敬主义者继承了德意志神秘主义的灵修文学传统，创作了大量赞美诗、自传及忏悔录等作品。在德语文学史上，与虔敬主义相关的关键词包括非理性主义（Irrationalismus）、主观主义（Subjektivismus）以及感伤主义（Empfindsamkeit），感伤主义经由“天才时代”的狂飙突进运动发展而为浪漫主义。从德语史角度来看，这一时期的文学语言主要是一种“市民语”（Bürgersprache）。[①] 德意志虔敬派的原则是：“放低自己的人，应被提升。”[②]他们坚信，只有通过使用市民语公开朗读自己的私人忏悔日记、分享灵修心得并合唱赞美诗才能真正实现探索自我属灵体验并获得声望的灵修目标。凭借着这种“大隐于市”[③]的精神，虔敬主义被认为是德意志内在性（Deutsche Innerlichkeit）的起源。[④]

四　赫尔德的语言民族主义

德意志内在性被认为是德意志民族的性格特征之一。赫尔德曾明确指出，每个民族都有自己的民族性格与民族身份认同，它们体现在该民族的语言、诗歌、神话和传说等等载体之上，存储于该民族的文献类书之中。一个民族的语言和它的神话、传说、童话、民歌一样，是民族精神、民族灵魂以及民族性格的表达。[⑤]

---

① Ludwig M. Eichinger, Von der Heldensprache zur Bürgersprache. Wandel der Sprechweisen über Sprache im 18. Jahrhundert. In: *Wirkendes Wort* 40, 1990, S. 74 – 94.

② Peter von Polenz, *Deutsche Sprachgeschichte II*, S. 314.

③ Gerhart v. Graevenitz, Innerlichkeit und Öffentlichkeit. Aspekte deutscher “bürgerlicher” Literatur im frühen 18. Jh. In: *Deutsche Vierteljahrsschrift für Literaturwissenschaft und Geistesgeschichte* 49, Sonderheft, Stuttgart: J. B. Metzler Verlag, 1975, S. 1 – 82.

④ Peter von Polenz, *Deutsche Sprachgeschichte II*, S. 314.

⑤ Hugo Moser, *Deutsche Sprachgeschichte*, 6. überarbeitete Auflage, Tübingen: Max Niemeyer Verlag, S. 26.

与哈曼的不同之处在于,赫尔德并不反对致力于德语净化的德语护养运动。赫尔德的语言维护目标是根据自然法则发展民族语言(Nationalsprache):赫尔德期待一种从民众共同体中发展出来的、具有坚实民众基础的德意志民族文化,而不是从外族借来的文化,因此净化德语中的外来语影响是可行的,否则,拉丁语和法语的文化影响会导致德语丧失民族性。赫尔德认为,民族语言是一个民族的思想宝库,民族语言不只是表达思想的工具,更能创造并且塑造民族思想。这也就是为什么赫尔德致力于搜集研究德意志民歌,他认为,民歌还未受外族文化影响。作为狂飙突进运动的"精神之父",①赫尔德的这种民族语言观也深刻影响了狂飙突进时代的诗人,他的语言民族主义思想使狂飙突进的诗歌语言获得了表达力度与激情。②

赫尔德曾称德意志为"未成之民族"(die ungewordene Nation),他希望通过自己的语言哲学和民族语言观使德意志即便无法成为一个国家民族(Staatsnation),至少也能成为一个语言民族(Sprachnation),从而将德意志"从它对其他文化民族(Kulturnation)之模仿的永恒创伤中解救出来"。③ 这里提到的三个民族概念:国家民族、语言民族和文化民族分别对应着自19世纪初期以来主要的三种民族概念:政治的、语言的和文化的。④ "文化民族"这个概念,比较典型的使用者是浪漫派诗人思想家大施莱格尔(August Wilhelm Schlegel),他所谓的操多种语言的"一个欧洲民族"(eine europäische Nation),以及操一种语言(比如德语)的"天主教民族"(die katholische Nation)或者"新教民族"(die

---

① 转引自丁建宏,《德国通史》,前揭,页125。

② Erich Straßner, *Deutsche Sprachkultur. Von der Barbarensprache zur Weltsprache*, S. 151.

③ 赫尔德在其著作《关于人类教育的另一种历史哲学》(Auch eine Philosophie der Geschichte zur Bildung der Menschheit, 1774; Werke Bd. 5)和《关于人类历史哲学的思想》(Ideen zur Philosophie der Geschichte der Menschheit, 1784 – 1791; Werke Bd. 13 – 14)中,提出一种基于《圣经》文本的"民族"(Volk = Nation)概念。参见 Otfrid Ehrismann, *Nibelungenlied. Epoche-Werk - Wirkung*, München: Verlag C. H. Beck, S. 172。

④ Dietz Bering, Juden und die deutsche Sprache. Fundierung eines Forschungsprojekts. In: *Neue deutsche Sprachgeschichte. Mentalitäts-, kultur- und sozialgeschichtliche Zusammenhänge*, Hrsg. von Dieter Cherubim, Karlheinz Jakob und Angelika Linke, Berlin/New York: Walter de Gruyter, 2002, S. 277.

evangelische Nation),指的都是"文化民族"。①

从这里我们亦不难看出,语言与民族的关系是密切而不可分割的:它们既相互依存也相互影响,这种关系也体现在格林(Jacob Grimm)对于"人民"(Volk)的定义上:"人民就是说同一种语言的人的总称。"②

雅各布·格林还有一句名言:"除了语言和文学之外,我们[德意志人]还有什么共同之处?"③在这一点上,赫尔德与格林的民族主义语言观是近似的。他们都将德语以及用德语写就的民族经典文学视为与德意志人民的精神生活息息相关,民族经典文学是超越时间的民族语言标准范本。④ 赫尔德认为,语言既然起源于人类的"悟性",语言就是人的"天赋"⑤,是表达人的灵魂力量、人对世界的感知、人的情感的必要手段,因此一个民族的特定语言也可以决定这个民族的集体思维。赫尔德说:

> 谁以同样的语言受教育而长大,谁倾心于这种语言,谁学会在这种语言中表达自己的灵魂,谁就属于这种语言的人民。
>
> 如果语言是我们灵魂力量的器官,是我们内心深处教育的手段,那么没有比在我们自己民族和国家的语言中受教育更好的了。⑥

---

① Andreas Gardt(Hrsg.): *Nation und Sprache. Die Diskussion ihres Verhältnisses in Geschichte und Gegenwart*, Berlin/New York: Walter de Gruyter, 2000. S. 205.

② Jacob Grimm, "Über die wechselseitigen Beziehungen und die Verbindung der drei in der Versammlung vertretenen Wissenschaften"(1846), in: *Kleinere Schriften*, Band VII, T. 4, Berlin: Ferdinand Dümmler, 1884, S. 557.

③ Jacob Grimm und Wilhelm Grimm, *Deutsches Wörterbuch*, Bd. I, Leipzig, 1854, S. III.

④ Dietz Bering. Juden und die deutsche Sprache. Fundierung eines Forschungsprojekts. In: *Neue deutsche Sprachgeschichte. Mentalitäts-, kultur- und sozialgeschichtliche Zusammenhänge*, S. 279.

⑤ 赫尔德,《论语言的起源》,前揭,页29。

⑥ Eric A. Blackall, *Die Entwicklung des Deutschen zur Literatursprache* 1700 – 1775. *Mit einem Bericht über neue Forschungsergebnisse* 1955 – 1964 *von Dieter Kimpel*, S. 340ff.

五 结 语

通过其语言民族主义理论，赫尔德将17、18世纪德国文化爱国主义者们的非政治性的、人文主义的“民族”概念发展为以语言为导向的“文化民族”的政治概念，从而借助“语言民族”这一概念，使“文化民族”概念又与启蒙运动的“国家民族”概念形成鲜明对比。[1] 这就为发展出族群民族主义(Ethnonationalismus)的“民族”概念铺平了道路，对德国民族意识的发展产生了强烈影响，也对19世纪和20世纪东欧民族主义运动产生了深远影响。[2] 赫尔德的语言民族主义(Sprachnationalismus)是其历史语言哲学系统中具有语言意识形态性质的组成部分。在狂飙突进运动和魏玛古典主义时代过去之后，赫尔德的语言民族主义在19和20世纪也产生了巨大影响。[3] 这种影响不仅体现在被草率贴上“新浪漫主义”或者“德意志性”(Deutschtümelei)标签的文学趋势中，也在中、东欧和东南欧的政治历史中都留下了印迹：赫尔德论述的语言与国家、语言与民族之间的关系，成为影响当地政治历史的重要理论基础。这也符合赫尔德本人曾经大力提倡的“移情论”(Einfühlung)：赫尔德主张，对研究对象——即：各个历史阶段和各种民族文化——的感同身受是教育与科研的基本原则。[4] 因此，赫尔德所引领的精神运动比人文主义运动更为全面，他不仅要追溯到古希腊、古罗马的古典时期，同时也关注中世纪；他不仅将研究范围放在地中海周边民族，同时也放眼全世界——从旧大陆到新大陆。

最后必须强调，与萌芽于拿破仑时代的、带有明确政治性的民族主义理论相比，赫尔德的语言民族主义绝非狭隘民族主义，更非沙文主义，而是带有普世主义(Universalismus)性质，这从赫尔德出版于18世

---

① Friedrich Meinecke, Weltbürgertum und Nationalstaat. In: H. Herzfeld (Hrsg.). *Friedrich Meinecke Werke*, Bd VI, München: R. -Oldenbourg-Verlag, 1969.

② Peter von Polenz, *Deutsche Sprachgeschichte III*.

③ 美籍德裔历史学家伊格尔斯将赫尔德的历史观称为“世界主义的文化导向的民族主义”，参见伊格尔斯，《德国的历史观：从赫尔德到当代历史思想的民族传统》，彭刚等译，南京：译林出版社，2014，页35。

④ Hugo Moser, *Deutsche Sprachgeschichte*, 6. überarbeitete Auflage, S. 25.

纪末的《促进人性的书简》(*Briefe zur Beförderung der Humanität*)一书可见。[1] 赫尔德的历史语言概念是非政治性的,而带有明确的语言神秘论(Sprachmystik)倾向。从某种意义上讲,赫尔德的语言哲学甚至是生物学主义的(Biologismus),因为赫尔德的历史语言哲学有一个核心观点——“语言是一种有机体”:

“[语言]发芽,含苞,绽放并凋谢。”[2]

---

① Peter von Polenz, *Deutsche Sprachgeschichte II*, S. 332.

② Ibid., S. 330.

《论语言的起源》中的“自然”

兼论海德格尔对赫尔德的解释

冯　庆

（中国人民大学哲学院）

摘　要：在赫尔德的《论语言的起源》中，“自然”概念扮演着重要的哲学角色。在1938年的讲座中，海德格尔对赫尔德关于人之通感自然本性的表述进行了发挥性的解释，使之构成海德格尔自己存在论哲学中的关键环节，并视其为通向Ereignis的路标之一。然而，一旦对赫尔德文本中的“自然”概念进行分析，就会发现其中包含着强烈的自然法与启蒙哲学传统的基因，由此引出的人之通感自然的学说实则是对柏拉图爱欲观的现代修正。海德格尔正是出于反柏拉图的立场而沿着赫尔德的路径走向其后期学说。

关键词：赫尔德　《论语言的起源》　海德格尔　自然　通感

18世纪下半叶，西方关于语言起源的讨论层出不穷。其中影响最大的，莫过于卢梭和赫尔德两人的语言起源论。卢梭的语言起源论最初出现在其响应法国第戎科学院的应征之作《论人类不平等的起源和基础》当中；无独有偶，赫尔德的《论语言的起源》同样是一篇获得普鲁士皇家科学院奖掖的征文。第戎科学院的命题是：“人类不平等的起源是什么？人类的不平等是否为自然法所认可?”普鲁士科学院的命题则是：“人类如果只剩下自然能力，能否自己发明语言？如果可以，那么是以什么方式?”可以看到，“自然法”和“自然能力”是两所科学院关心的重要义项。卢梭和赫尔德也在各自的征文中给出了关于自然法、自然能力和自然状态的学说。看来，“自然”是卢梭与赫尔德语言起源论共同的哲学关切。

尽管同样提出了语言起源的假说，但卢梭与赫尔德的思路却大相径庭。赫尔德甚至指名道姓批驳卢梭。从两人的哲学态度而论，卢梭会认为，事关“起源”（希腊语 arché，拉丁语 principium，皆有“规则”之意)的哲学探索的有效性其实是值得怀疑的:像孔狄亚克那样笃定地提出关于人类自然状态的假设,事实上总会遭遇难以自洽的理论困难。但赫尔德对人之自然能力的描述,却显得更为接近孔狄亚克等启蒙哲人关于人之动物机械本能的学说逻辑,并且十分真诚地重视对“起源”的理论性建构。再进一步说,卢梭相信关于自然状态的学说所叙述的乃是人类堕落的历史,这与古希腊的许多看法——尤其是赫西俄德神话的看法——有内在的呼应。

相反,在谈论语言问题时,尽管赫尔德对古希腊的 logos 概念及其相应的人类属性有所借用,但其学说中并没有围绕它展开古典思想所重视的对德性与城邦共同生活等问题的讨论,而是完全将这一概念抽象为一种对自然现象进行经验实证分析的工具。相比擅长从原则性命题出发展开演绎的哲人亚里士多德,赫尔德显得更经验主义,更像是同时代那些反对形而上学态度的“科学家”,他对自然事物的质性本质和生成过程的兴趣远远多于对永恒不变本体之形式的兴趣。如果从亚里士多德本人的视角来看,赫尔德显然受到了希腊自然哲人的影响:“初期哲学家大都认为万物唯一的原理就在物质本性。”(983b8-10)①

赫尔德对作为“起源”的物质自然的重视,其实来自启蒙思想,尤其是近代科学。当然,这一思维的源头正在于与柏拉图-亚里士多德哲学差异显著的前苏格拉底自然哲学。正如思想史家克莱因所言,现代启蒙哲人们相信,在解释一切不规则变化中的现象时,唯有“起源”意义上的不变能够最终锚定本体。于是,他们往往不再承认亚里士多德十分重视的“目的因”的决定性地位——因为其中包含着许多未经检验的预设判断;相反,唯有通过对“物”之运动和变化的经验观察而获知的动力因,才具备最稳固的确定性——这是因为,在动力因得到确认之后,事物变化的最终目的也就可以顺理成章地得到预测。

作为“起源”与“动力”的事物自然,往往意味着事物内在不变的、使之成其所是的东西,进而也就将存在者的“本原”预先安排在其中。“自然”(希腊语 physis,拉丁语 natura,皆有“生长”之意)这个词进而能够将某一具体事物的“存在”与“生成”一并呈现在一个概念之内。在成为自然哲人理解一切存在的典范之后,自然的生成被等同于存

① 亚里士多德,《形而上学》,吴寿彭译,北京:商务印书馆,2012,页8。

在本身。① 在这一逻辑当中,以自然科学的方式探讨"起源",意味着与古典形而上学传统分道扬镳。

这样看来,赫尔德应该属于与古典传统彻底割裂的启蒙传统中的一员,是坚定不移的"现代派",但他没有料想到的就是,许多年后,他的思想会被另一位德意志民族的大思想家及其之后的数代学者视为对启蒙现代进程的新一轮突破。这种理解是否符合事实?

一 从海德格尔对赫尔德的判断说起

在20世纪,最为激烈地要与古典形而上学割席断交的大思想家当属海德格尔。在著名的《形而上学导论》中,海德格尔曾认为,natura这一在经院神学与近代形而上学中被使用的拉丁词汇排挤了希腊词汇physis原初的力量,使得希腊哲学的源始本质就此被隔断、异化:"这一罗马语的翻译后来在基督教义中和在基督教中世纪成为定论,这个基督教教义转化为现代哲学……"海德格尔似乎认为,natura一词当中包含了太多亚里士多德之后的形而上学;相比之下,physis本来指的是"既绽放又持留的存在力道",并且唯有在"对存在的诗-思的基本经验的基础上",physis的源初意义才得以展开:

> ……既包含天空又包含大地,包含岩石与植物,动物与人,以及作为人和诸神之作品的人类历史,最后也是最重要的,处在天命之下的诸神自身。physis意味着绽放着的存在力道以及这种存在力道所支配着的持留。……physis就是出-现(Ent-stehen),就是将自己从隐秘者那里带出来,唯有这样,那带出来的东西才有根有柢,站立得住。②

在对前苏格拉底哲学心有戚戚的海德格尔眼里,关于源初自然的观念始于以诗行表达哲理的赫拉克利特或阿那克西曼德;在经过柏拉图理念论和亚里士多德哲学体系的冲击之后,这种直面自然的诗化之

---

① 克莱因,《论自然的本性》,载《雅各布·克莱因思想史文集》,张卜天译,长沙:湖南科学技术出版社,2015,页212-215。

② 海德格尔,《形而上学导论》,王庆节译,北京:商务印书馆,2015,页16-18。

思随之终结;后世的“平常理智之人”总是相信伟大的东西应当是无限持续的,这种无限持续也就意味着永恒——这是指基督教的上帝观;在亚里士多德主义的哲学传统中,physis 作为存在者之整体则被拔离了其整全性,狭窄化为自然存在物(tà physei ònta);相应地,对这些存在物本身的发问是对超出自然之物(metà tá physiká)发问,也就是形而上学。这实则就是强行把 physis 当中本就具备的物理特征与超物理特征硬性分裂成了两种不同的考察对象。

进而,海德格尔要求人们看到,“物理学”作为对 physis 的亚里士多德式探究,事实上只构成服务于从其中硬性分裂出来的更高探索方式,也就是服务于形而上学。阿奎那、黑格尔乃至于尼采关于存在的学说无论怎样试图融合两者,但本质上都无法摆脱对这一“物理学-形而上学”分裂的延续。在西方思想因这一不当出发点而逐渐沉沦的紧要关头,海德格尔自己则要重新找回另一种对存在本身、对“存在力道”发问的路径。①

《形而上学导论》是海德格尔于 1935 年夏天在弗莱堡大学的讲课记录。四年之后的夏天,也就是海德格尔开始筹划《哲学论稿》写作的 1938 年,他同时开设了讨论赫尔德《论语言的起源》的课程。根据当时听课学生的记录,在课堂上海德格尔多次强调 physis 概念在赫尔德的语言-人类观中的重要意义。在这个意义上,海德格尔的视线跳出赫尔德的语言起源论当中大量当时常见的种种哲学观点,直接指向了其中关于第一问题——存在问题——的那些要点。在海德格尔看来,当时的种种哲学都是自我中心论的,往往在追寻根源的过程中反而致力于“创造”:

> 哲学总是把目标指向存在者之最初和最后的根基,这样就导致人自身高调地将人之存在体验为某种释义活动与目标设立活动。于是就极易造成这样一种假象,即哲学似乎能够而且必须为当下以及将来的历史的此在,为一个民族时代,创造出文化得以建筑于其上的基础来。②

---

① 海德格尔,《形而上学导论》,前揭,页 20-22。

② 海德格尔,《形而上学导论》,前揭,页 12。

海德格尔在此针对的其实就是启蒙主义的人类学态度。赫尔德的人类学当然也属于这一人类学传统。但是,海德格尔却独独指出,唯有赫尔德通过对语言之“起源/本质”的探寻,开启了对同时代重视“创造”的人类学的综合与推进。这是因为,赫尔德在诉诸关于感性的机械运作的自然法的同时,又突出作为核心感官能力的“听觉”的敏感性,认为在其中具备对其他感官能力甚至是理性能力的综合,通过这种综合,人类的种种感官能力与创造能力融为一体,最后体现为对外界环境的非主动的期盼。

海德格尔看到,当赫尔德做出如上设定时,实则认为对世间万物进行秩序安排的“自然”承担了上帝公正、谋划与展现全能的角色;人类的理性本质上是对这一整全之“家政学”(Ökonomie)的“符合”,因此,这种理性不能是沉思性质的,而应该是被自然预先设定好的以具体行动为目标的实践理性。① 这实则是说,人类通过独特的语言活动而实现内在的自我统一,进而在具体的生活实践中成为神性自然安排下的一种存在者。这种自然观显然并非亚里士多德传统的自然观。

的确,我们可以在《论语言的起源》中看到赫尔德有这样的表述:

> 感觉将生命力和崇高的情调赋予了最初的发声……我们听到,整个自然都在鸣响、歌唱,而人要运用其知性,把握其感觉,尽可能地运用其器官,才能形成自己的歌唱,他的歌唱可以说是一台汇集了所有自然声音的音乐会。这的确是歌唱,但它既不是夜莺似的歌唱,又不是莱布尼茨所谓的音乐语言,也不是动物般纯感觉的喊叫,而是一切生物的语言在人类语声的自然音阶内获得的表达!②

“自然”要求人类感觉的“汇集”,这造就了人类的语言与歌唱。这里的感觉虽然以听觉为核心,但却是一种将其他感觉“聚成一体”的具有思

① Martin Heidegger, *On the Essence of Language: the Metaphysics of Language and the Essencing of the Word: Concerning Herder's Treatise On the Origin of Language*, trans. Wanda Torres Gregory and Yvonne Unna, Albany: StateUniversity of New York Press, 2004, pp. 5-9.

② 赫尔德,《论语言的起源》,姚小平译,北京:商务印书馆,2014,页52-53。

维能力的“通感”(Sensorium commune),在其中,冰冷与清晰的视觉和热烈且含混的触觉交织在一起,构成统一心灵的内在知觉,而“听觉在一定程度上便成为他的中介感官,成为通往心灵的门径,成为所有其他感官的联系纽带。……通过听觉,每一种感官都有了语言能力”。赫尔德在此多次举东方或原始部族的语言为例,认为它们是人类本性尚未完全进入文明时期的原始情感机制的生动表达,并且认为通过研究古代的或东方语言,有助于揭示人类语言及其本质属性的“起源”:

> 一种语言越古老,其词根中大胆豪放的成分越多……把不同的感觉并入一个表达,并且让概念毫无规律地交织混合起来。……语言越原始,抽象的东西就越少,感性的东西则越多。①

反过来说,语言越是抽象,也就越是“文明”。赫尔德显然承认这样一种启蒙主义的文明秩序设定。

然而,海德格尔认为,赫尔德的“通感”学说是对近代笛卡尔式形而上学“我思”的超越,在剥离生理与物理性的含义之后,会通向一种更为纯粹的“自身性”:

> 倾听中——自我居于秩序之下。秩序与争执之秩序化。……倾听中——就是保持沉默,纳入自身,“对此不发一言”,保持沉默——辩解与争执被持续带出,这就是本有事件(Ereignis)的“秩序化”。……听——不是来自耳朵和舌头,不是来自听觉——而是来自倾听与遵循。在人类当中更有接受的本性:“听”比“看”更加具有接受性。……赫尔德用“听”之“中介”特征所感受到的乃是“居间”与“置身澄明”。……人类:内在性与扩散(把众多朝向“内部”统一),在观看自身当中的活力:反思——通感。②

赫尔德笔下的人与自然在声响上的共通关系被海德格尔理解为“自

① 赫尔德,《论语言的起源》,前揭,页55-70。

② Martin Heidegger, *On the Essence of Language: the Metaphysics of Language and the Essencing of the Word: Concerning Herder's Treatise On the Origin of Language*, pp. 94-97.

我"与"秩序"的关系;与此同时,海德格尔相信以听觉为中心的人是"沉默"的,是一个被动的接受者和内部统一者。海德格尔就此将赫尔德基于经验研究获得的结论转而变成一种更加概念化的人之存在学,突出了其中关于"沉默"和"居间"的特征。显然,海德格尔试图在赫尔德的语言观当中找到通向他自己后期关于"本有事件"的学说的契机。我们在《哲学论稿》的结尾处就能看到这一契机的展现:

> 语言与本有。大地的开幕,世界的反响。……语言,无论是被言说出来还是被归于沉默,都是最初的和最广的对存在者的人化……但它恰恰也是对人的最原始的非人化——作为现成生命体和"主体",以及迄今为止所有的名堂。……语言建基于沉默。沉默乃是最隐蔽的节-制。沉默掌握分寸,因为它首先设定了尺度。①

"沉默"将把人还原为一种原始的"非人",在语言自身的道说中,自然自身的尺度得以显现并将人带入原初的秩序当中保持分寸。这是海德格尔后期一贯的语言存在论表述。我们会发现其中关键的用词与逻辑与他在解读赫尔德时的表述非常接近。难道海德格尔早在30年代就已经将赫尔德视为通向Ereignis的通道?

在《存在与时间》中,启蒙时期的人类学方法论已经遭到批判:海德格尔认为这一源于亚里士多德"理性动物"观、经由基督教神学的传递进而构成现代价值人类学基础的传统"遗忘了存在者的存在问题"——忽视了一切经验材料背后的physis之基础;进而,海德格尔提出要取而代之的,是关注这一基础的对"亲在"(Dasein)的生存论分析。② 在《形而上学导论》之后,海德格尔的思想发生转向,对语言和诗的关注成为其主要任务。对赫尔德的解读就发生在这一转向过程中。正如在《语言的本源》(1957)中看到的那样,海德格尔认为语言是人之亲在的本真居所,并强调伟大崇高之"诗"(Dichtung)与对"近邻"之

① 海德格尔,《哲学论稿:从本有而来》,孙周兴译,北京:商务印书馆,2012,页539。

② 海德格尔,《存在与时间》,陈嘉映、王庆节译,北京:三联书店,2006,页57-60。该译本将Dasein译作"此在"。

“思”(Denken)之间相互需要的关系,指出“思不是任何认知的工具。思在存在之野上开犁沟壑”。

相比之下,对象化的哲学与科学对“近邻”关系的忽视,使得思想逐渐变成“计算”(Rechnen):“……计算人如何能够马上在无世界的宇宙空间中立身。这种思想就要把大地之为大地抛弃掉了。”海德格尔相信,借助语言与诗的启迪,人们应当意识到自身的根基在于“大地”,在于 physis 在身体中的具象显现:

> 口不光是在某个被当作有机体的身体上的一个器官,倒是身体和口都归属于大地的涌动和生长——我们终有一死的人就成长于这大地的涌动和生长中,我们从大地那里获得了我们的根基的稳靠性。

稍微阅读海德格尔就可以发现,无论是对“方言”和“调子”中蕴藏的“大地”之 physis 的解释,还是对环绕人类的“近邻”的发挥,海德格尔后期思想的出发点几乎始于对赫尔德语言起源论的解读。或者可以说,赫尔德的和荷尔德林、格奥尔格一样,构成了海德格尔后期思想的隐喻脚注,这一思想的结论就是:

> 语言就绝不单纯是人的一种能力。语言之本质属于那使四个世界地带(天地神人)“相互而对”的开辟道路的运动的最本己的东西。①

这指的就是作为 physis 的自身之“存在”。海德格尔不止一次强调赫尔德那里就已经出现了这一关键性的突破:

> 赫尔德似乎将对内在语词的注意分派给了对外在事物及其作为本质性的种种处境的“生成”和“倾听”!但是:注意是向外的(“诸存在者”),但倾听是“向内”的(存在)。②

---

① 海德格尔,《语言的本源》(中译本为《语言的本质》),孙周兴译,载孙周兴选编,《海德格尔选集(下)》,上海:上海三联书店,1996,页 1061 - 1119。

② Martin Heidegger, *On the Essence of Language: the Metaphysics of Language and the Essencing of the Word: Concerning Herder's Treatise On the Origin of Language*, p. 80.

海德格尔的意图,是对造成西方文明危机的形而上学所引发的现代性危机进行反思。那么,赫尔德是不是像海德格尔所说的那样提供了超出现代性危机的契机,并构成了一种对被忽视的"存在"的回观?这种理解在多大程度上是赫尔德的本意,而非海德格尔式解释学的"产物"?我们回到赫尔德自己的文本中继续探问之后,或许才能回答这些问题。

二 "通感"与"自然家政学"

我们从海德格尔关心的"通感"谈起。赫尔德年轻时曾经与同时代的启蒙主义心理学家里德尔(Riedels)有过一次关于"通感"的论战。里德尔把"通感"视为人类纯粹理性的灵魂功能,这就暗示被理性推理能力排除在外的审美和伦理判断都不需要通感,通感是与"对善的意识"和"对美的品位"并列却彼此无涉的一种普遍思辨能力,唯其如此,它才能为众人所共同拥有;对善和美的判断则取决于个人的偏好,无法实现这一普遍性。这样一来,人类唯有在推理维度才能实现共同意见;与之相伴的结论则是,艺术和道德尺度在经验维度的共通性也就无法得到更稳固的保证,进而总是需要退回到推理能力的维度寻求帮助。

赫尔德在《批评之林》的"第四林"中反驳这种看法,指出一切单纯的、原初的感官判断其实都伴随着一般概念的生成,因为,

> 如果……简单的感觉、直接的感受仅仅是简单的感觉、唯一的感受而已,那么语言中的所有词语在重复时,观念必然都会发生更新;如果我与一千种东西打交道,我就会有一千种截然不同的概念,一千种独一无二的感受,一团杂乱无章的感觉与印象的混沌。

反过来说,简单的感受也就必定是与概念同时诞生并定型的。当一个感性判断形成时,概念也在逐渐生成。这一概念形成的过程中包含了理性的内在活动。如果不存在包含了理性成分的这一内在的综合性感官活动,人类的经验也就不可能由杂乱的简单感受上升为概念。赫尔德相信这种内在感官构成着人的本质存在属性:我在即我感(als dass ich bin, dass ich mich fühle)。真正的通感就是这种内在感官,也就

是人性的源头。①

问题在于，从常识来说，如果在明晰的概念思维和原初的内在感官活动之间确实存在区别，那么这种区别又是在什么时候产生的呢？赫尔德认为，从我们出生的一刻开始，思考、判断、推理等思维活动就一直没有中断过；因为一切事物都是以一种扭成一团的方式呈现在我们面前的，如果人一开始没有理性能力，不加以区分地对待它们，就会永远陷于"眼花缭乱"当中。在日常表述中，我们觉得自己是在接受直接的感觉刺激，但是判断和推理其实都已经发生了，只是人会不自觉地将它们当成一种内在的力量或直觉而已。这样的一种判断和推理是内在感官的习惯化所致，尽管它们与牛顿那样需要长期学习才能达到的高层次理论思索明显有别，但并不是一种完全孤立的、非理性的感受。

我们对自己的判断和推断未必有确切的权衡，甚至总是下意识地开展认知与感受活动并对真、善、美做出自然选择，但这种选择也是符合人类的普遍思维的。这就是人类的通感机制，它可能只是对万物的判断力不断重复所构成的一种习惯，但绝不是里德尔所说的那种凭空直接飞跃至成熟的理性能力。人类都具备共通感，不仅仅只懂得推理和概念思维，还能够进行善恶和美丑的普遍判断。反过来说，缺少含有理性成分的通感，是不可能进行道德和审美的判断乃至于从事实践的。②

可以看到，赫尔德的通感理论中包含了三个重要的判断：第一，在通感的机制当中包含了理性状态和感性状态的原初混合；第二，是人类从出生起对外间世界的直接体验和实践生活造就了通感的持续发生，可以说，作为内在感官的通感的实现方式，几乎等同于人类朝向外部世界的存在方式；第三，对真理、道德、美的普遍判断，都要基于这种原初的、内在的通感，哪怕不成熟的判断，也将在不断与外界的接触和重复判断中日趋成熟。

显然，赫尔德的通感论强调的是人与世界的交互经验关系，尤其强

---

① *John Gottfried Herder Werke Band* 2：*Schriften zur Ästhetik und Literatur* 1767－1781, Gunter E. Grimm ed., Frankfurt am Main：Deutscher Klassiker Verlag, 1993, s. 250－252.

② *Ibid.*, pp. 253－256.

调的是通感的内在能力在其中获得发展的历史生成过程。这就让我们明确地想起海德格尔用不一样的语言所传达的关于“亲在”的学说。这一学说和赫尔德的看法似乎都有共同的判断:不同的处境和历史,决定着每一人类个体的发育方向和成熟程度。这是由人同时作为“本质”和“生成”的自然本性所决定的。

在《论语言的起源》中,赫尔德将上述人类内在感官的共通结构视为合乎自然之比例与秩序的,言下之意,自然是人类的创造者,是一个伟大的安排者与组织者,赫尔德将这一关系理解为“一切都处于平衡、经济、相互补偿的关系之中……”①“语言”就是人类“通感”在与自然打交道的过程中产生的一种存在方式。语言的起源在这个意义上等同于人的起源。这是《论语言的起源》的基本观点。赫尔德的“通感”确实体现着“自然”——作为一种普遍能动秩序——对人类的渗透式安排和人类对这一安排的历史性服从。海德格尔对赫尔德的判断在这个意义上是正确的。但赫尔德的表述方式却与海德格尔有着鲜明的不同。这一不同体现在赫尔德鲜明的近代启蒙哲学意图当中。

赫尔德会在前述结论的基础之上进一步认为,从“通感”中孕育而生的语言机制也就规定了对自然界不断进行命名的个体将同时拥有对自然事物的享用权利:

> 我用以表达植物的每一个概念都是我的财产的印鉴,谁要是抢走我的财产,他就不仅剥夺了我的生命,而且夺走了我以往年代的全部生活价值,我的辛勤劳动,我的思想和语言——所有这一切都是我自己通过努力而赢得的!②

熟悉基督教义的人会认为这是对《创世纪》当中人类给诸动物命名的故事的改写。赫尔德在此明显有一种通过诉诸神学原理来加强人类中心主义的策略,他所要通过语言起源呈现出来的人类形象并不是神的形象的在世显现,而是一种以自我劳动实践为基础、由此将世界纳入自身的现代主体,经济的生活与语言对自然界的概念赋予在这

① 赫尔德,《论语言的起源》,前揭,页62。
② 赫尔德,《论语言的起源》,前揭,页102。

种劳动中是合而为一的。这一源自自然的存在逻辑被赫尔德称作“动物家政学”，人类作为一种独特的有实践理性与通感能力的动物，在自然当中不断通过语言与劳作将自身的存在意义挖掘出来。这种经济的、以财产为目的的行为是人类与其他动物有所区分的根本原因。

赫尔德的“家政学”当然让人联想到托名亚里士多德的古典文本《家政学》(*Oikonomía*)：

> 家政学有别于政治学，正如家庭之别于城邦(分别是两门学问探讨的对象)，而且政治学涉及众多的统治者，家政学只涉及唯一的管理者。……家政学先于政治学而产生，因为家政学先于政治学发生作用，家庭是城邦的一部分。(1343a1－15)①

可以看到，《家政学》开篇讨论的人类活动主要限定在跟自然打交道的维度之内，其微观的、近似“前政治”的特性说明这本书与《政治学》的主题有着很大不同，以至于人们可以轻松地做出这样的推论：如果针对个别家庭的家政学先于针对共同体整体的政治学，那么家政活动的原则也就比政治生活的原则更加“自然”、“本原”。

家政的原则是一种“个体优先”的原则，只涉及“唯一的管理者”。我们可以在《家政学》关于农业的讨论中看到由这一原则引出的“正义”原则：

> 根据自然的顺序，农业是首位的，其次是那些从大地掘取物产的技艺，如采矿业和其他类似的技艺。农业排在首位，因为它是正义的；它既不像小商贩和雇佣兵那样通过别人的同意获得利益，也不像战争技艺所要求的那样不通过别人同意而获得利益。并且，农业是自然的；因为万物之自然在于从母亲那里获得滋养，人类也以这种方式从大地中获得质料。然后，农业最有助于造就勇敢的

① 亚里士多德，《家政学》，崔延强、李秋零译，载苗力田主编，《亚里士德全集》第九卷，北京：中国人民大学出版社，2001，页289。这一文本被多数人认为并非亚里士多德本人所作，而只是后人的托名作品，尽管如此，其年代也并未相差太远。

> 气魄;因为它不像那些不自由的技艺一样会让身体荒废,而是使之在野外辛勤劳动;农业使得人们趋向于抵抗敌人,因为唯有务农者的财产在城邦防卫圈之外。(1343a26-1343b5)①

农业作为最初的直面自然界的人类活动,也最具有"正义"的属性,这与赫尔德理解的"平衡、经济、相互补偿"有直接关联:在自然之母施予的滋养当中,人类的每一个体都将获得同等的关注与赠予;反过来说,用武力剥夺他人通过自然改造而生产的财富是不正义、不平等的。这一学说让我们马上联想到近代早期以来关于财产权和个人权利的那些"自然法"学说。比如,洛克曾在《政府论》中强调,劳动是一切参与社会生活的公民的私有财产之源泉,人有天赋权利通过劳动占有自然事物,由此实现的私有财产权神圣不可侵犯。②

更值得注意的是,《家政学》中的"务农者"看上去与卢梭和赫尔德笔下的自然人有着许多相似之处。不同于"自然人",《家政学》中的务农者本身是城邦的成员,有着城邦集体生活的属性,其生存方式是"辛勤劳动",其德性是自卫中的勇敢,其目标是捍卫自己的财产。但无论如何,务农者与"自然人"同样身处野外,并且对自然所规定的平等与正义有着最为根本的体认。熟悉卢梭的人立马会想到《论人类不平等的起源和基础》第二部分的开头:

> 谁第一个将土地圈起来,胆敢说"这是我的",并且能找到一些十分天真的人相信他,谁就是文明社会真正的奠基者。假如这时有人拔掉木桩,填平沟壑,并且向他的同类大声呼吁:"不要听信这个骗子的话,如果你们忘记果实为大家所有而土地不属于任何人,你们就全完了!"那么,人类可以避免多少罪恶、战争、谋杀、苦难和暴行啊!③

---

① 亚里士多德,《家政学》,前揭,页290,部分语词译法略有改动。

② 详见李猛,《自然社会:自然法与现代道德世界的形成》,北京:三联书店,2015,页452-478。

③ 卢梭,《论人类不平等的起源和基础》,黄小彦译,南京:译林出版社,2013,页52。

这段话反映出卢梭对私有制文明的警惕和对文明之前的自然耕作方式的提倡。相比起洛克把私有财产视为自然权利的态度，卢梭对农民的淳朴心有戚戚，①他会强调在自然状态之下，“平等”才是真正的天赋权利：

> 在自然的状态下，是存在着一种不可毁灭的真实的平等的，因为，单单是人和人的差别不可能大到使一个人去依靠另一个人的程度。②

这与《家政学》中描述的农业生活的特征非常相似。赫尔德显然受到卢梭这一思想的影响，将自然恩赐面前人人平等的理念贯彻到了他自己的“家政学”设想当中。进而，赫尔德也会强调一种基于自然原则的均衡与平等，并将其与现实的经济生活挂钩。但赫尔德却并不像卢梭那么极端地从孤独个体出发，而是将关注点集中在卢梭业已提到但没有给予足够关注的“家庭”之上。

卢梭将家庭视为微型社会，将爱的情感视为成员之间互相依存的纽带，并认为语言和技艺与家庭中这一情感的诞生与发展是同步的；家庭可以扩大为部族乃至于民族，其生成逻辑并非基于法律，而是基于共同生活习俗。卢梭认为这一阶段尚未完全进入到文明社会当中，只是技艺与语言的出现已经开始预示之后的堕落。③

我们之后会看到，赫尔德基本上继承了卢梭的许多看法，并有所修正。在《论语言的起源》题为“第二条自然规律”的章节中，赫尔德明确表示，人类文明社会始于家庭，并渐渐发展为大的民族和国家；“人类的社会性完全出自大自然的安排”。显然，这是对《家政学》自然观的进一步发挥，并且把卢梭那里构成断裂关系的自然与社会联系在了一起。

赫尔德强调，弱小的人最初需要得到母亲的爱与庇佑才能生存下

---

① “有些人的幸福生活，例如农民的田园生活，使我们的心为之感动。看见那些忠厚的幸福的人，我们的心都着迷了……”——卢梭，《爱弥儿》，李平沤译，北京：商务印书馆，2015，页338。

② 卢梭，《爱弥儿》，前揭，页361。

③ 卢梭，《论人类不平等的起源和基础》，前揭，页55–57。

来。正是大自然安排人类具有天然弱小与可怜的天性，使之在痛苦和艰辛中必然增进对群居和爱的需求：

> 大自然用艰难困苦和父母本能的慈爱（希腊人所谓 storge）把人维系起来，使得知识的传授和教育成为人类不可或缺的纽带。……没有任何一个人是为自身而存在的，他是整个人类的一分子……父母向孩子传授思想的同时，便向他们传授了语言的概念；大自然以家庭的精神形式把整个人类联系起来，人类知识通过家庭形式而持续发展，同时这也正意味着语言的持续发展。①

家庭构成了自然家政学得以发挥的基本单位。这里的家庭显然并不是古希腊人理解的“家政术”所理解的家庭。最简单的例子就是，“唯一的管理者”在古希腊语境中指的是一家之主，也就是父权制中的家长，其之于子女的权威通过君主制的礼法（nomos）而呈现，凭借爱和敬畏施行统治并在本性上优于所有同族的子民（1259b10－15）；②但赫尔德在此却把家长改写成具备生存知识的自然血亲长辈：他们并不因本性优越和值得敬畏而成为家长，而是因为具备让后代生存的自然与社会知识并能通过语言传递给子子孙孙。赫尔德的“父母”并不是提供威仪和礼法的管理者，毋宁说是让下一代得以持存的值得敬爱的知识传输者。

赫尔德似乎是受到卢梭的启发，十分重视自然交付的权利平等和家庭中的爱与语言的重要性。但与卢梭不同，赫尔德设想人类首先就生存于家庭中，并强调这是“自然”的决定性安排，也就等于说人之本质属性既不是卢梭意义上的孤独的个体性，而是与现代自然法所保障的劳动生活完全同调的“家庭性”。语言在家庭这一基于自然血缘的共同体形式中与亲缘之爱共同成长，并最终发展成为一种“民族性”。在赫尔德看来，基于这一自然规律所构成的共同关系，要比一切基于理性设计的社会契约都强劲有力。

---

① 赫尔德，《论语言的起源》，前揭，页 100。

② 亚里士多德，《政治学》，颜一、秦典华译，载苗力田主编，《亚里士多德全集》第九卷，前揭，页 26。

三　赫尔德与海德格尔的“洞穴”

赫尔德相信家庭中的“慈爱”是最为本原的人类共同生存基础，这一看法与赫尔德曾经受到的某种新柏拉图主义的影响有关。在题为《赫姆斯特胡斯先生论欲望之函后记》的文本中，赫尔德关于“爱”与自我的哲学得到了更加完整的揭示：

> 古有美好史诗言之，爱将世界从混沌中拉出来，用欲望和想念的纽带将万物彼此相连；借着这些温柔纽带，爱维持万事万物的秩序，引导它们朝向唯一者——那一切光芒、一切爱的源泉……亲爱则合，争斗则分；每一款欢娱，无论是神的还是人的，都是爱，都是相类之物的合；但想念和欲望就像爱的伴娘，像那有力而又温柔的臂弯，为所有快乐做好铺陈和吸引……根据柏拉图的理念，爱是在朱庇特的花园中，从缺乏与丰盈生出来的。因此爱具有缺乏与丰盈双方的性质，永远依赖双亲。
>
> ……我们感受到自身的存在，是在身外之物中，我们渴望它，为它而活，在它里面我们的一丰富为二、二丰富为多。自然在我们周围安排下那么多可爱之物，远近各不相同，吸引我们的程度和方式各异，这样我们的心灵中就有了丰富细腻、缤纷多彩的情感世界。不妨这样说，我们的心灵和生命成了欲望的和谐，是日愈纯粹、永无满足之永恒想念的艺术创造。①

赫尔德这段文字指出，爱欲诉诸结合带来的快乐感基于从“缺乏”到“丰盈”的转化，这一经典看法提醒我们回顾其源头——柏拉图《会饮》中由苏格拉底表述的第俄提玛说辞的基本逻辑，我们不妨将其简单地总结如下：

爱神是“缺乏”和“丰盈”生育（poiein）出来的，因不美而欲求美：他是丑与美之间的存在，是神和凡人之间的交通者；由于智慧是最美的东西，爱神也就是爱智慧者，这一爱欲旨在让其最终“成为自身”、获得幸

① 赫尔德，《反纯粹理性：论宗教、语言和历史文选》，张晓梅译，北京：商务印书馆，2010，页 101－102。部分语词译法略有改动。

福；就像在众多制作者当中唯有能够制作音乐与节律的人能被称作“诗人”那样，唯有对生育所代表的“不死”的爱欲才是最高的、真正的爱欲；由于人类的一生总是在身体与知识方面发生着变化，也就是处于由生到灭的过程中，在这个意义上，唯有通过“葆有知识”来稳定记忆，才能让生存的同一性得到保存；因此，对于有死者来说，让失去活力的部分让位于生机勃勃的部分并同时在后者当中保留前者自身的东西，就可以确保“不死”，那么这一让知识通过传承繁衍而存续的意图本质上也就是至高的爱欲；最后，出于这一爱欲，具有领悟能力的人应当逐渐从爱具体的美之对象，上升到爱共同生活中的、礼法中的美，进而认识到“围绕着身体的美实在微不足道”，最终走向爱“美本身”，孕育真实的德性（201d1－212b1）。[①]

熟悉《会饮》的人会看到，与第俄提玛说辞的理路相比，赫尔德的理路中杂糅了《会饮》中斐德若说辞（“爱神在神当中年纪最大、最受敬重”）和厄里克西马库斯说辞（“爱神在万事万物中”）的部分因素（180b6－9，186a5－186b1），[②]这使得赫尔德的思想与这两者所依仗的智术师希琵阿斯的自然学说发生了关系。施特劳斯指出，古希腊智术师的自然学说要用“医学”与“技艺”取代“神话”，以获得新的权威，“这种权威的现代类比物是科学”；在斐德若和厄里克西马库斯那里，尽管“爱”被当成“神”来表述，但其指的却是自然现象。[③] 回过头来，我们还能进一步看到，赫尔德对“爱”与“争斗”的表述也体现着显著的自然哲学基因：最初把“友爱”与“争斗”引入哲学的人是前苏格拉底的自然哲人与诗人恩培多克勒，他用这两个概念解释万物变动的原因（252a8－252b5）。[④] 赫尔德延续了这种自然哲学的思路，试图为人世间的友爱和谐相处找寻根基。

这样看来，从《会饮》文本本身来看，赫尔德是将前苏格拉底哲人与智术师的自然哲学与第俄提玛说辞混杂在一起理解了，这一误读是

---

① 柏拉图，《会饮》，载刘小枫编译，《柏拉图四书》，北京：三联书店，2015，页229－251。

② 柏拉图，《会饮》，前揭，页183、194。

③ 施特劳斯，《论柏拉图的〈会饮〉》，伯纳德特编，邱立波译，北京：华夏出版社，2012，页130－132。

④ 亚里士多德，《物理学》，吴寿彭译，北京：商务印书馆，2006，页221－222。

近代以来新柏拉图主义的常态。对赫尔德影响极大的沙夫茨伯里认为,在作为对象的自然当中,人类基于爱欲而理解乃至于制作出一切至善与至美;爱欲的狂热都集中体现在诗歌、演说、音乐等艺术领域当中,因此,“美化,而不是被美化,才是真正美的东西”。[①] 这一新柏拉图主义的美学实则将第俄提玛说辞中蕴含的通向美本身的爱欲阶梯与其他说辞中的自然哲学诉求交融在了一起,改造为在自然当中对美进行制作和创造的艺术论。这也正是赫尔德的自然爱欲论与“通感”理论的来源。赫尔德相信自然作为万物之母并在家庭血亲关系中赋予的慈爱特征,并且看到个体的匮乏和随之而来的“艰难困苦”的努力劳作体现着人类爱欲的原动力。

但是,从上述的引文对比中可以看出,第俄提玛说辞中对“美本身”的诉求和作为爱欲之至高境界的“爱智”,在赫尔德那里却都了无踪影。在他和沙夫茨伯里那里,值得被爱的只是作为“多”的丰富自然对象——人在这一丰富当中具有与自然融合或者占有自然的可能,其具体途径则是基于“通感”、基于语言与诗的抒情,传达种种生存的知识和经验,实现对“丰富细腻、缤纷多彩的情感世界”的再创造,而非开展苏格拉底式的以神人互通为使命的“爱智”的辩证对话。从人之类型角度进一步说,赫尔德的语言人的爱欲并非苏格拉底式哲人的爱欲,而是诗人与艺术家的爱欲,这种爱欲将在其面向自然现象的过程中逐渐变成一种理性的谋划,变成一种创造的意志,与之同时出现的则是家政学-经济学的神学-自然观。

从理论上说,赫尔德以近代早期兴起的新柏拉图主义的爱欲论为论证资源,客观地在笛卡尔式单纯理性沉思的主体基础上“向外”拓展了个体的感知与需求领域,进而为后来人总结的“占有性资本主义”进行了新一轮的理论奠基。“通感”客观上为感性丰富的劳作者提供了人类学基础;“自然家政学”则为私有财产的不可干预和家庭生产单位的神圣性提供了辩护。赫尔德《论语言的起源》中依然延续着自然法传统与人性启蒙的现代化策略,进而也是海德格尔一贯批判的近代形而上学传统的遗产之一。

基于这一近代新柏拉图主义爱欲论的赫尔德的个体与家庭显然与

---

① 沙夫茨伯里,《道德学家》,载《人、风俗、意见与时代之特征:沙夫茨伯里选集》,李斯译,武汉:武汉大学出版社,2010,页 350 - 353。

后期海德格尔笔下的“沉默”且朝向神秘而“泰然任之”的存在者有很大的差异。我们可以明显感觉到,海德格尔描述的能够把握存在之敞开的存在者在某种程度上是缺乏爱欲的。就此而言,海德格尔显然过度解释了赫尔德在语言人身上赋予自然属性的意图,故意忽视了其中显著的现代自我中心主义。那么,海德格尔为何对赫尔德明显的启蒙人类学和自我中心主义视而不见,非得要借助他的表述来展开自己的学说呢?原因或许在于,从赫尔德那里能找到海德格尔攻击西方形而上学传统——海德格尔令人遗憾地将其根柢解释为柏拉图本人的学说——的某种依据。

的确,在《论语言的起源》中似乎潜藏着海德格尔需要的东西:

> 面对毛发蓬然的黑熊和浑身带刺的豪猪,人是一种孱弱无能、一丝不挂的动物。所以,他需要洞穴……人的洞穴很自然地就是集体的洞穴。①

这让人们联想到柏拉图《理想国》中著名的“洞穴”喻。在那一语境当中,“洞穴”喻指一个由城邦中种种似是而非的意见之“影像”构成的生存空间。在业已走出洞穴的人看来,洞穴里的人的生活了无生机,因此他们将会像荷马笔下阿喀琉斯那样:

> ……宁可身为农夫,在另一个贫苦人身边当雇工……也不愿在所有无生命的人们中当统帅。(386c5 - 10,514a1 - 516e2)②

或许,这也就是卢梭笔下那些孤独地徘徊在世俗社会之外的个体的真实所指。柏拉图这一隐喻设计旨在说明,让凡俗之人居住的“洞穴”与追求真理的哲人爱欲生活的确是矛盾的,但这并不意味着“洞穴”应当被哲人用真理的阳光彻底照亮,也不意味着哲人应当彻底服从于“洞穴”而压抑自己通向“美本身”的爱欲。

一旦有了这一背景提示,不难看出,赫尔德将“洞穴”喻指涉的人之意见生活与安顿其自然身体的自然“洞穴”融为一体,实则暗示意见

---

① 赫尔德,《论语言的起源》,前揭,页98。

② 柏拉图,《理想国》,王扬译,北京:华夏出版社,2012,页83、250 - 253。

生活具有唯一的自然起源,进而是未来一切可能发展方向的基础,这样一来,由于“洞穴”是人类的动力因产生的基本环境,进而人类天然就是洞穴性的——人类本质上是属于洞穴的。我们可将此与赫尔德在“第一条自然规律”里的判断相对比:“人并非来自柏拉图说过的洞穴”,而是“自由的”,“携带着世界上最美好的禀赋来到自然之中”——赫尔德认为这是由造物主的启示所决定的。① 赫尔德其实是想说,人的自然本性天然就是好的,这决定了人类不会沉落到哲人柏拉图担忧的洞穴的阴暗状态,也就是说哲人卢梭对文明社会可能构成的虚妄与堕落的批判,以及对作为替代品而提出的由立法者领导的契约社会的设计,事实上没有必要。

言下之意,赫尔德实际上否认了“洞穴”生活与最可欲的美好生活之间有差别,或者说他根本上就认为柏拉图意义上的洞穴生活就是最美好的生活,认为在洞穴固有的习俗生活中本就包含着个体能达到的最大完善——基于“通感”的自由。显然,这与赫尔德完全未曾提及第俄提玛说辞中“爱的阶梯”的理想有关:赫尔德不相信在人类生存与感受到的自然之外还有别的真理与美善,也就不会相信少数爱智之人能够通过不断对自然赐予的人类本能进行克服,进而实现对绝对之美的认识。这样一来,赫尔德最终否定了苏格拉底式生活的可能性,以一种近乎神学的决定论的自然观堵住了哲人探求更高维度整全自然的道路。

与赫尔德相似,在海德格尔所谓“形而上学传统”的话语中,“洞穴”一直被视为遭到柏拉图式理念压制的一种维度。海德格尔曾在其关于“洞喻”的讲疏中提醒我们注意这一譬喻和“陶冶自然本性”(emetéra physis)有关,进而和人的本质相关。海德格尔相信,柏拉图把这一从洞穴中走出来的“无蔽”(althéia)之进程视为所有人类区分真理与“非-真理”的标准,但事实上,“无-遮蔽”(a-lthéia)是基于“遮蔽”而得到定义的,进而“真理之本质问题作为无-遮蔽,本身就是遮蔽问题,所以就是最广义的非-真理”。一切人类的本质历史需要在这一本质问题的转化当中得到更为本源的探寻。

对于所有人来说,通过对真理的追求提升到洞穴之外根本不够,

---

① 赫尔德,《论语言的起源》,前揭,页84。

> 随着单纯的朝向太阳的上升,解放还根本没有结束……真正的自由存在是出于黑暗而成为自由人。……返回到洞穴中,才是自由首次真正的完成。①

这也就告诉了我们海德格尔的真切诉求:超出柏拉图-亚里士多德形而上学传统对真理之彼岸性的设定,在具体语境下的亲在生活当中反观作为一切之“基质”的“自身”。

由于海德格尔将哲学生活理解为对存在的分析,为了找回“大地”,他要求哲学回到“洞穴”,让“洞穴”变成哲人演练对存在之解释学的领地,甚至是将其中的政治与伦理维度的生活反省全都化归为一种存在学式的思考。施特劳斯就曾看到这点,进而批评海德格尔此举并没有摆脱形而上学的阴影,反而是受到了近代以来历史主义思维的彻底主宰。②

我们看到,这一历史主义的一个来源就是赫尔德。海德格尔渴望用赫尔德的“语言人”为自己关于“亲在”的生存论提供基础,这也就导致他接受了赫尔德思想中诉诸自然家政学的部分先入之见,这就让海德格尔从一开始就把启蒙时期关于自然、宇宙的形而上学和人类学带进到了自己的学说中,也就让海德格尔通过反对柏拉图来反对西方形而上学传统的做法显出其最大的内在矛盾。其实,回应现代性症结的关键就在柏拉图本人的对话——准确地说,柏拉图笔下的苏格拉底形象——当中。

本书是2020年中国人民大学新教师启动金项目“赫尔德历史哲学中的艺术史问题研究”(20XNF030)的阶段性成果。

---

① 海德格尔,《论真理的本质:柏拉图的洞喻和〈泰阿泰德〉讲疏》,赵卫国译,北京:华夏出版社,2008,页111-141、86-87。

② 详见李世祥,《洞穴与哲人:海德格尔和施特劳斯对重返洞穴的解释》,载《社会科学研究》2010年第2期,页34-40。

象征的灵知

赫尔德历史哲学的思想基础

胡继华　丁　莉
（北京第二外国语学院跨文化研究院）

摘　要： 历史哲学是18世纪欧洲思想者的发明。赫尔德历史哲学的构建首先诉诸语言学和诗学，借助语文学和神话学，以象征来呈现灵知，以灵知来启示一种具有目的论架构的普遍人性历史。赫尔德在其旅行日记中，将旅途之中汹涌的思绪凝结为“喻象”，再用“喻象”编织成现代新神话，以此将普遍世界历史构建为一套象征体系。而一种源自古代异教世界的灵知贯穿了这一象征体系。他的使命是通过灵知实现一种创造性的综合，以神话、隐喻、图画为媒介，达到思想和自由的更高统一，象征地呈现神道与人道、神圣与世俗辩证的人类普遍历史戏剧。这就是赫尔德所建构的宇宙象征体系，它以一种文化源始主义为取向，展开“史源论”和“启示录”二重向度。

关键词： 赫尔德　历史哲学　灵知　宇宙象征体系　文化源始主义

引　言

历史哲学是18世纪的发明，但18世纪是一个多面但苍白的纪元。说它多面，是因为异教的复兴夸张了差异、冲突以及人-神-宇宙关系的悲剧性。[①] 说它苍白，是因为理性的上升不仅让灵魂日渐失去血性，甚

① 彼得·盖伊将启蒙运动描述为现代异教精神的崛起，现代异教不是指感官享受和感性迷狂，而是指“启蒙运动与古典思想的关系”。在盖伊看来，“奥古斯都时代”、“古典时代”、“人文主义”都不足以描述启蒙时代的精神特征，无法呈现启蒙的丰富意指和激进风格；狄德罗的戏剧、伏尔泰的小说、莱辛的论辩、休谟的认识论、康德的批判哲学、赫尔德的历史哲学、哈曼的神秘（转下页注）

至谋杀了灵魂,而且让古代和中世纪的宗教变成了笼罩世界的不祥暗影。于是,历史哲学便成为复杂传统脉络的汇合,甚至是各种思潮涌动的迷暗涡流。①

更具体说来,18 世纪下半叶到 19 世纪初期,后宗教改革时代的德国,涌动着虔诚主义、古典主义或希腊崇拜主义、狂飙突进、浪漫主义。一批思想家、诗人、作家以及牧师弄潮于这些潮流的风口浪尖,仿佛受制于一种文化无意识,信奉一种以进步和世俗化为取向的历史主义,其纲领便是后世所谓的"历史哲学"。首先,历史主义对立于"源始主义"(primitivism),它拒绝赋予"自然"相对于"艺术"的优先地位。②

其次,历史主义同"自然法"概念展开了一种既断裂又传承的对话关系,一方面它将现代思想从自然法理论长达两千年的统治之中解放出来,拒绝采用永恒不变的绝对真理来解释人性及其在宇宙之中的展开,另一方面它又坚信人道反映了宇宙秩序,理性提升了自然法模式。③ 第三,也是最为重要的,历史主义或许就是基督教末世论的世俗化形式,"现代人通过把进步意义上的各种神学原则世俗化为一种实现……构造出一种历史哲学"。④

从这三维关系看,真正的历史主义隐含着三个基本假设:与古代渐行渐远,历史是进步;与自然现象存在着根本差异,历史属于人道,而不属于天道;将神学绝对主义世俗化,历史与天道神意存在着一种剪不断理还乱的关联。

赫尔德就是历史哲学的发明者之一。他阐述历史观念的核心文本包括:《另一种人类教化的历史哲学》(1774),《关于人类历史哲学

(接上页注)主义,都构成了启蒙的核心内容,但都漏出了"奥古斯都时代"、"古典时代"、"人文主义"的概念网眼,但异教精神可以捕捉到启蒙的神韵。参见《启蒙时代》(上),刘北成译,上海:上海人民出版社,2015,页 6-7、238-239。

① 卡西尔,《启蒙哲学》,顾伟铭译,济南:山东人民出版社,1996,页 1-3。

② 洛夫乔伊,《赫尔德和启蒙的历史哲学》,载《观念史论文集》,吴相译,南京:江苏教育出版社,2005,页 163。

③ 伊格尔斯,《德国的历史观:从赫尔德到当代历史思想的民族传统》,彭刚、顾杭译,南京:译林出版社,2014,页 37。

④ 洛维特,《世界历史与救赎历史:历史哲学的神学前提》,李秋零、田薇译,北京:三联书店,2002,页 25。

的观念》(1784—1791),《促进人性书简》(1794)。在这些核心文本之中,赫尔德将人类的完美历史地描述为个体的完美,将历史描述为一个展现人道的仁慈过程和幸福的中心,最后将历史主义建立在对天道神意的信仰之上。他的这种历史哲学与同时代的思想家构成了共鸣:莱辛《论人类的教育》(1780),康德《从世界公民的观点撰写世界通史的想法》(1784)和《对人类历史起源的臆测》(1786),席勒《何谓普遍历史,以及普遍历史的研究何为?》(1789)和《审美教育书简》(1795)。

与同时代人相比较,赫尔德特立独行,既是诗人又是神学家,但作为一名追随虔诚传统而对抗启蒙的哲人,他为自己立定的使命是架设诗歌与神学之间的桥梁,将历史哲学建立在美学化的神学之上,以灵知来照亮包括天道神恩与世俗生活的普遍历史行程。也就是说,赫尔德构建了"一种自然和历史的哲学和一种宗教的灵魂学"。[1] 在相当程度

---

① 这项赫尔德研究深受神学家巴尔塔萨(Hans Urs von Balthasar)的启发。在其重要的论著之中,巴尔塔萨将赫尔德及其同时代人视为现代普罗米修斯式的人物,断定他们开启了"德意志灵魂启示录"之激昂悲剧的篇章。在《上帝的荣耀》中,巴尔塔萨写道:

> 在其著述之中,赫尔德的立场模棱两可,这只不过是渗透着其整个时代贯穿于费希特、谢林到黑格尔思想的泛神论与基督教之间的巨大含混之一种表达而已,自然与超自然之间的同一化流动不息,将基督教"人化"之同时也失落了基督教的真实信息。(Hans Urs von Balthasar, *The Glory of the Lord*, *Vol.* 1: *Seeing the Form*, trans. Erasmo Leiva-Merikal, Edinburgh: T & T Clark, 1982, pp. 83, 90)

巴尔塔萨认为,哈曼、赫尔德、夏多布里昂、席本(Scheeben),开启了美学的神学向神学美学的进程,这个过程同伊格尔斯描述的"启蒙思想"向"历史主义"转向、从世界主义的文化导向朝着民族主义的权力导向同步(伊格尔斯,《德国的历史观:从赫尔德到当代历史思想的民族传统》,页37)。在其《德意志灵魂启示录》中,巴尔塔萨将赫尔德置于莱辛、克洛普斯托克、哈曼、席勒所开创的启示录语境中,断言其独特的贡献在于他敞开了"世界的内在空间"。赫尔德寻求创造综合,召唤一种引起整体存在变革的精神,在世界历史经验的维度上来把握个体、民族、世俗、人道(Hans Urs Von Balthasar, *Apokalypse der deutschen Seele*: *Studien zu einer Lehre von letzen Haltungen*, Band 1: Der deutsche Idealismus, Salzburg-Leipzig: Verlag Anton Puster, 1937, 62－63)。

上，赫尔德历史哲学的构建首先诉诸语言学和诗学，借助于语文学和神话学，以象征来呈现灵知，以灵知来启示一种具有目的论架构的普遍人性历史。

一 忧患之旅："远航"、"沉船"，两个绝对隐喻

赫尔德的世界历史谋划酝酿于一场旅行。1769 年（清朝乾隆三十四年，英国瓦特发明蒸汽机），赫尔德告别故乡里加的牧师堂区，搭乘一条满载黑麦和亚麻的货船，起航去法国的南特，然后辗转去往世界历史的中心——巴黎。两个半世纪之前，热那亚人哥伦布远航新大陆，对空间现代性的铸造产生了变革性的影响，一个蕴藏着多种可能性的时代从永恒静止和神话的旋转之中得以解放出来。①

一个世纪之后，尼采高喊："另一个世界尚待发现，而且不止一个！你们这些哲人们，登船吧！"②预感到长驱直入的"英雄虚无主义"（heroic nihilism），尼采内心涌动一种末世论的忧患和启示录的激情。③ 尼采自豪地宣称，他自己对伊壁鸠鲁的精神有一种独一无二的移情和敏悟。读其文，听其话，均是幸福，"享受太古午后的幸福"。

尼采仿佛看到，伊壁鸠鲁凝望白茫茫的辽阔海面，而海滨巉岩上空，丽日蓝天，生灵沐浴阳光，神情怡然自得，嬉戏之中快乐无穷。柔美的阳光就是伊壁鸠鲁的眼神。可是，尼采话锋突转：

> 这等幸福，只有苦难不断的人才能体验，而这种幸福乃是眼睛的幸福。④

与苦难拉开审美的距离，才能对杀机四伏、惊涛骇浪的大海无所畏惧。然而，入海远航的赫尔德更像哥伦布，而不像尼采：预感到新世界

① 斯洛特戴克，《资本的内部：全球化的哲学理论》，常晅译，北京：社会科学文献出版社，2014，页 50。

② 尼采，《快乐的科学》，黄明嘉译，桂林：漓江出版社，2000，页 222。

③ Hans Blumenberg, *Shipwrech with Spectator: Paradigm of A Metaphor for Existence*, trans. Steven Rendall, London: The MIT Press, 1997, p. 20.

④ 尼采，《快乐的科学》，前揭，页 79。

的敞开，浪漫的潮涌，激荡的狂飙，以及临近的法国革命，他没有退缩，反倒是好奇之心燃烧，求知之志高亢。他迎着“不确定性”，披浪而行，如异邦人般无牵无挂，像耶稣的门徒，进入世界，见识世界，从各种角度窥测上帝，体验世界和触摸灵魂。

赫尔德远航的初衷是亲赴启蒙的策源地，实地调研欧洲思想情势。然而，颠簸海上，心态虚无，浩渺烟波给他一种真正的自由感。在这种自由感之中，他遽然改变了念想：

> 在甲板上，我成为哲学家，但我却还没有学会，抛开书本，不用器具，从自然出发来进行哲学沉思。①

白茫茫的海面提醒赫尔德，洛克式的“白板”(Tabula rasa)乃是纯真和独立思想的前提。像一切启蒙思想家一样，心中萌动独立思想、摆脱人为招致的不成熟状态的渴望，但免不了历史的重负感和影响的焦虑。他问道：

> 究竟什么时候，我才能成熟到能够摧毁心中从他人那里学到的一切，而开始独立发现我之所学，我之所思，我之所信？(IV, 1876)

在航海时刻，他仍然感到没有超越两种哲思的对立：从书本出发的哲思和从自然出发的哲思。眼前的新世界，瞬间落墨成书，而书中文字永远地丧失了自然的活力。

> 如果我明白了这一点，那么，在壮阔的大海上，静坐在桅杆下，哲思所及，乃是天宇，太阳，星辰，月亮，空气，风，海，雨，旋流，鱼类，海床，并得以独自发现这一切的自然物性，那该是何等惬意的观点啊！……海床是一个新地球！谁知道？哥伦布和伽利略可能

---

① Johann Gottfried von Herder, “Journal Meiner Reise im Jahr 1769”, in: B. Suphan et al. (eds.), *Johann Gottfried von Herder Samtliche Werke* (Berlin, 1887—), Vol. IV, 1878. 本文以下赫尔德引文，如无特别说明，均见这个全集版本，随文用括号标注，罗马字母为卷数，阿拉伯字母为页码。

> 发现什么？在这个广阔的世界，深海潜行者和新型望远镜仍然将会发现什么呢？（IV,1854）

法国之行，及其与“百科全书派”的相遇，明显未能让赫尔德感到满足，无法平息他内心深处的伟大期待。“这场航行导致了一次隐喻的转折。”①法国启蒙运动的“理性”没有想象的那样启明，相反却显露了几分阴森、晦暗和暴戾。航行隐喻转向了沉船隐喻。

1770 年元月，赫尔德回程的船只在安特外普和阿姆斯特丹之间搁浅。大海，作为“狂飙突进”领袖人物自我发现的场所，此时显得是一种外在的强力，散射出“实在专制主义”的气息。如不能控制和征服这种外在强力，海难就在所难免。② 缓解恐惧与焦虑，唯有神话一途。于是，在赫尔德，这场海上航行，是一场自我发现之旅。

以自我发现为基础，从灵魂出发，赫尔德建构了历史哲学这一世俗时代的神话。“远航”与“沉船”，是西方历史上两个基本思想意象，两个绝对隐喻。基本思想意象不能抽象为思想。绝对隐喻拒绝被还原为概念。它们的使命是襄助思想家借以回答那些“原则上不可能回答”的问题，揭示那些强大到无法征服的存在真理，比如人与世界、人与神的关系问题，生命与死亡问题，宇宙的来源和历史的终结问题。③

1774 年，也就是史称赫尔德“历史哲学创世纪”之年，他用沉船隐喻（the shipwreck metaphor），对当时的哲学境况进行了警醒的描述：

> 其他一些人，认识到这种假象的麻烦，却苦于不知道更好的，只看到邪恶与德行如气候一般各处无常，完美如同春日新芽生而转枯，人类的习俗和禀赋也像秋风落叶一般飘零。没有计划！没有进步！无非是永无止境的变化！无非是织了又拆，拆了又织，像帕涅罗佩的编织殓衣。这些人跌入一个漩涡，不相信所有的德性、

---

① Hans Blumenberg, *Shipwreck with Spectator: Paradigm of A Metaphor for Existence*, trans. Steven Rendall, London: The MIT Press, 1997, p. 44.

② 布鲁门伯格，《神话研究》（上），胡继华译，上海：上海人民出版社，2012，页 4，“实在专制主义”这个术语是指“人类几乎控制不了生存处境，而且尤其自以为他们完全无法控制生存处境”。

③ Hans Blumenberg, *Paradigms for A Metaphorology*, trans. Robert Savare, New York: Cornell University Press and Cornell University Library, 2010, pp. 10 – 12.

> 幸福和人生的目的，用怀疑的眼光打量全部历史、宗教和道德。近来哲学最新的时尚（尤其在法国）正是怀疑大行其道！这种怀疑用千百种方式表现出来，但总顶着一个炫目的头衔：“以世界历史为依据！”历史中的矛盾一如大海中的惊涛骇浪：要么把我们的船击沉，要么我们奋力从残骸之中抢回一些道德与哲学的碎片，几乎一钱不值。①

这仅仅是涌动和交织在赫尔德早期历史哲学纲领之中的诸多思想意象之一。这份思想纲领名为《另一种人类教化的历史哲学》。② 十年之后，这份历史哲学纲领扩展为《人类历史哲学诸观念》。在伽达默尔看来，赫尔德为启蒙时代历史哲学模式的转型预备了决定性的前提条件。③ 赫尔德对启蒙运动时期的理性骄傲的抨击，得到了古典文化典范及其人文主义的支持。融合新柏拉图-灵知主义的观点，赫尔德全部叙论聚焦到一个坚实的论点之上：正是人类在时间维度上的展开，才真正体现出人类的创造性。

这是一个贯穿于中世纪晚期到浪漫主义时代全部思想史的基本神话，且同歌德时代的古典主义存在着不可忽略的关联。梅尼克认定，赫尔德开创的新神话历史观在歌德的诗学世界观中臻于至境，这不是随便一说。因为，从古典到浪漫一代德意志思想精英，包括歌德、洪堡、温克尔曼、施莱格尔兄弟，一致在希腊文化所呈现的丰富多彩的伟大个性形式里看到了人类的完美，以及人性的无限可完善的潜能。以这么一个圭臬来审断全部世界史，我们就可以默认赫尔德新神话历史观的主

---

① Johann Gottfried von Herder, “This too a Philosophy of History for the Formation of Humanity”, in Michael Forster (trans. and ed.), *Philosophical Writings*, Cambridge: Cambridge University Press, 2004, p. 298. 中译本参见赫尔德，《反纯粹理性：论宗教、语言和历史文选》，张晓梅译，北京：商务印书馆，2010，页 11－12。

② 伽达默尔在编辑赫尔德的这份原创文献时指出，《另一种人类教化的历史哲学》不仅是“最早的历史主义宣言”，而且“也是对启蒙理性骄傲的辛辣嘲讽”（Johann Gottfried von Herder, *Auch eine Philosophie der Geschichte zur Bildung der Menscheit*, ed. H. G. Gadamer, Frankfurt am Maine, 1967, 48, 146－148）。

③ 伽达默尔，《真理与方法》（上），洪汉鼎译，上海：上海译文出版社，1999，页 259。

旨:丰富多彩的个性不独是古希腊人的生命标志,更是普遍历史的生命标志。

> 人类必须经历生命的各个历程!……每段历程都在其自身之内有它自己幸福的中心。①

一切尘世间的东西转瞬即逝,但历史自身之内还是蕴蓄着意义。

赫尔德意识到,他自己的时代充满凶险。启蒙招致理性霸道,历史的沉船将是革命的宿命。如何同灾异的世界拉开距离?如何独守灵知,在内在空间控制并征服"实在专制主义"?人文主义者、和平主义者、世界主义者赫尔德后来转向了一种反纯粹理性的立场,让灵知和智慧服从于民族主义政治文化,且对法国革命表示憎恨,对古典文化、启示宗教和源始主义不加批判地信仰。显然,一切都和航海隐喻转向沉船隐喻相关。

从拥抱法国革命,种植自由树,抨击诸侯暴政,到震惊于红色恐怖,为民族的失败深感羞辱,痛恨拿破仑强权,而最后转向爱国、反动、感伤、浪漫和非理性,这几乎是黑格尔、谢林、荷尔德林、费希特、诺瓦利斯、施莱格尔兄弟、蒂克、施莱尔马赫所走过的同一条道路。古典命运悲剧没落,拿破仑教导歌德:政治就是命运。大化流演,物是人非。

> 现在我们尝试找一部或者写一部《伊利亚特》,尝试像埃斯库罗斯、索福克勒斯和柏拉图那样写作是不可能的。儿童的淳朴思想,儿童无忧无虑的世界观,总之古希腊人的青春年华一去不返。……我们被推拥前行,逝者如斯,它从不会回溯至其源头。(XIII,56-57)

1792年,在《促进人性书简》之十七中,赫尔德评估了德国同邻国

① Johann Gottfried von Herder, "This too a Philosophy of History for the Formation of Humanity", in Michael Forster (trans. and ed.), *Philosophical Writings*, Cambridge: Cambridge University Press, 2004, p. 299. 中译本参见赫尔德,《反纯粹理性:论宗教、语言和历史文选》,前揭,页11。

革命所保持的距离。革命事件占据了他的心身，且让他前所未有地迷惘。他常常希望，自己没有经历这么一些时日。毫无疑问，革命事件在本质上要求沉思，且理性地反思其后果。为了沉思和反思，距离就不可缺少。为什么要与革命拉开距离？不仅因为事件与观察者各自独立，而且因为民族性格存在着不可化约的差异。这种分裂和差异已经决定了演员与观众的角色区分。

事实上，德国早就被教廷赐予"顺服之邦"（a Land of Obedience）的尊名，任何一种对其民族性格的怀疑都是对祖邦的玷污。决定演员与观众、法国革命与德国哲人之距离的首要因素是语言。因而，法国的戏剧在德国上演注定不会成功。按照这些论断，革命事件向德国蔓延几乎全无可能。

在这么一种语境中，赫尔德运用了"沉船"与"观众"这样两个思想意象。然而，关于观众所处的稳固视点，仍然具有某些不确定的因素。在一种惊奇而吊诡的纠结之中，观众被动地屈服于一种邪灵学的前提："只要我们之内的邪灵没有强行将我们抛入大海，我们就仍然可以观看法国革命，仿佛它就是站在安全的岸边被见证的发生在广阔的未知的海上一起沉船事件。"

值得注意的是，赫尔德的文本之中，呈现了"沉船隐喻"和"剧场隐喻"之间意味深长的关联。实际灾难同时也是一出教谕戏剧，它"书写在上帝之书"，发生在"伟大的世界历史"之中。这出戏剧上演在已经成为民族宠儿的观众眼前，其主旨乃是一种天道神意。

> 它把这种戏景展现在我们眼前，因为经过漫长的准备之后，它也让诸如此类的事件发生在我们的时代，以便让我们有所见证和获得教益。

教谕剧之所以可能，仅仅是因为灾难发生在我们之外，"邪灵没有将我抛入其中"。我们能够参与其中，就好像在读报纸上的八卦新闻。作为思想意象，沉船和观众仅仅是对场景的显白再现。沉船隐喻之最隐微的意义，乃是天道神意所演示的教谕剧。观众的安全受到了邪灵的威胁。邪灵随时都可能将他卷入灾难的大海。整个教谕剧都设置在神意与邪灵的二元论架构之中。沉船隐喻仅仅是第二义的转译，其第一义乃是赫尔德忧患之中的灵知，与黑暗和邪灵抗争，并寻找拯救的灵知。①

像一切先知先觉先行者一样，赫尔德孑然一身，漂浮在茫茫大海上。朝着世界的中心和启蒙的心脏进发，这是一场朝圣之旅。备受乡愁折磨的虔诚派牧师在谨慎地探寻一个未知的世界，这又是一场忧患之旅。面对一个转眼烟消云散，只留下虚灵文字的世界，赫尔德酝酿着书写一部名为“普遍历史”的宏大作品的计划。因此，这更是一场创世之旅。将自然之书与神圣之书贯通起来，他胸襟之中酝酿着一部宏大叙事。问世于他身后33年和旅行之后77年的《1769年的旅行日记》记录了赫尔德海上航行时的大脑风暴：

> 那是怎样的一部作品！关于人类！关于人类精神！关于地球！以及所有地域！时代！民族！力量！混合体！形态的文化！亚洲宗教！以及年代学、警务和哲学！……希腊的一切！罗马的一切！北欧的宗教，法律，风俗，战争，荣誉！罗马教皇信徒的时代，僧侣，博学！……中国的和日本的政治！一个新世界的自然科学！美国的风俗……世界构成的普遍历史！②

这么一个宏大叙事本身就是神话，它预示着“世界构成的普遍历史”。因而，历史绝非实存的现实，而是预言的现实（prophetic reality），或者借用奥尔巴赫的话说，它是“喻象的现实主义”（figural realism）。喻象并不指称现实，而是自我指称或互相指称。奥尔巴赫写道：

> 喻象阐释建立了两个事件或人物的关联，前者既指称自己，也指称后者，而后者包含或应验前者。喻象的两极在时间上是分隔的，但作为真实的事件或喻象，它们又处于事件之中，处于

① 关于沉船隐喻、观众隐喻的分析，参考 Hans Blumenberg, *Shipwrech with Spectator: Paradigm of A Metaphor for Existence*, trans. Steven Rendall, London: The MIT Press, 1997, pp. 44－46。

② Johann Gottfried von Herder, “Journal Meiner Reise im Jahr 1769”, in: B. Suphan et al. (eds.), *Johann Gottfried von Herder Samtliche Werke* (Berlin, 1887—), Vol. IV, 368－69。比较萨弗兰斯基，《荣耀与丑闻：反思德国浪漫主义》，上海：上海人民出版社，2014，页24。

> 历史生命的洪流中。唯有对两个人物或事件的理解，即灵智，才是属灵的行为，但该行为处理两极时，必须在其现成或期望的具体现实中，将其分别作为过去、现在或未来的事件，而非空灵玄虚的概念。①

将旅途之中汹涌的思绪凝结为“喻象”，再用“喻象”编织成现代新神话，赫尔德就把普遍世界历史构建为一套象征体系。而一种源自古代异教世界的灵知贯穿了这一象征体系。是这种灵知，而非启蒙思想家所青睐的理性，才让德国浪漫主义的先驱者和观念世界的创造者得以把握宇宙、灵魂和世界的真理。

二　灵知对抗理性：象征化的宇宙图景

在赫尔德看来，理性永远是迟到的理性，而灵知与生命合一，与宇宙同流。灵知（Gnosis），表示知识、认知的古希腊术语，一种返身内求而非格物于外的属灵知识。灵知事关灵魂的品质、命运、转型与拯救。在晚古时代和基督教诞生之前，灵知蒙上了一层神秘的色彩，甚至同巫术、礼仪、灵媒沆瀣一气。它特指一种“隐秘”、“启示”，以及“拯救所必需的知识”，一种不能自然而然地获得的知识，一种改变灵魂的知识，一种导致认知主体皈依的知识。②

灵知是对绝对开端的知识，它以本质作为起源，始于遭遇黑暗与紊乱，终于超越黑暗与紊乱。赫尔德探寻普遍世界历史，叙述了东方、埃及、腓尼基、希腊和罗马民族的教化及历史的发源，叙述了天道神意的运行，叙述永恒和世界的流溢，直至下降到凡俗世界的创造，下降到紊乱的灵魂冥府。在古代东方、埃及、印度、中国，也都能看到灵知流布的踪迹。灵知的追问方式是直逼灵魂：

---

① 奥尔巴赫，《“喻象”的释义和考辨：一段概念史》，林振华译，载《跨文化研究》2018年第2期，总第5期，北京：社会科学文献出版社，2018，页215，译文有所调整。

② Jacob Taubes, “The Dogmatic Myth of Gnosticism”, in Charlotte Elisheva Fonrobert and Amir Engel (eds.), *From Cult to Culture: Fragments toward A Critique of Historical Reason*, Stanford: Stanford University Press, 2010, p. 69.

> 探寻并且认识——你曾经是谁？你曾经如何存在？你将来如何生存？①

灵知内启，真知默示，是灵知主义的内核，而灵知主义（Gnosticism）属于西方神秘学（Western Esotericism）的传统，其古老渊源可追溯到古代美索不达米亚、波斯、埃及、中国和印度文化，其滥觞则在晚古柏拉图主义传统。灵知主义是东方希腊化或希腊东方化之后文化精神的结晶。“柏拉图主义的东方化”（Orientalization of Platonism），“赫尔墨斯主义”（Hermetism）、基督教早期教父学以及通灵术（Theurgy），晚古时期四大思想运动尽管取向各异，具有不同的宗教仪式和神话体系，但都一致追寻一种事关灵魂拯救的真知。

据说这种真知可以将人的灵魂从物质世界的纠缠和邪恶的牵累之中解救出来。② 中世纪晚期复活的千禧年主义，文艺复兴文化唤醒的普罗米修斯主义，在18世纪启蒙运动和理性时代汇流，灵知主义传统隐微其间，为解开生命之谜、历史之谜提供了内源性启示，甚至对人类的生存状态产生了决定性的改变。最为重要的是，唤醒灵知，也就是唤醒对末世论启示的期待。启蒙时代之后，法国革命之前，神秘主义，江湖骗术，巫术主义，反理性主义，形形色色的暗流侵入优雅、和谐、对称和美丽的18世纪。③ 深奥迷暗、诗意朦胧、血气涌动，将世俗化变成了一种紊乱骚扰的进程。这恰好说明，启蒙时代的批判、怀疑、功利主义并没有消灭西方神秘学，相反却激起了对不同灵知的喜好与情志。

> 18世纪末文化氛围的特点，是对主流启蒙运动狭隘的理性主义的反动，以及西方传统中最极端的神秘主义思潮与千禧年思潮的普遍复活。而这些灵知思潮对宗教、哲学和美学领域中浪漫派

---

① Thomasbuch, in: *Nag Hammadi Codex*, II 7, 138. 转引自鲁多夫，《知识与拯救：灵知》，见刘小枫选编，《灵知主义与现代性》，上海：华东师范大学出版社，2005，页8。

② 哈内赫拉夫，《西方神秘学指津》，张卜天译，北京：商务印书馆，2018，页22－25。

③ 参见伯林，《浪漫主义的根源》，吕梁译，南京：译林出版社，2008，页52－53。

运动和观念论运动的形成与发展又具有构成性的影响。①

赫尔德在灵知反理性主义和启蒙转向浪漫的运动之中构成了相当重要的一个环节。

赫尔德的灵知思想之生成,经过了一个悲剧性人物的点化和引领。这个人物便是虔诚主义的代表哈曼(1730—1788)。按照巴尔塔萨的说法,哈曼的悲剧性在于,思想史的几脉传统都汇合在他身上:严格的路德主义,古典人文教育,以及神学美学的创构。无论这几脉传统如何涵濡他的思想品格,哈曼都是一个与时代脱节的人物。在启蒙潮流中理性专权的时刻,哈曼形单影只,意欲反叛理性,建构一种拒绝服从逻辑裁断的美学。

这一美学的要义在于,将一切荣耀归于耶稣基督的神性,将世俗之美和异教之美臻于至境。从现代思想史的脉络看,哈曼站在德意志观念论的开端,与站在德意志观念论终点的克尔凯郭尔遥相呼应,将人类、灵魂、世界、上帝之间的关系描述为一种生存的戏剧,将神学置放在美学的基础上,在美学的宗教性和伦理的宗教性之间确立生存的辩证法。这种生存的辩证法便是一种神话逻各斯(mythical logos),在原则上认可了一切形式的信、望、爱。

尽管其文学禀赋和思想风格不合时宜,但他确实有可能成为一个时代的思想之父和精神之父。他还有可能以一种独一无二的方式将整个时代以一切可能的方式奋力追求却始终无法实现的综合观念注入到18世纪,给这个时代以精致而且隐微的灵魂。哈曼以无情的思想之剑,挡开了他的那些朋友深陷其中的虚幻综合观念。可是,他的这些朋友对于虚幻的综合痴迷执妄,大都成为他的敌人,这些人包括:夏夫兹博里,休谟,莱辛,门德尔松,康德,施塔克,当然还有被他视为未来之具体希望的赫尔德,以及最后让他极度失望的雅可比。

哈曼与启蒙的对抗,是灵知对理性的对抗。或者用伯林的话说,这种"反叛性思潮是质和量的对决"。哈曼的神学是诗意的神学,是神话的逻各斯。哈曼的上帝,不是几何学家而是诗人。他坚信,用凡俗的枯燥逻辑来陈述信仰,那是对上帝荣耀的亵渎。当占星术变成天文学,当

① 汉拉第,《灵知派与神秘主义》,张湛译,上海:华东师范大学出版社,2012,页85。

巫术变成物理学,当炼金术变成化学,当神迹可以用自然因果关系来解释,那么灵知就烟消云散,万物都将终止,宇宙也不再迷人。这么一种知识的进展,人类的教化,历史的进步,在哈曼看来不仅可笑、可怕,而且荒诞、愚蠢。克洛普斯托克和狂飙突进运动的反抗启蒙,及其所获得的解放,为哈曼和赫尔德开启了崭新的地平线。美,而非理性,被看作宇宙本身的源始特性,因为宇宙具有感性品质,甚至整个宇宙就完全是感性与爱欲。

哈曼的核心观点是,有一种神秘的有机体,能从自然和历史里感知到神圣的逻各斯。上帝通过自然向他的造物传递启示之声,这是一种古老的灵知主义信仰。造物之中最接近上帝的存在物,乃是人类。但人类只有像上帝一样创造生命之时,才最为接近上帝。但是,作为一名虔诚的基督教徒,哈曼感到自然已经异化于它的本源。因异化之故,神圣逻各斯再也不通过造物世界传递声音。

面纱覆盖着上帝的面相,自然的辉煌也被遮蔽了。习惯上称之为"美学"的东西,恰如启蒙的理性一样,也染上了虚无缥缈的原罪。唯有借着基督,以及以苦难和卑微形式呈现在他身上的神圣逻各斯,历史上的圣经言辞才再次启示上帝的荣耀。犹太教以及异教都致力于启示这种神圣的逻各斯,但唯有借着其卑微的秘传,启示一个自我谦卑的上帝之源始荣耀,神圣的逻各斯才臻于最高境界。这就是真正的对立统一(coincidentia oppositorum):它不仅点燃了信仰,而且激发了信仰独一无二的激情。哈曼充满激情地写出了《圣经》所蕴含的神圣逻各斯,以及以灵知倾听天道神意的方式:

> 创世之书包含着上帝希望通过他的创世行为启示给其造物的普遍概念之典范。圣约之书包含着上帝希望通过人向人启示的秘密条款的典范。伟大的造物者甚至以他的作品为镜,映现出统一性——在所有这些作品之中,有一种高不可攀深不可测的语调!一种至大无外的神圣权力与整体自我倾空的证明!一种如此无限静谧以至于让上帝类似于虚无的神迹。在全部内在灵知之中,我们必须拒绝神圣的存在,不然的话我们就是一头野兽。然而,与此同时,一种如此经纬天地且实现在宇宙万物之中的无限权力所造就的神迹,也让我们无法逃避神圣情感的巨大强度。

如果说,问题的本质在于,哲学精神和诗学真理为宗教激情的

> 良善趣味制订了宪章,如果问题的症结在于,感兴成诗本来就等于治国安邦,那么,我们能不能提供一种比不朽的伏尔泰更为可信的见证?他几乎已经宣告,宗教乃是史诗的基石。但他为宗教变成了神话体系的反面而感到最大的悲哀。①

灵知接纳神圣逻各斯的启示,而神圣逻各斯乃是一种诗性语言。“诗歌是人类的母语。”②哈曼的这个观点对赫尔德诗性哲学影响巨大,而赫尔德也对哈曼的灵知主义心领神会。对赫尔德而言,哲学的教化之功,就在于以诗性激活灵知。首先,具有一种哲学精神的哲学不是逻辑,也不是道德,而是诗学,它以自律的思想和道德情感塑造人性。其次,哲学不是政治学,它塑造实在行动的国民和公民。最后,哲学不是一种无用的玄学,它应该给人一种真正愉悦的知识。③给人真正愉快的知识是灵知,是有感觉和有温度的知识,是神圣逻各斯在自然和生命之中的启示。赫尔德的座右铭是“我感觉!我存在!”锋芒直指笛卡尔的“我思,故我在”。原始、鲜活、自由、感性、激情,是诗的灵魂,更是语言的生命。“心!温情!血!人性!生命!”构成了赫尔德灵知的重力,也是其人性教化的重心。因为这种灵知,狂飙突进时期、浪漫主义时代的诗人,几乎都以赫尔德为镜,实现了他们的自我认同。灵知笼罩了灵魂,同时驱遣着灵魂,让灵魂注目于宇宙那深不可测的深渊。

> 我们灵魂的最深邃处被黑夜笼罩!我们那可怜的思想女神,肯定无法把握每种刺激,任何一种感觉之种子的最初成分:倾听着如此黝黑的浪花中那澎湃作响的世界大洋,她必得带着惊悸和害怕,带着对所有畏惧和胆怯的准备迎接它,而手中之舵必得掉落。慈爱的天性也就离她而去,而这不以其清晰的意识为转移……她

① Hamann, “Aesthetica in nuce: A Rhapsody in Cabbalistic Prose”, in J. M. Bernstein(ed.), *Classic and Romantic German Aesthetics*, Cambridge: Cambridge University Press, 2003, p. 10.

② Ibid.

③ Johann Gottfried von Herder, “How Philosophy Can Become More Universal?”, in Michael Forster(trans. and ed.), *Philosophical Writings*, Cambridge: Cambridge University Press, 2004, p. 19.

处在一个无限的深渊边上，但对此一无所知；由于这样一种幸福的无知，她稳固且自信地站在那里。①

这是赫尔德对于灵知与理性关系的诗性描述。笼罩着灵魂深邃处的黑夜，就是灵知。可怜的思想女神就是理性。理性无意识地站在无限的深渊上，却幸福地无知。这种幸福的无知，一定会导致海上沉船，一场世界历史的灾异迫在眼前。然而，灵知先于理性，灵知借理性不断自我伸张。理性依据因果关系进行推理，却无法领悟创造性的整体，而且休谟已经睿智地指出，因果关系是心灵凭着想象的虚构。因果关系可以预知，但创造性的过程只能体验。

赫尔德直逼本源，要寻找一种独特的语言，去贴近骚动不安的灵魂，去抚摸广大无垠的世界。灵魂和世界的神秘骚动，唯有靠着隐喻、象征、神话才得以启示和澄明。与康德使用抽象理性展开纯粹理性批判的路数相反，赫尔德以“生命的理性”深入到非理性的迷暗深渊。于是，他从里加出发，航向广阔的未知海域，却“到处发现生命，除了生命别无其他”（令歌德笔下的维特兴奋万分的发现）。生命是历史的基本元素。赫尔德以这种生命哲学为基础，将灵知投向万物，笼罩着包括上帝的创世在内的伟大自然进程。

伟大的自然进程被赫尔德把握为“深刻地改变了我们思想方式的时间推演（Zeitenfortgang）”（XIII，49）。用思想史家洛夫乔伊的话说，自然进程被赫尔德把握为“伟大的存在之链”（the great chain of being）。② 存在汩没在时间的迷暗深渊。赫尔德的忧患之旅开启了18世纪加速世俗化的现代性进程。这个进程的标志之一，乃是空间从“宇宙”（cosmos）转向了“寰宇”（universe）：

我们离开了充满着神灵和魔力的迷魅世界，转向了祛魅的世界。但也许更为重要的是，我们从一个静态的、有边界的世界，转向了一个广袤的、无限的世界，它处在永恒的演化之中。③

---

① 转引自萨弗兰斯基，《荣耀与丑闻：反思德国浪漫主义》，前揭，2014，页27。

② 洛夫乔伊，《存在巨链：对一个观念的历史的研究》，前揭，页226－227。

③ 参见泰勒，《世俗时代》，张容南等译，上海：三联书店，2016，页371。

从此,天道神意与自然法则、圣经框架与宇宙框架就充满张力地交织在一起。

赫尔德的过人之处,便在于绝不囿限于自我的沉思默想,或者囿限于对人类内在性的默观冥证,而是从沉思的生活转向行动的生活,将生命投入到永恒的时间巨流之中,从人类灵魂出发去理解世界,全神贯注第撰写一部"人类的普遍精神史",并探明其中生成变化的神秘。他将一种事关灵魂命运与拯救的灵知熔铸为历史理解的基本方法——"移情"或者"共情",用以消除抽象理性的冷酷僵硬。

> 我们的自我感受的深度决定了同情式地理解他人的深度,因为我们能够仿佛投入到他人中去的东西只能是我们自身。(VIII,200)

因而只有灵魂才能发现灵魂,只有天才方可理解、激励和批判另一个天才(YIII,527)。以发自内在灵魂的深邃灵知来敏悟天理,感悟人情,感兴物象,赫尔德将自然描述为穿越万物的同情之巨流(而非机械的"存在巨链"):

> 看那整个大自然,注视那造物的巨大相似性!任何一个造物都能感觉到它自己以及他的同类,生命与生命交相辉映。……依据他们与上帝关系的远近,在全体有生命的造物之中,人成为上帝的感官。(VIII,200)

在这幅浪漫主义的宇宙图景中,起源就是本性,开端也是终结。一种内在的声音音乐一般贯穿在宇宙与人心,经久不衰,绵延不息。① 生命与宇宙同流,个体与永恒同在,灵魂与不朽旋舞,这便是浪漫主义者、更是灵知主义者心仪的审美境界。在《汀登寺》中,华兹华斯吟咏:

> 浩瀚的海洋,流动的空气,以及蓝天,还有人的思想;运动和精灵推动着所有思考主体,以及所有思想的对象,并贯穿万事万物。

① 参见泰勒,《自我的根源:现代认同的形成》,韩震等译,南京:译林出版社,2001,页567-568。

在此，自然在神，神在万物，自然神论与启示精神融合无间，人情与物象不二法门。在《风琴》中，柯勒律治对空发问：

> 假如这生机勃勃的自然，不过是形状各异的竖琴，当一阵思想之风——众生之灵，万物之主——韧劲掠过它的琴弦，那又怎么办？

在《论基督教》中，雪莱回答说：

> 与自身意愿融为一体的人……当无所不在的灵魂之气掠过琴弦时，会奏出无限神圣的乐曲。

在这两位深受灵知熏染的浪漫诗人看来，心灵之光、心灵之乐，乃是生命的灵魂，宇宙的灵魂（或谢林的“世界灵魂”）。[①] 宇宙灵魂伸展之处，造物世界获得生命，生命汲取能量。诺瓦利斯问道：

> 那些属于动物、植物和岩石，属于星辰和天空，而不属于人的东西，难道不只是无穷多样、错综复杂的连续关系中的神经结？

荷尔德林答曰：

> 谁沉冥到那无边无际的“深”，将热爱着这最生动的“生”。[②]

德国浪漫主义诗人带着赫尔德同样的灵知，奋力“独自进入存在”，与生命万有合一，忘我地转向自然宇宙之中。然而，归向自然宇宙并非浪漫主义者和灵知主义者赫尔德思想的最终命运。他的使命是

---

① M. H. Abrams, *The mirror and the Lamp: Romantic Theory and the Critical Tradition*, Oxford: Oxford University Press, 1953, p. 65，“任何事物都拥有它自己的生命……而且我们都是一个生命”。

② 这是宗白华翻译的荷尔德林诗句，见《中国艺术意境之诞生》，《美学散步》，上海：上海人民出版社，1983。这句诗疑是荷尔德林《许佩里翁》第一卷第2封信中一句话的改写：“Eines zu sein mit Allem, was lebt, in seliger selbstvergessenheit wiederzukehren ins All der Natur.”戴晖的译文：“与生命万有合一，在至乐的忘己中回归自然宇宙。”（《荷尔德林文集》，北京：商务印书馆，1999，页8）

通过灵知实现一种创造性的综合，以神话、隐喻、图画为媒介，达到思想和自由的更高统一，象征地呈现神道与人道、神圣与世俗辩证的人类普遍历史戏剧。这就是赫尔德所建构的宇宙象征主义。

三　文化源始主义：史源论与启示录

赫尔德的宇宙象征主义，是以灵知窥透内在历史，创形象为象征，化灵境为符号，将自然、人道、神意纳入到一个贯注着同情且随着时间生生不息地推演的存在巨链中。个体性与活力，构成了这种宇宙象征主义的基本特征。存在巨链之中，每一个体无法替代，无法重复，都拥有自己的独特灵魂、命运和幸福的中心。每一个体都是独一无二的单子，占据不可转让的时空，互相激荡，奔涌成生命的巨流，留下了宇宙进阶的轨迹。在存在巨链、生命巨流和宇宙进阶上，人类不再是单纯的物理宇宙及其冷漠顽空之中的囚徒，而是置身于一个复杂的人文世界及其情感时间化的象征体系之中。

赫尔德说，我们生活在自己的世界，每个人都拥有自己独一无二的宇宙。这已经将人文世界视为一个象征的宇宙了。语言、神话、艺术和宗教构成了这个象征宇宙的扇面，如象征之网上的不同丝线，交织成人文世界的逻辑。人类在思想和经验中取得的一切进步，都是为象征之网穿针走线，使之更加精致和牢固。象征宇宙，乃是秩序的网幕。混沌之眼，透过秩序的网幕，灵知闪闪发光。人类终于意识到，人类再也不能直接地面对实在。所谓实在，乃是象征的建构。人类的象征活动进展多少，物理的实在也就相应地退却了多少。人类自以为是在认识世界和改造世界，事实上却只是在认识自己和改造自己而已。

> 他是如此地使自己被包围在语言的形式、艺术的想象、神话的符号以及宗教的仪式中，以至于除非凭借这些人为媒介物的中介，他就不可能看见或认识任何东西。

卡西尔如是说法，道出了赫尔德宇宙象征主义的秘密。① 毋宁说，宇宙象征主义，就是赫尔德的历史哲学，而这种历史哲学非他，就是世

---

① 卡西尔，《人论》，甘阳译，上海：上海译文出版社，1985，页33。

俗社会的神话。自我与灵魂,乃是神话建构的开端,也是神话流布的目标。这一点,无分古今东西。伸张自我,呵护灵魂,意味着置身在象征秩序之中的人,不是生活在一个粗糙、冷酷、无情的事实世界,而是生活在感性、想象和激情的人文世界,他不只是按照自己的直接需要和纯受欲望驱使来生活,而是按照希望与许诺而主动地把自身投射到一个乌托邦的境界之中。

于是,赫尔德的历史哲学乃史诗兼抒情,既是创世纪,又是启示录。18 世纪乃是"哲学家的天堂",如果贝克此言不虚,那么赫尔德就是在天堂里指引着人类的灵魂向两个方向寻求:从理性文化的顶点看向诗性文化的起点,寻求象征秩序的起源;从神话王国的深渊凝望启蒙时代的巅峰,叩问人类历史的目的。在《另一种人类教化的历史哲学》之开篇,赫尔德清楚明白地表达其思想的"史源论"与"启示录"二重向度:

> 对古代世界历史及其民族迁徙、语言、伦理、创造和丰富传统的启迪越是透明,就越有可能根据每一种新发现揭示,整个人类起源于独一无二的个人。我们正在接近这种幸福的王国;在这里,一对独一无二的人类夫妇,在创世的神圣天道最温柔的抚爱中,在其周遭环境最有力的补偿之帮助下,他们开始编织千头万绪、纷纭复杂的缠结之中越拉越长和越延越远的线索;因此,在这里,一切初始的偶然性也可能被认为是一种母性的神圣有所选择和心怀忧患且为培育精致的两性之种而做出的特意安排;我们必须将这种柔情似水的安排归之于这么一个高贵种族的造物主及其对千年和永恒的瞩望。①

人类历史起源于幸福,终结于永恒。人类的元祖出乎初始的偶然,服从于天道的必然安排。史源论与启示录一体二面,诗性的循环史观呼之欲出。

赫尔德思想的史源论倾向,表现在他奋力从启蒙时代理性文化的顶点回到神话时代迷暗的创世深渊。从思想高度抽象的层面上说,返回到神话的创世时代,就是"从终点看向始点"(terminus a quo),从清

① Johann Gottfried von Herder, "This too a Philosophy of History for the Formation of Humanity", in Michael Forster (trans. and ed.), *Philosophical Writings*, Cambridge: Cambridge University Press, 2004, p. 272 - 273.

楚明白的观念之中抽身而出，奋力返回到“此在”的非理性黑暗渊流。何为历史，何为人道？逻各斯无法回答这些问题。唯有神话对这些原则上无法回答的问题有所启示。

从终点看向始点，赫尔德逆转了“从始点看向终点”（terminus ad quem）的启蒙立场，将历史哲学的建构变成了一场神话创世。① 神话创世，与20世纪海德格尔的“此在形而上学”及其“诗意栖居”境界不仅异曲同工，而且具有血脉传承关系。何如回到世界历史的源头？置身在“狂飙突进”运动之中，深受卢梭、莎士比亚、哈曼以及英国前期浪漫诗人影响，赫尔德带着个性化的激情和生命化的冲动，顽强而且坚执地将灵知的触须伸入到人类的史源和人性的源始。他的感觉不错，史源和人性均不是抽象苍白的逻辑预设，而是寓于生命之中，推展在时间之中，流布在历史之中。

赫尔德借以反抗启蒙时代冷漠理智主义的武器，乃万分激越但同样非常模糊的情感。情感是人性的黎明。

> 情感之声，宛如婴孩牙牙学语，宛如动物哞哞叫声，无忧无虑，质朴单纯，与自然天籁之声水乳交融。（XXXII，14）

情感之声，没有被命运淹没，没有被理性窒息，没有被政治放逐，没有被宗教和仪式净化。在宇宙进阶和历史起源之中，情感是一种起决定作用的心灵力量。情感强一点，理性就弱一点。理性多一分，生动的情感色彩就减少一分。使情成体，表情赋型，语言得以自然而然地发明，象征宇宙得以生生不息地拓展。所以，赫尔德坚决拒绝语言神赐论和语言契约论。他自信满满地断言：“语言的发明对人来说是极其自然的，就像他是人一样自然。”而语言，作为象征秩序的建构质料，服从于个体性与活力论的宇宙法则。

> 决不能有共同的家族习俗，决不可以想到共同的渊源，更不必说共同的语言了。因为语言是部落的徽号和家族的纽带……语言又是关于父辈的英雄行为的史诗，从语言中听得到家族的祖先发

---

① Angus Nicholls, *Myth and the Human Sciences*: *Hans Blumenberg's Theory of Myth*, New York and London: Routledge, 2015, pp. 98 – 99.

自墓穴的声音。所以,语言绝不可能保持一致。①

返回到朦胧诗意的源始时代,赫尔德遭遇到一千面魔镜,一千种象形文字,一千种史源论象征体系。他追问:"民族在哪里?"民族的灵魂寓于语言之中,表达在独一无二的象征秩序之中。沿着灵魂的踪迹穿越历史的迷宫,赫尔德进入了一种源始主义的诗歌时代。在这个时代里,"神圣为了教化这些最初极为柔弱的人类植物而设计了一座精致的花园"(VI,480)。对一个民族来说,没有什么比它的祖先的语言更为珍贵。在语言之中寄寓着一个民族的传统、历史、宗教、生存原则以至于整个世界,寄寓着一个民族独一无二灵魂(XVII,58)。在赫尔德那里,语言与灵魂、象征与思想的这种同一关系,被伯林概括为"表现主义"(expressionism)。"表现主义"的核心含义在于:人类情感的表现,语言的发明,象征的建构,都是灵知贯注的宇宙之中万物彼此交流和互相同情的构成部分。②

赫尔德返回历史的本源,意欲发掘完美的人性,人类的童年,但他触及了此前史家所无法想象的灵魂幽深个体性。天堂与青春岁月,是神圣的恩典。在其《东方考古学》(1769)和《人类古物志》(1774—1776)中,他力图解开笼罩在生命黎明之上的命运和理性的纱幕,避开冷酷的逻辑,在儿童和未开化的民间寻找诗性的语言。"每个人的童年就等于种族的童年。"(VII,29)颂神之诗,竖琴之乐,是情感的头生子,是诗歌的起源和生命的花朵。历史的本源便涌动在东方的神圣朦胧之中。诗中表现的隐微意义和幽微感受,完全是个体的,而且在各个民族的表达都不相同(XXXII,62)。唯有通过"审美的魔镜",人们才能体验到纷纭复杂的形式之下涌动的"同一种畅快淋漓的精神力量"(XXXII,63)。

这就是后世学者们在赫尔德的思绪之中所捕捉到的"文化源始主义"。③ 在坚定不移的自我认知之中,赫尔德同样坚定不移地返回到文

---

① 赫尔德,《论语言的起源》,姚小平译,北京:商务印书馆,1999,页26、99-100。

② 参看伯林,《浪漫主义的根源》,前揭,页63-65;《启蒙的三个批评者》,马寅卯译,南京:译林出版社,2014,页201-219。

③ 参见 Eugene E. Reed, "Herder, Primitivism and the Age of Poetry", in The Modern Language Review, Vol. 60, No. 4(Oct. 1965): 553-567。

化之最幽深、最原始的领域，返回到弥漫着灵知的“魔幻洞穴”：“众多的理念充溢心灵，我们仿佛酣睡在活水源头。”（VI，61）生命境界之幽深，深不可测，蕴含着难以名状的力量。梦幻是尚未出生之前的诗性原型。

这种文化的源始主义与其说是卢梭主义的，不如说是柏拉图主义的。卢梭为历史进步与人道沉沦感到伤怀，幻想远离沧桑，皈依自然状态。柏拉图的囚徒反复出入“幽暗洞穴”，则是渴念光明。走出洞穴是为了更接近神性，让存在与原型合一，重构人与神的关系。从洞穴到地上世界，在地面世界见到阳光的过程，是灵魂因教化而上行、随上行而改变的过程。囚徒“最后看见的东西是善的理念”（《理想国》，VII，517b－c）。

对赫尔德而言，卢梭主义是遁世论，而柏拉图主义是启示录。拉脱维亚夏至节之夜魔力荡漾的民间庆典，北欧神话中原始民族神话的纯正英雄，莪相诗篇中无穷无尽的源始情感律动，荷马史诗吟诵的满口俗语力量狂野的武士，在赫尔德看来都是生命的原型、历史的灵感、文化的潜能之战栗节奏。这种节奏来自远古，弥漫当今，并涌向未来。文化源始主义（Cultural Primitivism），表现在赫尔德对人类父权状态的黄金时代充满了特别执着的乡愁。在其早期《关于当代德意志文学的断片》中，我们读到了其文化源始主义的第一次表达，字里行间回荡着卢梭《爱弥儿》的抒情声音：

> 自然人，谁也没有见过你，可是每一个人心中都能感觉到你，渴望看到你，然而你还没有准备好存在；有人性而无艺术；有灵魂而无机心；有良善而无上帝；有人道而无羞耻；超越谬误的真理；超越德性的虔诚；幸福而又毫不自鸣得意。这就是我吟咏的你呀！自然乃是我的诗，像诗篇歌颂的你！唯有在感情之中，它才真诚无伪，唯有在真理之中它才美轮美奂。我拥抱他。我从他学得智慧。却从不让他从我学习。
>
> 他在哪里？哦，人，自然之子啊！在亚当的花园里，你如花盛放？半是草木半是生灵，你在哪里留下踪迹？像爱斯基摩人，高贵的野蛮人，在浮冰之间追逐猎物，雪地留痕？你是不是属于梦境，超过真理太多，一阵发自卢梭心灵的风，漂泊无定？或者你只是一个在衰微之世才能真正看到的人，因为对你遥遥注目，你才显得如

此高贵？(XXIX,254)

“高贵的野蛮人”滥觞于此。同时,启蒙的转折也发轫于此。从路德开始,经过卢梭、哈曼和赫尔德,一直到浪漫主义,诗人哲人们都尝试在澄明、冷峻的逻各斯之下发掘一种迷暗、狂热的诗性语言。这种诗性的新神话建构,这构成了近代欧洲思想史的一脉传统,在浪漫主义诗风和哲言之中臻于高潮,在尼采和海德格尔的思想中悠然回荡,余音绕梁。

其实,在18世纪的语境中,前有维柯后有赫尔德,甚至还有莱辛和柏林理性主义者,都致力于发现语言的诗性潜能,并坚信诗歌是人类的母语,最优秀的民族能创造最美的诗。当时,源始主义者和反源始主义者都坚信人类历史的黄金时代属于一个诗歌的时代。与启蒙理性主义的严酷逻辑程序及其线性进步观相对立,赫尔德建构了一个可堪与维柯的诗性史观相媲美的历史循环模式:

> 人一旦长大,他就是永恒变易的时间之产物。在时间的掌控之中,一切毕竟都服从变化:人类,每一个民族,每一个家庭,无生命的世界本身,都由坏到好,由较好到坏和更坏;天道有常而兴衰无数,此乃永恒的循环;这在每一门艺术和每一种学问之中都可以找到类似的情形——这些也都是抽芽、结蕊、盛开、凋零。(I,151－152)

在人类的童年,敬畏、恐惧、惊奇,决定着原始民族的思想品格和生活样态。当儿童变成青年,其原始的野性也就让位于政治的冷静;他的生活方式、他的思想品格也就被倾空了熊熊火焰。他说话的旋律也从其口舌之间甜美流出,像荷马史诗之中的涅斯托尔的话语,听来如音乐在耳。话语如音乐,此乃诗歌时代。

当青年变为成年人,他就完全不是诗人。政治组织让抽象概念的表达不可避免,散文的时代随之出现。继而,老年时代的根本特征,就是对于在诗性语言之中毫无地位的精确怀有一腔热情,于是语言也普遍变得不再迷人了。这就是所谓哲学时代。诗性时代,散文时代,哲学时代,大致对应于维柯的神圣时代、英雄时代和人的时代。奥尔巴赫这样论述维柯与赫尔德的关系:

> 将现代学术的历史概念予以系统化论述，赫尔德乃是第一人。……在讨论维柯时讨论赫尔德，仅仅是作为理解维柯之独创性的背景。赫尔德体验到，一个完全协调一致的意义系统概念，以及世界历史的内在发展的概念，乃是面对千百种挑战、矛盾和颠覆的产物。他的出发点乃是他的特殊个性，这对整个德国历史主义而言至关重要。他对人性具有敏锐的意识，他对情感有深刻的感受能力，而这就令他产生好奇情志和自己感觉得到的诸种需要，进而他将这些情志与需要投射到历史之中。
>
> 我们可以看到，他的人生以及他建构的历史形象引发了大量的论题，产生了彼此叠加的影响：一种对于浸润着情感的泛神论世界的信仰（而这显然对立于偏枯的启蒙理性），以及与之相关的，一种对于同自然和类似自然的一切相关的万物之深沉的爱，因为万物独立发展，绝不遵循任何人为的规范。
>
> 最后，在历史的领域，他不仅对原始的宇宙万物着迷，而且也对同田园诗和父权制相连的万物着迷。在泛神论立场和自然性立场之外，他也支持第三种立场，即总是对立于泛神论和自然性的立场：一种诗意朦胧和幻象流溢的关于人类高贵理性及其伦理美学尊严的概念，即人文理想。这种泛神论情感世界的理念是赫尔德观点的源泉，他不仅认为历史是上帝意念的实现，而且认为历史是世界的内在发展，其每一个时代都蕴含着独一无二的神性维度，并且自我走向完美。所有这一切都直接对立于启蒙时代对进步、对抽象的可完善性以及革命的信仰，从而开启了一种理解中世纪和其他纪元的全新方式。①

三个时代循环往复，神话与逻各斯交替主权，诗性节奏起伏兴衰。赫尔德甚至预言，在历史发展的某个时刻，不管是摹仿山野农夫，还是摹仿希腊人、希伯来人，抑或是摹仿荒野游吟诗人甚至是高贵的野蛮人，我们都一定会回到语言的青春时代，回到诗

---

① 见 Erich Auerbach, "Vico and Herder", in *Time, History, and Literature*, ed. and with an Introduction by James I. Porter, trans. Jane O. Newman, Princeton & Oxford: Princeton University Press, 2014, pp. 13－14。

歌时代。①

将这种历史循环论模式应用于语言起源研究、希伯来诗歌研究、新约解经学以及审美趣味、文化风俗研究，赫尔德开创了沃格林“史源论”的先河。对赫尔德来说，语言的自然发明，希伯来诗歌对灵知的表现，圣经对最古老历史的诗性记录，信仰的原始文本及其象形文字，都是诗歌时代人类的伟业丰功。

荷马史诗、莪相的诗作、《旧约》、《新约》、《阿维斯陀》与民间故事之类，都是文化源始主义启示的载体。文化源始主义启示，就是“史源论”诸种形式之一。“史源论”（historiogenesis）是指对历史的源始发生之探究。沃格林认为，在古代东方的各个社会中，那种探索秩序象征化主题的特殊思辨，就是“史源论”的原型。历史的秩序化就是秩序化的历史。沃格林对“史源论的定义”是：

> 发挥出这种思辨的象征者，让它们当下的社会作为宇宙秩序本身的部分，从某个绝对的点讲述该社会的历史，直到象征者自身所生活的当下。作者的意图是对各种事件做一个本质上同质的叙述；但这种叙述本身却由性质截然不同的两部分组成；在记叙中，只有年代靠后的部分（亦即进入到作者当下的这部分）讲述实际历史的功业事迹；年代靠前的部分（亦即从那个绝对开端开始的部分），讲述各种神话事件，而且覆盖了几千年（有时甚至几十万年）这样一段夐远的时间段。
>
> 为了将一个有意义的开端给予实际历史，这种记叙被神话外推到一些宇宙事件［发生的］时间上去。从这种神话创制性的外推方法来看，象征者似乎是想通过将各种历史材料与宇宙秩序的展开相关联来表明，是什么让那些历史材料值得流传后世……于

① 赫尔德在其少作《关于当代德意志文学的断片》（1767—1768）之中提出的“历史循环论”，及其所表现的“文化源始主义”，对清末民初中国思想家王国维有深刻的影响。王国维采用断片的写作方式创作了《人间词话》，而“文化源始主义”尤其影响了他的“自然观”。根据罗钢先生的研究，王国维“以自然之眼观物，以自然之舌言情”的说法之中的“自然”，不同于道家的“自然”概念，而是脱胎于赫尔德《关于莪相与古代民族歌谣的通信》之中所表达的“诗歌源始主义”，参见罗钢，《传统的幻象：跨文化语境中的王国维诗学》，北京：人民文学出版社，2015，页 165 - 166。

> 是,历史书写,神话创制,以及理性思辨结合在一起,形成了颇为复杂的象征形式。①

《历史哲学观念》、《另一种人性教化的历史哲学》的读者们立即会恍然大悟:赫尔德的历史哲学就是把“历史书写”、“神话创制”、“理性思辨”结合在一起的复杂象征形式。赫尔德穿越时代,返回到东方世界的神秘、神圣、永恒的原型,振叶寻根,将历史起源追溯到父权时代。然后随波逐流,重演儿童时代、青春时代、壮年时代和衰落时代的故事。在他所讲述的故事中,越靠近开端,故事越是具有神话色彩,越是靠近其生活的当下,故事越是显示出世俗性质。

《另一种人类教化的历史哲学》不仅处理诗性时代,而且处理一般的教化时代。以史源论为基础,以神话创制为原型,以自然为规范,赫尔德思辨地建构了动力学的宏大历史叙事架构。随着“文化源始主义”淡化,“人文教化主义”渐强,赫尔德的“史源论”也就发展为“启示录”。倒过来看也一样。反正他徘徊在文化源始主义和人文教化主义、史源论和启示录之间。在《另一种人类教化的历史哲学》之开篇,他开始于一条公理,假设人类来源于“第一对夫妇”,然后假设人类社会发展第一阶段的特征是父权统治。然后,历史的进化呈现为婴儿(腓尼基人)、青春(希腊)、成年(罗马)、衰老(18 世纪西方),东方神圣、埃及勤勉、希腊善美、罗马强权意志和怀疑的邪灵交替统治人类的心灵。与前面所有发展阶段对立,18 世纪乃是一幅无比暗淡、持续衰落的画面(V,478)。

于是,他以神话创制为原型,以自然为最高范本,以强力为根本意志,描述了父权时代的情志与德性:它过去是也应该是:

> 最自然、最强大、最质朴者!人类发展全部纪元的永恒基础。智慧取代科学;对神的敬畏取代智慧;父母对孩子、夫妻之间的爱取代雅致与溺爱;生命有序,上帝在舍——一切人道秩序和民政模式的原型。举凡所有这一切中,是人类最质朴最深刻的快乐。我不该追问,如果不是借着这种原型的永恒力量,所有这一切如何得

---

① 沃格林,《记忆:历史与政治理论》,朱成明译,上海:华东师范大学出版社,2017,页 87－88。

以存在,随后如何得以永恒持驻。(V,479)

这是赫尔德话语的典型风格,其全部作品都充满了这种奔放无羁、激情四射的语调。他蓄意以这种诗意的、雄辩的甚至酒神颂和游吟诗人的风格,对抗启蒙主流的偏枯、平庸的理化。

人类之史源在“黄金时代”,因而一点也没有理性主义者所忧患的“开端之羸弱”:

> 人类存在,男人,妻子,父亲,母亲,儿子,后裔,上帝的祭司,僭主与父权,千年万载之源始铸模在此!永恒地为千年帝国和诗人想象力的虚构留有余地,父权时代也将永恒地作为人类童年的黄金时代。(V,418)

赫尔德还谨慎地区分“东方父权时代”和“专制暴政时代”,后者乃是循环发展的最后阶段,意味着世俗历史的末日。东方代表人类童年,希腊代表人类青春。在二者之间,每一种文明代表略微年长或略微年轻的儿童。

> 我们快乐欣然地追思怀想人类的青春,这是一个生命能力和肢体发育臻于至境的时期,这是一个让我们的能力发展到快乐过度热情过分的时期——这是一个让我们的所有情志指向自由与爱、快乐与欢欣谐和的时期——在人类历史上,希腊人永远是最美青春和新郎花盛开的场景。(V,494)

这种对希腊文化的倾情赞美与顶礼膜拜,已经将“史源论”导向“启示录”了。

成年时代,乃是罗马帝国所代表的世俗时代。但赫尔德坚信历史进步,人类可无限完善,个体在发展中可以臻于圆满,因而并不哀怨开始于世俗时代的诗性之凋零。相反,他对人类成年时代走向科学品格的客观要求抱有绝对的忠诚。历史进展是否保持人性的平衡?进化的优势与劣势,并非他关注的重心。他更关心的是,在因果关系构成的存在巨链上,人类将被带向何方(V,501)。

18 世纪对于罗马的记忆之中,令人难以释怀的,仍然是罗马的没落。

孟德斯鸠和吉本的巨著，都是唱给人类成年时代的挽歌，一种悲怆的启示录语调便在挽歌之中升杨。吉本暗示，罗马的陨落与基督教入侵大有干系。赫尔德却看到，古典世界式微之后，基督教重振宇宙，随之一个新世界显山露水。从文化源始主义的视角来看，赫尔德必须回答一个至关重要的问题：18 世纪在新一轮循环之中位居何处？启蒙时代思想家大多断定，随着中世纪的暗淡衰微，人类的进步上行，到 18 世纪臻于至境。

但赫尔德的一颗忧伤之心，却感到在这个经纬天地的宏大叙事模式之中，却蕴含着古典世界风烛残年的无情征兆。岂但如此，他还看到，欧洲还在乐此不疲地传输衰弱感和没落意识。或许，欧洲并不满足于将人类教化成一台机器上的齿轮，而希望将殖民政制扩张到全球，将善意的野蛮人还原为同一种匮乏状态（V，539）。赫尔德对那些资以证明欧洲文明优越品格的命题展开了犀利的辨析，发现欧洲政制已经不可逆转地堕落为专制暴政。为了保持权力的平衡，民族之间刀剑相待，战事不断。他抨击庞大的欧洲商贸体系，认为它是窒息个性、灭杀差异以及奴役整个欧洲大陆的手段。① 他看到丰富多彩的生活方式和道德被还原为所谓的“国际主义”，致使一切民族的价值花果飘零。欧洲文明的青春期也曾昙花一现，这就是“哥特时代”（V，551）。哥特历史世界的结果令人目瞪口呆：教化、哲学和宗教的整体衰败。赫尔德严厉责难启蒙，要求它对历史的没落负责：

> 我们必须相信现在的欧洲比以往的世界有更多的德性吗？如果是，究竟是不是因为有更多的启蒙？让我惊讶的是：因为启蒙，更不用说，应该有什么德性了。（V，544）

百年魔怪舞蹁跹。邪灵与魔鬼干预人类进程，这是历史的悲剧品格。自先知时代何西阿以来，历史就被体验为自由的悲剧。陶伯斯断言，“历史将上帝与世界的悲剧呈现在人性之中”。② 诗书礼乐，

---

① 鉴于他对欧洲商贸体系的批判，有的学者在赫尔德那里寻找后殖民主义文化理论的渊源。关于这个主题，参见 Nicholas Robinette，“The World Laid Waste：Herder，Language，Empire”，in *New Literary History*，Vol. 42，No. 1（Winter 2011）：193 – 203。

② Jacob Taubes，*Abendlandische Eschatologie*，Berlin，2007，13.

文治武功,美轮美奂,终归是断碣残碑,尽付与苍烟夕照,落得个霰雪无痕。对赫尔德而言,仿佛历史不只是一段被插入的戏景,而是一部宏大的戏剧,仿佛上帝以一只看不见的手以目的论的方式指引人类的命运。

在这出大戏的演出中,每一伟大时期的文化都是独一无二的情节,而预表一种末日学的启示录。天地一卷书,乾坤一台戏,书有结尾,戏有结局。然而,从世界历史属于存在巨链和灵魂巨流而言,历史与人生一样无常,盈虚有数:

> 巅峰与山谷并存,高贵的斯巴达人被受到非人对待的希洛野蛮人环绕……缺陷与美德……永远唇齿相依,并行不悖。(V,508)

在赫尔德那里,书的结尾和戏的结局就是他念兹在兹的"人文"。赫尔德的人文唯有通过感性化的基督教和美学化的神学来臆测。在人文教化之中,我们志在养育一种激情,一种无法用逻辑表述的神性,一种通过毁灭性的风暴激荡起来的良善。普遍历史也一样,"虽然我们无法看到最终的目的,但它是神圣的舞台"(V,513)。赫尔德对末日学的启示录充满了18世纪少见的激情,他呼吁人类(他称为"兄弟们")在风雨满楼、层云密布之中也怀有勇敢而爽朗的灵魂,为人类的伟大未来奋斗。此乃对基督教救赎计划的末日论阐扬,和对启示录的呼吁,其中洋溢着普罗米修斯、浮士德和狄奥尼索斯精神。在这个意义上说,赫尔德的历史哲学不是纯粹的思辨,而是神话、诗学、启示录,以及一种救赎的愿望,一种乌托邦式的希望。

无论在字面意义上还是在比喻意义上,"启示录"都意味着流亡和揭示,在流亡之中揭示,在揭示之中流亡。一方面,人类教化及历史的进步不断地远离自然与上帝,所以启示就是流亡。另一方面,启示是以魔法、光亮、爱欲和生命去唤醒灵知,以灵知去浸润人文,所以流亡也既是在启示之中皈依,重新发现上帝在人类灵魂中的形象。就赫尔德的历史哲学论之,正如陶伯斯说,"启示是历史的主题;历史是启示的述谓"。[①]

---

① Jacob Taubes, *Abendlandische Eschatologie*, Berlin, 2007, 16.

奉行一种世俗主义的解释策略,赫尔德提倡以人的方式阅读神圣经典,从灵魂出发来把握天道神意。① 所以,赫尔德以神话创制的方式,以自然宇宙为范型,将末日学和启示录重构为人类普遍历史,冲破启蒙时代思想家在基督教、希伯来诗歌、埃及文化、东方主义和希腊文化设置的重重障碍,直逼神圣的原型,将千禧年主义与黄金时代沐浴在灵知之中。②

本文系北京语言高精尖协同创新中心项目“一带一路沿线文化与语言交往模式创新研究”(XTCX201810)之阶段性成果。

① 参见 Daniel Weidner, “Secularization, Scripture, and the Theory of Reading: J. G. Herder and the Old Testament”, in *New German Critique*, No. 94, Secularization and Disenchantment(Winter, 2005): 169 – 193。

② 笔者撰写过两篇文章,系统梳理灵知主义与现代的关系,本文也以灵知与现代为框架展开对赫尔德历史哲学之思想基础的探索;参见胡继华,《灵知主义与18 世纪思想的反启蒙品格》,载《世界哲学》2018 年第 4 期;胡继华,《古代异教与现代的合法性》,载《中国文化》2016 年春季号,总第 43 期。

孔孟之道，在均与平

夏震武论井田

王　锐
（华东师范大学历史系）

摘　要： 夏震武服膺程朱理学，深信解决民生问题的关键为以不忍人之心，行不忍人之政，重点即在于恢复井田制。他视贫富不均为清末社会所面临的严峻问题，坚持不能仅在具体政策上进行修补，而需根本改变土地分配制度。他的这种思想来源于他对于儒家政治学说的理解，即统治者的政治合法性在于以天下苍生的福祉为念，身服其劳，为人民排忧解难。犹有进者，夏震武并非率由旧章、不识天下大势的腐儒，他注意到19世纪以降社会主义运动对西方的巨大冲击，认为自己的复井田之论，也可视为全球反抗富人专政的组成部分，也是“大势之所趋”。总之，在夏震武身上，体现了儒家政治德性的闪光之处。

关键词： 夏震武　井田制　均平之道　儒学

孔子曰：“丘也闻有国有家者，不患寡而患不均，不患贫而患不安。”在《四书章句集注》中，朱子对这段话里“均”与“安”的解释是：“均，谓各得其分。安，谓上下相安。”①毋庸多言，孔子这段话在中国传统政治文化里有极为深远的影响。而《四书章句集注》在南宋以后，成为科举应试的必读之书。因此朱子的这番解读，在士人眼里也具有十分重要的意义。因此，在古代政治文化里，讲求社会平等、抑制贫富不均、抨击豪强兼并、反对聚敛苛政，是大多数服膺儒家义理的人所共同具有的特征，虽然在不同的时期，实践这些诉求的方式或许并不完全一致。而判断一个王朝是否拥有基本的政治合法性，这些因素也是非常重要的标准。

---

① 朱熹，《四书章句集注》，北京：中华书局，1983，页170。

正因为中国是一个典型的农耕社会，所以在儒家的政治思想中，土地分配问题是能否践行“民本”、“民贵君轻”等理念的关键。孟子曰：

> 夫仁政，必自经界始。经界不正，井地不均，谷禄不平，是故暴君污吏必漫其经界。经界既正，分田制禄可坐而定也。①

这段话长期以来被理解为是孟子在强调井田制对施行仁政的重要性。虽然今人通过“实证主义”式考辨，认为孟子所言“正经界”与后儒理想化的井田制并非一物，②但既然在中国历史进程中，几代“后儒”都将孟子此论视为力主恢复井田，以行仁政，那么在中国政治文化传统中，这一观念就已经是一种历史的存在，并成为后人论述均平之道的基本理论依据。倒是历史上是否真的有过井田制，反而显得不那么重要了。③

本文要讨论的是近代理学家夏震武（1854—1930）关于井田的论述。夏震武于光绪六年（1880）授工部营缮司主事。崇厚使俄，签订《里瓦几亚条约》，丧权辱国。夏震武倍感激愤，上书弹劾恭亲王奕䜣等亲贵大臣，竭力主战。他在戊戌变法期间，强烈反对康有为、梁启超等人的言行，力主诛杀二人，以正视听。庚子事变前夕，夏震武辞职回乡，1909 年，复被推举为浙江教育总会会长兼浙江两级师范学堂监督。在任上与许寿裳、鲁迅等人发生激烈冲突，致使学生罢课支持后者，夏震武辞职离校，转任北京京师大学堂教席。辛亥革命之后，避居乡里，授徒讲学。④

夏震武在近代史上的总体形象，基本是一位在各个时期都反对“新法”、恪守旧章的理学先生，相关研究也多聚焦于他在浙江两级师

---

① 杨伯峻译注，《孟子译注》上册，北京：中华书局，1960，页 118。

② 赖建诚，《井田辨：诸说辩驳》，台北：学生书局，2012，页 15－24。

③ 关于这一点，正如韦政通所论，“在哲学史上，提倡井田制和不赞成井田制的皆有其人，至于历史上是否真有井田制，这个问题在哲学家们的心目中并不重要，值得注意的是，赞成井田制的，都是在借井田提倡一种均平的思想”。参见韦政通，《中国哲学辞典》，台北：水牛出版社，1994，页 174。关于对“井田制”的实证研究，近来比较详尽的，参见曹毓英，《井田制研究》，武汉：华中师范大学出版社，2005。

④ 王展成，《夏灵峰先生行实》，收于《国风》1933 年第 2 卷第 2 期，页 40－44。

范学堂任上与鲁迅等人的冲突。[①] 甚至从整体来看，关于晚清的理学，基本被置于一种新旧东西之别的论述框架当中，以“启蒙”的视角，分析其如何体现“保守主义”，以及这种“保守主义”背后的“社会根源”。[②]

但是值得注意的是，夏震武在许多论著里主张恢复井田对于解决民生问题的重要性，他甚至强调：“孔、孟瘏口焦舌之所讲者，均与平。”[③]当然，今人可以很轻易地用一种1980年代以降的主流政治文化叙事，认为夏震武的观点是一种儒家式的对时代巨变的茫然与无力感。但如果注意到被视为清末新学钜子的梁启超，在接触到当时在全球范围内引起巨大声浪的社会主义思潮时，声称“中国古代井田制度，正与近世之社会主义同一立脚点”；[④]高呼“冲决网罗”的谭嗣同也强调“尽改民主以行井田，则地球之政，可合而为一”。[⑤]

那么夏震武与梁启超、谭嗣同在这一点上的相似性，是否可以被认为绝非仅仅是某种率由旧章式的思维惯性，而是秉持传统政治教化的士人，在面对19世纪以来，随着西方资本主义的全球扩张，中国被逐步卷入由西方列强所主导的资本主义世界体系之中，中国经济的欠发达与依附性日益彰显，本土经济生产方式呈现凋敝之象，[⑥]基于服膺“民

① 周素子，《“木瓜之役”与夏震武先生》，收于《鲁迅研究月刊》2001年第9期，页78－82。李哲，《清末公共舆论中的权力运作机制管窥：“木瓜之役”的“事件”与“风潮”》，收于《社会科学研究》2016年第5期，页37－43。关于夏震武思想的分析，参见方勇骏，《民国理学家群体的政治认同及其嬗变：以灵峰精舍为例》，收于《中国社会历史评论》第16卷（下），页92－104。此文虽然对夏震武及其门生的思想进行分析，但分析视角却屡次借助西方汉学家及其学术后裔的观点，虽不无些许洞见，但似乎难免隔靴搔痒之弊。

② 相关研究，参见李细珠，《晚清保守思想的原型：倭仁研究》，北京：社会科学文献出版社，2000。张召军，《清代理学史（下卷）》，广州：广东教育出版社，2007。

③ 夏震武，《孟子讲义·井田篇》，收于王波编，《中国近代思想家文库·夏震武卷》，北京：中国人民大学出版社，2015，页156（以下简称《井田篇》，随文注页码）。

④ 梁启超，《中国之社会主义》，收于姜义华编，《社会主义学说在中国的初期传播》，上海：复旦大学出版社，1984，页236。

⑤ 谭嗣同，《仁学》，台北：学生书局，1998，页78。

⑥ 斯塔夫里阿诺斯，《全球分裂：第三世界的历史进程》上册，王红生等译，北京：北京大学出版社，2017，页269－273。

本”、“均平”等儒家政治理想，对这一情势所展开的剖析，甚至是抗议呢？换言之，夏震武的相关言说，是在怎样的思想结构中形成的？在20世纪中国的历史进程中，它是否具有某种形异神同的延续性？

一

在分析夏震武关于井田的论述之前，必须先探讨他眼中理想的政治秩序是怎样的。晚清以降，伴随着西力东侵而来的西学东渐，对于秉持各种思想立场的士人而言，都是一个值得严肃面对的问题。因此，在当时接受西学渠道较为单一的背景下，所谓的“趋新”或“守旧”，并非指的是前者对“新知”如何了解、极力表彰，后者深闭固拒、一无所知，而是很大程度上体现着不同立场的士人对于西学不同的理解。夏震武服膺程朱：

> 本朝以朱子之学立国，一时政修于上而学明于下，道德之一，风俗之同，则又骎骎乎驾明而上之。朱子之学，可谓至是而有明效大验矣。①

但他却绝非除此之外，无所用心。在刊刻于1900年的《人道大义录》中，或是有感于近代西方资产阶级民主学说在中国日渐流行，夏震武认为：

> 华盛顿有尧、舜之心，而其法非也。汉、唐专制在上，美、法专制在下。专制在上，其弊必人主放恣；专制在下，其弊必处士横议。生民致受其祸者等矣。尧、舜没，中国无君；华盛顿没，外国无君。世及所传，宦官、宫妾、权奸、党会之所私，盗贼、夷狄之所戴，不足以为君也。②

① 夏震武，《复杨正夫（丁亥）》，收于王波编，《中国近代思想家文库·夏震武卷》，页290。

② 夏震武，《人道大义录·君道篇》，收于王波编，《中国近代思想家文库·夏震武卷》，页13。

在晚清，华盛顿的形象随着美国对中国政治与经济介入的不断加强，也变得越发正面，许多追慕新知的中国士人，把华盛顿想象成"民主圣人"。[①] 而在夏震武看来，虽说中国的帝制自有其弊病，即由于"专制在上"而导致的"人主放恣"，但华盛顿所"开创"的制度，也绝非白璧无瑕，而是具有"专制在下"的缺点。当然，今天已经无法考证夏震武关于美国史的知识来源于哪里，但在一本清末十分流行的关于美国历史与现状介绍的小册子中，作者美籍传教士裨治文(Elijah Coleman Bridgman)对于美国开国史如是叙述："公议同联之邦，各派绅董，齐于边邦之都，会议开创政体。"

关于美国政体，他强调其于"国君之外，有元老、绅董两院，专司国会立法之职，每二年为一会"。[②] 在这里，裨治文用"绅董"一词来指代参与美国建国立政的群体，不知是否在刻意强调彼辈并非今人所想象的那样是一般意义上的"平民"，而是具有一定身份与特权的人。就此而言，如果夏震武翻阅过此书，那么他所谈及的"专制在下"，可能所指就不是类似于今人不断抨击的以平民百姓为主要参与者的"民粹政治"，而是在中国古代政治中时常出现的权贵与门阀舞文弄法、侵权逞私、扰乱朝局。

因此，夏震武一方面与大多数儒者一样，主张君权存在有其必要性，另一方面则强调"有民然后有君臣，弃其民焉，君于何有？"[③]在此基础上，他如是论述政治秩序的起源：

> 原夫君所由立，民之初生，榛榛狉狉，与草木禽兽为伍，不能无争，有起平其争者而众服焉，德愈大则所服愈重，由是尊而立之为君，其次则为之臣。民不能自治，而举一人以立于万民之上，畀以生杀黜陟之权，率天下以受治于其下，则非以天下私一人，固将责以生养而安全之权，率天下以受治于其下，则非以天下私一人，固将责以生养而安全之焉。君受生杀黜陟之权于民，为天下兴利除

---

① 关于这一点，参见潘光哲，《华盛顿在中国：制作"国父"》，台北：三民书局，2006。

② 裨治文，《联邦志略》，广州：南方教育出版社，2018，页40、45。

③ 夏震武，《人道大义录·君道篇》，收于王波编，《中国近代思想家文库·夏震武卷》，页10。

> 害，必劳苦什佰千万于民。立法行政，无一不出于民心之公，而后可以立于民之上。民者君所受命者也，君者民所托命者也。民虽微，君之立必出于民心之心悦诚服，而非可以力夺而取之。民所不与，则一日不敢窃居其位。（同上）

萧公权曾言，中国往昔学者论政治起源，“拥护政治者皆想象一极苦痛无秩序之自然状态，设君立政之后人类始得臻于和平安定之域”，究其宗旨，不外乎“民本君治”。[①] 夏震武的论述逻辑可以说大体上也不外乎此。他认为“民之初生，榛榛狉狉”，为了生存，争斗不止，之所以有人被推为君主，就是因为其具有极高的政治德性，能够通过建立各种制度，掌握“生杀黜陟之权”，安民止争，人心归服。而在这一过程当中，君主莅民理政，必须“立法行政，无一不出于民心之公，而后可以立于民之上”，其政治举措，只是践行民心之所欲为者，此谓之“公”。犹有进者，既然君主身兼保民之责，那么必须在日常行为上服其劳苦，鞠躬尽瘁，以此作为自己之所以能进行统治的基本政治合法性，如此这般，天下苍生方能“心悦诚服”。

反之，如果没有经过这一套政治认可程序，那么统治者就不具备基本合法性，而是“窃居其位”。夏震武固然承认：“天生民而立之君，以智治愚，以贤治不肖，以长治幼，以男治女，以中国治夷狄者，天下之公理，不可易也，易之则乱。”但他同时强调：

> 古者立法以制暴君昏主，大则革命，小则易位。[②]

所以“万姓之天下，终为暴君昏主世袭专制之天下，则其道莫若废世及而传贤”。在政治合法性上看，“传贤者万姓之公，传子者一姓之私”（同上，页 12－13）值得注意的是，清末极力提倡变法的宋恕，抨击长期作为官学的程朱理学“阳儒阴法”，“自谓接孟，实孟之贼”。[③] 然

---

① 萧公权，《中国政治思想中之政原论》，收于《迹园文录》，北京：中国人民大学出版社，2014，页 14、21。

② 夏震武，《人道大义录 · 君道篇》，前揭，页 12。

③ 宋恕，《六字课斋卑议（印本）· 贤隐篇》，收于胡珠生编，《宋恕集》上册，北京：中华书局，1993，页 128。

从夏震武的观点来看,他对于理学要义的理解,是不同于宋恕所抨击的那一类群体的。

在《人道大义录》的末尾,附有喻长霖所撰的跋文。他有意识地把夏震武此书与黄宗羲的《明夷待访录》联系在一起,认为君臣之道紊乱已久,直至"黄梨洲先生《待访录》,乃始昌明大义,惜言之尚未详尽"①。诚如其言,黄宗羲也强调"原夫作君之意,所以治天下也"。因此能为君者,"此其人之勤劳必千万于天下之人",同时"古者以天下为王,君为客,凡君之所毕世而经营者,为天下也"。而"天下之治乱,不在一姓之兴亡,而在万民之忧乐"。②

这些观点与夏震武对于政治起源与政治合法性的思考极为相似。更有甚者,黄宗羲还坚持必须恢复井田制,才能彻底解决土地分配不均的问题。他通过考察明代屯田制的流变,声称"吾于屯田制之行,而知井田之必复也"(同上,页25)。按照梁启超的说法,在戊戌变法前夕,为了宣传"民权共和之说",将《明夷待访录》"节钞印数万本,秘密散布,于晚清思想之骤变,极有力焉"。③ 所以由这里可见,虽然夏震武对康、梁的变法主张极为反对,对其以"康逆"称之,④但在思想资源上,他却和后者相似,都借鉴、吸收、挪用了黄宗羲的相关论述。

此外,程朱理学奉《大学》为"四书"之一,强调修齐治平一以贯之。为政之法的背后,有一套道德准则作为支撑。夏震武说:"学术不过义理、经济两端,义理为本为体,经济为末为用,兼全则美,偏胜则弊。"⑤在撰写于清末,刊刻于1920年的《〈大学衍义〉讲授》一书中,⑥他强调:

① 喻长霖,《人道大义录跋》,前揭,页16。

② 黄宗羲,《明夷待访录》,收于《黄梨洲王船山书》,台北:世界书局,2009,页7、2、4。

③ 梁启超,《清代学术概论》,收于朱维铮校注,《梁启超论清学史二种》,上海:复旦大学出版社,1985,页15。

④ 夏震武,《复徐季和先生(戊戌)》,收于王波编,《中国近代思想家文库·夏震武卷》,页311。

⑤ 夏震武,《请改定科举新章折》,收于王波编,《中国近代思想家文库·夏震武卷》,页259。

⑥ 关于此书的刊刻时间,承蒙董洪波兄相告,特表谢忱!

> 《大学》之教，尊道德，黜诈力，孔门为万世立平天下之准则。[1]

为君者须秉持此教，

> 使天下皆有以保全其固有之性，而后克尽君责，则劳来匡直辅翼，不可一日不以师保万民为己任。（同上，页32）

反之，若忽视内圣之学，则人心必死，接下来便是“执心死之人以谋国，则国无是非，国必亡；执心死之人以讲学，则学无邪正，学必坏。其心知有万钟而不知有国，知有万钟而不知有学也”（同上，页65）。因此，心性之学在整个政治运作中具有极为重要的作用。君主之所以能克服各种困难，推行保民之仁政，就是由于“不忍之心，不忍之政所由起，而非由外铄。先王之所以因心立政，为法于天下，可传于后世，不待察识而后知，扩充而后行者，以能全体此心而弗失也”（同上，页58）。

夏震武此论，在中国古代政治文化里其实并无疑义，实为汉代以降大多数讲求治国平天下的士人之共识。但近代中国，由于国势衰微、新说涌入，儒家政治伦理面临极大的危机，日渐被视为无助于让中国振衰起微，因此其内部结构很难再继续维系。当然，时人仍相信立国于世，不能忽视道德与心性问题。所以梁启超强调：

> 苟有新民，何患无新制度，无新政府，无新国家？[2]

但他认为中国古代的道德准则多偏于个人之“私德”，而缺乏以利群利国为旨归的“公德”，所以急需“发明一种新道德”（同上，页15－21）。在这一论述框架下，中国古代的修身之道就难以承担作为国家道德的重担，“不忍人之心”不再必然能推出“不忍人之政”。对此，夏震武认为这一“新学者流”的观点，忽视了修身对于为政的重要性，没有传统心性修养的熏陶，哪里能够真正不辞辛苦地为民服务。他强调：

---

① 夏震武，《〈大学衍义〉讲授》，收于王波编，《中国近代思想家文库·夏震武卷》，页27。

② 梁启超，《新民说》，台北：文景书局，2011，页2。

“舍格致诚正而讲公德，吾见其为悖德逆德，未见其为公德也。”①一切的政治作为，归根结底，必须要有心性修养作为根基，否则义利之别，一念之差，会对天下苍生造成极为严重的后果。

总之，夏震武坚信：

> 天生民而立之君，以为民也。居其位者任其责，君无责任，君为虚位，名实背矣。天工人代，国之治乱安危，君实职之。君必先明乎责任之所在，而后兢兢业业，一日在位，不敢不尽一日之责。（同上，页27）

而这种“责任感”的养成，离不开反复讲求内圣之学，提高自身的道德修养。在这样的政治主张与政治理想下，恢复井田之论遂应运而生：

> 天视自我民视，天听自我民听。民者，君之天也。居其位不尽其职，自绝于天矣。古者井田之制，计口授田，君之所以为民谋者，养生送死，无微不至。后世一切听民自为，而又多方以夺其生计，上既日夜疾视其民，而欲民之不疾视其上，此必无之理也。（同上，页29）

二

《礼记·檀弓下》记孔子训导弟子之言：“小子识之，苛政猛于虎也！”《大学》曰：“国不以利为利，以义为利。”孟子曰：“明君制民之产，必使仰足以事父母，俯足以畜妻子，乐岁终身饱，凶年免于死亡，然后驱而为善，故民之从之也轻。”这些只言片语，作为一种政治文化传统，影响着每个时代服膺儒学的士人。同治年间，理学名臣倭仁以大学士管理户部事务，面对当时因用兵频繁、内乱不止、洋务次第展开而造成的民生凋敝，他强调：

> 民为邦本，食为民天，自古未有民不安而能致太平者。亦未有

① 夏震武，《〈大学衍义〉讲授》，前揭，页48。

食未足而民能安者。欲安民而足食，惟在于州县之约己寡求，爱民如子，欲与聚而恶勿失。①

这番话，置于晚清以降追求"富强"的视域下，自然颇显迂阔。但从儒家政治思想的角度出发，如若广大民众生计日艰、社会贫富差距加剧，那么以"富强"为旨归的政治举措，其本身的合法性就要遭受质疑。除了前文所谈及的方面，夏震武正是在这个意义上，极力主张恢复井田制的。他指出：

民心之外无臣道，民事之外无臣职。君无爱民之仁，而求为之富强，不富强其民，而富桀强桀。知有君而不知有民，其为民贼孰甚，宜孟子之痛心疾首而言之也。虽然，孟子之所谓民贼，辟土地，充府库，犹能富国者也；约与国，战必克，犹能强兵者也。竭民之膏血以富私家，而置国计于不问；戕民之性命以强仇敌，而弃兵事于不言，则欲求一孟子所谓民贼者而不可得。②

质言之，追求"富强"固然无可厚非，但需要辨析的是，这是谁的"富强"。

夏震武关于井田的论述，主要集中在《孟子讲义》一书中。夏氏门人周钟岳在为乃师撰写墓志铭，提及清末刘廷琛主政京师大学堂时，聘请夏震武担任教习，后者以《孟子讲义》、《〈大学衍义〉讲授》等书教授诸生。查刘氏于1908—1911年间任京师大学堂总监督，由此可知夏震武此书撰写于这段时间。在书中，夏震武认为"中国讲了西法数十年，又办了学堂十余载，并没有一点成就"。其原因"看起来总由于人心不好"（《井田篇》，页132）。而挽救之道便在于仔细绎读四书，实践其义理：

这一部四书的道理，就是挽回人心的大根本。要想把四书的道理输入众人心里，先要把四书的道理输入自己心里。把那一片

① 倭仁，《陈豫省官民情形疏》，转引自李细珠，《晚清保守思想的原型：倭仁研究》，页158。

② 夏震武，《〈大学衍义〉讲授》，前揭，页41。

世俗卑鄙龌龊、升官发财无耻的念头斩除干净。我自己的心先好了,方能挽回人家的心。这个责任总望诸生竭力担任,替我们中国下一个好种子,做一个好种子。有了好种子,自然会发生出无边的好学问;有了好样子,自然会传布出无数的好人品。把中国人的人心渐渐转移过来了,那时候我们中国才有希望了。这是救国的上策。(《井田篇》,页133)

在《孟子讲义》一书中,专门讨论井田问题的《井田篇》是所有篇章中篇幅最多的一部分,如若按照夏震武此论,井田问题被如此重视,那么就不仅仅只是一种制度安排,而是关乎能否真正挽回人心、救国救民的重要组成部分。用今天的话来说,此乃大是大非的路线问题。毕竟在他看来,

教习之所以勉诸生,诸生之所以自勉,不在空言而在实行。(《井田篇》,页134)

清季最后十年,中国被进一步卷入由西方列强所主导的资本主义体系之中,广大的内地农村处于破产的边缘,不少农民失去土地,涌入城市,成为社会身份低下的工人;此外,清廷为了自救,进行一系列新政,需要大量税款,这进一步加重了民间的负担;最后,城市的资本主义工业,也面临与19世纪西方一样的情形:工人薪水微薄,生活条件极差。凡此种种,使得民生问题在辛亥革命前夕显得日趋严峻。或许是有感于此,夏震武强调:

天下之乱生于争,争生于贫富不均。富者田连阡陌,贫者家无立锥。贫相轧,富相耀,贫富相欺相妒。兼并成风,弱肉强食。怨毒之积,郁久必发,而大乱生。胜、广、黄巢、张、李,一呼而响应,四起而蜂聚,则皆激于贫富不均而起。社会党之学说,蔓延于西洋,流布于中国,将有贫富革命之祸。故先王之井田不复,则乱不止。(《井田篇》,页145)

正是因为“贫富不均”会造成极为严重的后果,一旦统治者忽视这一问题,置恢复井田于不顾,那么按照夏震武所强调的政治伦理,此乃

有悖为君之责：

> 上不能制产授田，而赋民自置之田以为养。衣食租税，事出无名，暴征横敛，百计朘削。费用无计，仓库无蓄，兴作无常，山泽无禁，树蓄无制，荒札无备。移民移粟，使民弃其室家，迁徙靡定，老弱沟壑，少壮流离。疠疫兵燹，更起迭作，生者一，死者十。养生丧死无资，则皆由井田之废。井田废。井田废，则杀民之身。（同上）

近代以来，随着资本主义体制下的“自由贸易”理念在中国流行，有心之士希望从中国古籍当中寻找可与之接榫的历史或学说。司马迁在《史记·货殖列传》中写道：“善者因之，其次利道之，其次整齐之，最下者与之争。”①在戊戌变法期间，梁启超根据这段话，借用他所了解的经济学知识，认为：

> 与之争者，不知藏富于民之义，徒欲朘民之脂膏以自肥。挽近言利之臣，日日策划筹度者，皆与之争也。②

相较之下，夏震武自然不赞成为政者横征暴敛，大肆盘剥，但他认为要改变这些苛政，也并非“善者因之”那样的放任就可解决，而是必须“制产授田”，从土地制度上根本解决民生的困境。如果说梁启超式的阐释是一种深受19世纪资本主义发展之影响的结果，那么夏震武从儒家学说中汲取的政治资源，使他对“富者田连阡陌，贫者家无立锥”的状况具有极强的敏感度：

> 议者曰：贫富之不齐，势也，何必均？则应之曰：家有百亩之田而生十子，其三子者据而有之，其七子者冻饿垂毙焉。为父母者坐视其死与？抑将起而均之与？议者曰：田少人多，人日增，田不给，均之何益？则应之曰：一家数口而得米数升，为家长者听其强食弱

---

① 司马迁，《史记·货殖列传》第10册，北京：中华书局，2013，页3921。

② 梁启超，《〈史记·货殖列传〉今义》，收于吴松等点校，《饮冰室文集点校》第1集，昆明：云南教育出版社，2001，页5。

> 饿与？抑均而食之与？均食而死，死于天；强食弱饿而死，死于人。(《井田篇》，页151)

可以说，正是因为夏震武有“不忍人之心”，所以非常不同意“贫富之不齐，势也”这样的论调，坚持恢复井田的正当性。按照他的思考方式，能不能做到均贫富是一回事，有没有这份心思又是另一回事，这与其说是一个技术性问题，不如说是一个立场与价值观的问题，即“井田者帝德王道之本，周、孔生于今日，舍井田必无平天下之术”(《井田篇》，页157)。

犹有进者，夏震武认为恢复井田，在人们眼里可能属于不顾现实的多此一举，因为如欲惠及民生，可以有很多政策与制度上的局部调整，无须如此这般大动干戈。对此他指出：

> 议者曰：在上者有志乎民，则省刑薄敛皆可为；在下者有志乎民，则社仓农学皆可讲。何为发大难，创高论，以行井田？则应之曰：在上者不行井田，而言省刑薄敛，则省刑薄敛可以救一时，不可以均天下平天下；在下者不讲井田，而言社仓农学，则社仓农学可以救一乡，不可以均天下平天下。孔、孟瘏口焦舌之所讲者，均与平。后人必力持兼并之说以反之，是孔、孟所讲皆无用之学，四书五经可废矣。(《井田篇》，页156)

在这里，夏震武用一种十分肯定的语气强调，如果想践行儒者的为万世开太平之道，那么具体而局部的制度修补是远远不够的，必须于大根大本处进行全盘的变革。井田制所针对的并非“一乡一时”，而是“均天下平天下”。他甚至将此上升到中国之所以为中国的高度，即“闭关自守之世，行井田足以弭乱；中外通商之世，行井田可以救亡”，这是因为“立国各有其本”，若忽略这一点，则“国无独立之性，国必亡”(《井田篇》，页157)。

在晚清，受到日本国粹主义思潮的影响，关于“国粹”、“国性”的讨论十分盛行，不少人都在根据各自的立场，寻找可以作为中国之“国性”的史事、学说或遗迹。然在夏震武看来，最能代表中国之“国性”的当属井田制，以及井田制背后所体现的对贫富不均的批判，对社会平等的诉求。

这就带来另一个问题。作为一项由国家政权将土地收为国有，然后再平均分配的制度，在可耕作的土地面积没有太大变化的情形下，必然会涉及抽多补少，将一部分兼并而得的土地分给无地平民的问题。夏震武已经意识到，这在政治与经济伦理上，或许会带来非议：

> 议者曰：井田废，兼并行，始于春秋，不始于商鞅。孟子去古近，复之易。今去古远，夺富民之田以养平民，不仁已甚。处数千年后，持不可复之法以必其行，秦皇、汉武不能。则应之曰：法非虽近不当复，法是虽远亦当复。如其说，复井田者夺富民之田，以养贫民，不仁已甚；则孟子策齐、策梁、策滕，必复井田，毋乃首为不仁之甚者耶……议者不知裒多益寡，抑强扶弱，为王者平天下之大道，而遽以不仁斥之，率天下弱肉强食，而后谓之仁耶？（《井田篇》，页157）

很明显，夏震武这里揭示出两种“仁政”。一种认为从富人的立场出发，维持现有的贫富不均局面，而不去做违背长期奉行的政策之变革，这便是“仁政”。另一种就是夏震武所坚持的，漠视贫富不均，为肉食者辩护，把替平民谋利益的“裒多益寡，抑强扶弱”行为污名化，这才是不仁之至。真正的仁政，是站在大多数贫穷无告的人的立场上，思考如何彻底消除这些惨状。用曾经流行的话说，关于何谓“仁政”的认识，其实与人们站在哪个阶级的立场上思考问题息息相关。

当然，古典意义上的“百姓”、“民”，按照实证史学的观点，可能指的只是与统治者有亲缘关系或从属关系的贵族，但这些名词一旦成为儒学话语中的一部分，在“行不忍人之政”主张的潜移默化下，已经逐渐变成泛指所有受儒家教化影响的天下苍生，这种知识感觉，恐怕并不完全可借“实证”来证明之。夏震武正是在这个意义上坚持恢复井田的必要性，因为这才是体现儒家“民为本”的核心要义。就此而言，夏氏虽服膺程朱，但在思想风格上，极不同于在晚清饱受批判的那种作为官学的理学。

三

在论述了需要恢复井田的迫切性之后，夏震武自然也要思考究竟如何恢复井田。毕竟，在历史上真正能够践行这一制度的时期十分短暂,并且结局都不太好。而像荀悦、苏洵、叶适、马端临等著名士人,都对恢复井田不抱乐观,指出其面临的巨大难度。关于这些方面,夏震武或许已经意识到了。关于施行步骤,他如是设想:

> 在上者必自审其大公至诚之心,足以取信于朝野,颁其法于数年之前。为之择良守令以得民和,简贤乡吏以达民隐。复古比闾族党之制,以周知民之众寡、年之老幼、田之上下,以为施行井田之本。调查户口以周知天下耕者之数,测量田亩以周知天下可耕之地。力于沟洫川浍。岁于农隙,课地方自治,以立井田之基。(《井田篇》,页 158)

当然,这一循序渐进的方式,或许过于理想化,当时中国所面临的内忧外患之情形,是否有充足的政治与技术条件、安定的内外部环境来实践这些设想,夏震武自己也许并不抱乐观。因此他设想,比较好的实现井田的时机,或许是在"大乱初平"之际:

> 人众地狭之世,井田之行,急于土旷人稀之世。大乱初平,挟兵威,用专制,克一县则收一县土地为国有,克一府则收一府土地为国有,克一省则收一省土地为国有。雷厉风行,无施不可,不数年而井田之制定矣。(《井田篇》,页 157)

又言:

> 王者以万世为量,不求一时之功;圣人以四海为心,不急一日之利。创其端以俟后有圣君贤相,赓续而成之。而尤以在上者发政施仁,在下者笃学明道,去文崇实,正人心,固民气为之本。**大乱之极,大治生焉**,则以一井田而开五洲大同之治,可操券而俟也。

夏震武的这番话,很容易让人想起一句同样曾经十分流行的口号:"天下大乱,达到天下大治。"虽然是儒家思想中包含了革命的正当性,即《周易》所言的"汤武革命,顺乎天而应乎人"。[①] 但儒家式的革命思

① 周振甫译注,《周易译注》,北京:中华书局,1991,页 171。

想在强调改朝换代的同时，更主张有因有革。统治者的变化自然以有德无德作为主要标准，但制度上的巨大变更在某种意义上并非儒学旧义所能涵盖。

因此，夏震武的这一颇为"激烈"的主张，或许另有源流？在《孟子讲义》中其实已经透露出了些许端倪。他说道：

> 议者曰：西洋不行井田，何以富强？则应之曰：欧美社会党、无政府党遍国中，伺机而动，必有贫富革命之祸。一时之富强，未可遂据以尊霸术、薄王道也。（《井田篇》，页155）

又言：

> 势与理顺，圣人顺理以顺势；势与理逆，圣人逆势以顺理。井田之制，合于古今中外天下万世人心之同然，先王平天下至理之所在，社会党大势之所趋，吾固顺以导之，非逆以制之矣。（《井田篇》，页157）

19世纪下半叶，伴随着资本主义的内部危机与帝国主义的全球扩张，社会主义运动风行全球，各国王侯公卿、资本家、军事寡头视其为洪水猛兽。[①] 1903年，邓实撰文高呼："于20世纪之天地，欧罗巴之中心，忽发露一光明奇伟之新主义焉，则社会主义（即世界主义）是也。其主义于现今世界，方如春花之含苞，嫣然欲吐。其将来为大地所欢迎，而万紫团簇全球乎。"同时强调："社会主义者，思想最高尚之主义。"并声称：

> 十九世纪之文明，既打破正确之不平等，二十世纪之文明，必打破经济之不平等，此可预言也。[②]

---

① 安德森曾描绘出一幅全球无政府主义者共同思考革命、实践革命的历史图景，其实广义的社会主义运动，也可用相似的视角来审视。参见安德森，《全球化时代：无政府主义者与反殖民想象》，董子云译，北京：商务印书馆，2018。

② 邓实，《论社会主义》，收于姜义华编，《社会主义学说在中国的初期传播》，1984，页62、65。

当时革命党阵营内部的儒者,像章太炎、黄侃、刘师培,都对社会主义甚为青睐,在报纸上极力鼓吹。相似的,夏震武虽然服膺理学,但并非不通世务,可以判断,他对于社会主义至少有一些大致的认识。因此他认为不必歆羡西洋的富强,因为后者内部的阶级矛盾已经十分突出,革命风潮一触即发,因此面对西洋,中国完全不必自惭形秽。在这一点上,他与晚清许多趋新之士的认识极不一样。更为重要的是,他将井田视为"社会党大势之所趋",实则已经开始形成一种全球视野,把中国内部的土地问题与全球社会主义运动放在一起思考。因此,他的"大治"与"大乱"之论,或许受到了社会革命的些许启示。

夏震武关于井田的论述,大体集中在辛亥革命前夕。辛亥之后,他辞官回乡,1918 年在浙江筑"灵峰精舍",授徒讲学,颇受宗尚程朱者的推崇。但根据前文的分析,儒学教化赋予他的不仅仅是强调心性修养与夷夏之辨,更提供他一种思考的视角,让他能充分注意到中国内部的社会不平等,并借由提倡恢复井田以图彻底解决。他强调:

> 治天下莫善于推。亲亲而仁民,仁民于爱物,由近及远,自易及难者,推之道也。推吾爱亲之心,以及天下,而有养老之典;推吾慈幼之心,以及天下,而有恤孤之政。(《井田篇》,页 162)

儒家式的"仁政"思想,在夏震武这里,绝非充满精英色彩的顾盼自雄,也非与现实脱节的呢喃自语,而是自觉与广大深受贫富不均之苦的人处于同一个立场来分析形势。

当然,面对夏震武的思想遗产,必须注意到他的井田设计基本只是一种概括性的规划,而缺少具体的实施步骤与全盘的制度考量。如果说"均"、"平"作为一种儒家的政治追求,那么正如韦政通所论,

> 解决这些问题,不是从一个单项的改革所能奏效,必须从政治、经济、社会、教育以及价值各方面,做整体性的变革。这是历来影响到中国之乱兴亡的一个根本问题,这个问题能否做全面的解决,是中国是否能脱离传统成为一个新生国家的大关键。[①]

---

① 韦政通,《中国哲学辞典》,吉林:吉林出版集团有限责任公司,2009,页 336。

换言之，这是一个涉及到法权与文化领导权的大问题。对此，夏震武期待有王者出，

吾立一法于此，而使天下之大势将由乱而治，由分而合者，必不能出吾范围之外，则天下可计日而定。（《井田篇》，页149）

这位立法者的作为，将不仅改变中国的面貌，而且具有深远的世界影响。

犹有进者，夏震武的这种思想倾向，在近代儒学史上绝非空谷足音。被视为现代新儒家开山人物之一的熊十力宣称：

不均平，则弱者鱼肉，而强者垄断，横肆侵削。资本家与帝国主义者，皆天下穷凶极恶也。最下，则一国之内，官纪败坏，以亿兆脂膏，供贪污中饱，不平之祸，极于国破家亡而后已。前世衰亡，靡不如此。①

如果说熊十力与夏震武在学术传承上还略有差异的话，那么夏震武门生朱天存的想法或许更具有代表性。1949年初，在感到中国将会有一场改地换天的变局的前夕，朱氏在日记中写道：

古代社会本来是均产制度，一夫授田百亩，及老而还，田未尝封己自私也，制禄仅足以代耕，未尝剥民自肥，民为贵，君为轻，社稷则变置，未尝以爵位世袭传子也。政府贪污残暴，则有革命之义，有易位之义，有共和行政之义。秦汉以降，专制世袭，此义不明，天下为公，徒托空言。孙中山弘览古今，阐明大同之理，马克思列宁亦有鉴于此世袭封建之祸，提倡社会学说、共产主义。②

---

① 熊十力，《读经示要》，收于《熊十力全集》第3卷，武汉：湖北教育出版社，2001，页582－583。

② 朱天存，《小林草堂日记选（第6册）》，转引自方勇骏，《民国理学家群体的政治认同及其嬗变：以灵峰精舍为例》，收于《中国社会历史评论》第16卷（下），2015，页102－103。

同年5月,在杭州解放之后,他买了一本《新民主主义论》,读罢在日记中又写道:

> 中国国民党主政二十余年,其大病是理论与实践不一致,没有革命的彻底性,所以至今为群众抛弃,变成向隅的可怜虫了。现在共产党的军事快胜利了,政权亦快要到手了,这一份破落的家当,老大不争气,听信妇人及小人之言,弄到如此田地,现在要看看老二的手段了。老二现在所发表振顿家门的理论,是对的,希望老二要彻底,要实践,要有丈夫气。不要听信枕边之言,不要依靠左邻苏大伯伯之力,苏大伯伯与山姆叔是一样,要看我自己有没有办法的。(同上,页103)

朱氏的这番议论意思很明白,其实已经不需要再做解说了。唯一可以值得进一步思考的大概是,中国传统与中国革命之间,是否具有一种深层次的辩证关系?如果承认儒学义理中所蕴含的政治德性具有超越时空的价值,今天是否需要仔细涵咏近代另一位以宗尚理学而著称的儒者唐文治的这番话:

> 后之为政者,动辄蔑视前朝,甚且菲薄之,以为概不足法,侈然自大,而治道于是日乖矣。①

① 唐文治,《十三经提纲》,上海:华东师范大学出版社,2015,页43。

乾嘉汉学与民国古史考据方法之异趋

诠释学视野下的阮元、傅斯年"性命古训"之辩

傅　正

（清华大学人文与社会科学高等研究所）

摘　要：考据学与其说是归纳法，倒毋宁说是诠释学。清代经学家"以经解经"的前提是六经之间存在着连贯性。而现代古史研究恰恰是要证明，六经的整体性并不存在。不特六经是几本互不相干的书，就连某经内部的经文都可能是时代累积形成的。这就要求学者重于历史文献与其所处时代之间的相互诠释，而不是经文之间的相互诠释。简言之，清代汉儒研究的是经，而现代古史研究的是历史文献。研究旨趣的不同、研究对象的异趣，也必然导致研究方法的不同。阮元的《性命古训》以及傅斯年《性命古训辨证》就为比较这种不同提供了很好的范例。民国古史研究对乾嘉汉学的挑战，乃是现代历史主义原则的重要表现。

关键词：乾嘉晥学　性命　方法论 诠释学　历史主义

缘　　起

胡适早年在其著作《戴东原的哲学》中就已经指出，宋学与清学的差别，在于前者主演绎，后者主归纳。[①] 时至晚年，他仍然强调汉学"和后来偏重于哲学性诠释的'宋学'，截然不同的"，它是一种"归纳论理法"。[②] 可能是出于胡适的巨大影响力，这一说法几乎成为"学术常识"，反复为人提及。

---

① 胡适，《戴东原的哲学》，收于欧阳哲生主编，《胡适文集》第 7 册，北京：北京大学出版社，1998，页 246。

② 胡适口述，《胡适口述自传》，唐德刚译注，台北：传记文学出版社，1981，页 121、124。

然而按照《布莱克维尔西方哲学词典》的定义,"归纳法"指从诸多个别现象抽象出一个普遍规律的哲学方法。比方说,甲朵玫瑰花是红的,乙朵也是红的,丙朵仍是红的……,我们就可以据此得出规律:举凡世界上的一切玫瑰花都是红的。[①] 乾嘉汉学果如是乎?诚然,乾嘉学者会把所有关于某些关键字,如"性"、"命"、"理"的上古文献都收集起来,以寻求这个字的普遍定义。但其目的是寻求理解经文,而不是得出某项普遍规律。我们当然不能把归纳法简化为"收集证据",否则它将无所不包。要之,中国传统思维中就不存在抽象与具体、普遍与特殊的划分。乾嘉学者无论如何都不可能凭借一种他们根本没有的思维方式去发展出一套方法论。

当然也有学者提出不同的意见。唐德刚在《胡适口述自传》的注释中曾提及,尽管胡适一再标榜自己受了浦斯格(JohnP. Postgate)和杜威(John Dewey)的影响,"他始终没有跳出中国'乾嘉学派'和西洋中古僧侣们所搞得'圣经学'(Biblical Scholarship)的窠臼"。当杜威发明行为科学,为"自由民主"鸣锣开道时,胡适却在"大开倒车":

> 他自己虽然是满口"自由、民主",而每日灯下埋头钻研的却是一部支离破碎的"水经注"!天下之事"不调和"有若斯者乎?[②]

"行为科学"就能导致民主?乾嘉学派就要为专制负责?唐氏的观点不免引起争议,例如朱维铮就直言不讳地批评唐说系"耳食之论","《胡适论学往来书信选》刊布的胡适晚年考证《水经注》清校本的函札,就提供了论学与论政未必相关的证明"。[③] 朱先生这段对于唐先生"耳食之论"的批判当属不刊之论,不过他暗示胡适是"纯学者"似乎就是另外一番"耳食之论"了。

应当肯定,唐德刚指出清代考据学实际上是"圣经学",远不是胡适主张的"实验主义"或"归纳法",这毕竟为学界提供了一种不同于主

---

① Nicholas Bunnin and Jiyuan Yu: *The Blackwell Dictionary of Western Philosophy*, "induction", London: Blackwell, 2004, p. 341.

② 胡适,《胡适口述自传》,前揭,页 137 - 139。

③ 朱维铮,《胡适〈自传〉的一则附注》,《走出中世纪二集》,上海:复旦大学出版社,2008,页 130。

流的说法。然而唐先生似乎未曾察觉，他痛斥胡适没有跳出“圣经学”窠臼时，仍旧不自觉地陷入了胡适的窠臼——说胡适是“圣经学”，不就暗示了胡适与乾嘉汉儒同出一门吗？

问题的根本在于，乾嘉学者研究的是“经文”，民国学者研究的是“历史”，二者对象根本不同。研究方法总是与研究对象相关联，布迪厄（Pierre Bourdieu）曾笑话那种超越于研究对象的普适方法为“方法论拜物教”。[①] 今天的时代已经远不同于当年，我们不应再如胡适那样幻想有某种诸如“大胆的假设，小心的求证”之类的方法，可以超越于一切研究对象了。

倘若乾嘉汉学与民国古史研究真是奉行不同的方法，它们分别是什么？阮元的《性命古训》与傅斯年的《性命古训辨证》为我们提供了一个很好的案例。

傅斯年曾在该书中指出，“吾不敢曰驳议，不敢曰校证，而曰辨证者，诚不敢昧其方法之雷同耳”，似乎他与阮元用了同样的考据方法，只是扩充了材料而已。[②] 吊诡的是，他在1947年参选“中央研究院”第一届院士时却改称，《性命古训辨证》“以语言学之立点，解决哲学史之问题，是为本卷之特点，在中国尚为初创”。[③] 另如顾颉刚也将《性命古训辨证》与郭沫若的《先秦天道观之进展》并举，称赞两书“均用最新的方法，以甲骨文、金文典籍为材料，而叙述先秦时代的中国哲学”。[④] 言下之意，《性命古训辨证》的方法中国传统从来没有出现过，当然不会跟阮元一样。一会儿说相同，一会儿说不同，不免令人惶惑，阮元与傅斯年之方法到底同是不同？

对此，学界大体可分为两种观点。一种观点主张傅斯年的方法与阮元殊无二致。例如杨向奎先生就指出：“傅先生这篇用力颇勤的著作，并无创获，在训诂材料上只比阮元多了一些青铜铭文，而在义理的发挥上更无新义；一切都未超出前人已有的境界。”[⑤]

---

① 布迪厄、华康德，《实践与反思》，李猛等译，北京：中央编译出版社，1998，页31。

② 傅斯年，《性命古训辨证》，收于欧阳哲生主编，《傅斯年全集》第2卷，长沙：湖南教育出版社，2003，页506。

③ 傅乐成，《傅孟真先生年谱（初稿）》，收于陈槃等校订，《傅斯年全集》第7册，台北：联经出版事业公司，1980，页300。

④ 顾颉刚，《当代中国史学》，沈阳：辽宁教育出版社1998，页79。

⑤ 杨向奎，《论“性命古训”》，载《史学集刊》1992年第1期，页30。

但今之大多数学者更倾向于承认二者有所差异。例如刘俊指出："傅斯年在阮元训诂学(语言学)的基础之上,补入历史法,将阮元静态的训诂法改为动态的训诂法。"①言下之意,阮、傅二人之训诂学几无异趣,所差别者只在于傅氏多出了"动态的历史观"。季蒙、程汉二位学者也认为:"语言学的观点之外,还有历史的观点,两者同样重要。傅斯年认为,戴震、阮元都缺乏历史的观点,倒是朱熹更多一些。"②而侯书勇则指出,傅斯年不只在"历史的观点"上与阮元有异,在"语言的观点"上也与阮元不尽相同。"《辨证》正是利用新材料甲骨文、金文并对旧材料进行严格审辨,从而突破《性命古训》对先秦性字的古训,在借鉴西方语言学、哲学、宗教学的观点基础上,对先秦性命之说有了新的认识。"③"西方语言学"正是乾嘉学者所不具备的,否则傅斯年无需借鉴。

以上研究论据翔实,论证合理,对本文的写作提供了很大的帮助。然而却都未曾提及,乾嘉汉学的训诂方法究竟是什么?不明此节,何从比较阮、傅语言学之异同?

必须强调,本文由训诂学入手谈论此问题,但并非语言文字学的研究,倒毋宁意在以现象学为视角,重新讨论乾嘉经学考据学与民国古史考据学的差别。本文关注的不只是方法论的问题,更是中国现代性思想的内在机理。

钱钟书先生在梳理《左传·隐公元年》一节时,曾有这样一段表述:

> 乾嘉"朴学"教人,必知字之诂,而后识句之意,识句之意,而后通全篇之义,进而窥全书之指。虽然,是特一边耳,亦袛初桄耳。复须解全篇之义乃至全书之指("志"),庶得以定某句之意("词"),解全句之意,庶得以定某字之诂("文");或并须晓会作

① 刘俊,《傅斯年、徐复观论"生"与"性"之关系及其思想史意义》,载《中国哲学史》2015年第4期,页119。

② 季蒙、程汉,《傅斯年的〈性命古训辨证〉——傅斯年考察阮元〈性命古训〉之发轫》,载《中国文化》第41期(2015年第1期),页170。

③ 侯书勇,《由〈性命古训辨证〉看傅斯年的学术思想与方法》,载《齐鲁学刊》,2010年第3期,页47。

> 者立言之宗尚、当时流行之文风，以及修词异宜之著述体裁，方概知全篇或全书之指归。积小以明大，而又举大以贯小；推末以至本，而又探本以穷末；交互往复，庶几乎义解圆足而免于偏枯，所谓“阐释之循环”（der hermeneutische Zirkel）者是矣。①

钱先生的话一下就终结了前述胡适关于“归纳法”的流行见解，指出乾嘉考据学作为经学文献研究流派，根本上是一种诠释学。② 不知钱先生是否意识到，他的论述事实上包含了两条不同的诠释学路径。

一 “以经证经”与六经的整体性

第一条是从“知字之诂”、“识句之意”到“通全篇之义”、“窥全书之指”，再从“窥全书之指”回到“知字之诂”。换言之，从个别字句到全篇大义，再从全篇大义回到个别字句，通过字句理解全篇，通过全篇理解字句。如此反复循环，以达至字句与全篇共同理解。这是一条从经文文本内部寻求理解经义的路径。

所谓“全篇”、“全书”不只是某一篇、某一书，而是指六经传记整体。乾嘉学者不只会对照互证文本内部的不同段落，更会以经证经、以经解经。这是一种“解经学”（Exegesis）的研究路径。

举例来说，《礼记·曲礼上》：“户外有二屦，言闻则入，言不闻则不入。”孔疏曰：

> 此一节明谓室有两人，故户外有二屦。此谓两人体敌，故二屦在外，知者以《乡饮酒》无筭爵，宾主皆降，脱履於堂下，以体敌故也。若尊卑不同，则长者一人脱屦於户内，故《少仪》云“排阖脱屦

① 钱钟书，《左传正义》第 3 则，《管锥编》第 1 册，北京：中华书局，1979，页 171。

② 王汎森也曾根据钱钟书先生的这则论述，提及“乾嘉考证有一种类似‘诠释学循环’的方法”，参见氏著，《方东树与汉学的衰退》，载《中国近代思想与学术的系谱》，石家庄：河北教育出版社，2001，页 20。就笔者所见，专论经学考据与诠释学关联的论文，仅有卿磊一人（《乾嘉学派经学诠释学方法的体认与价值评估：以现代西方诠释学方法论为参照》，载《社会科学研究》2015 年第 1 期）。其文颇富洞见，但未曾与训诂学相互参照。

於户内者，一人而已矣”是也。①

其中孔颖达通过《乡饮酒》、《少仪》解释《曲礼》中的字句，使各篇相互印证。可说在今存文献中，《五经正义》首次大量使用“以经证经”，成为后世笺注之学效法的典范。②

例如，《诗经·周南·卷耳》：“采采卷耳，不盈顷筐。”其中“采采”一词，毛《传》训为“事采之也”，即采摘的意思。其他如孔颖达《毛诗正义》、朱熹《诗集传》、陈奂《诗毛氏传疏》等皆主此说。与之不同，戴震《诗经补注》、马瑞辰《毛诗传笺通释》等皆训为“众多貌”，即茂盛的意思。对比《邶风·谷风》“习习谷风，以阴以雨”、《小雅·大东》“纠纠葛屦，可以履霜”、《小雅·四月》“滔滔江汉，南国之纪”、《周南·芣苢》“采采芣苢，薄言采之”、《曹风·蜉蝣》“蜉蝣之翼，采采衣服”等他处经文，发现《诗经》中举凡叠字皆为形容词，而未尝用于动词。对比之下，戴、马二说较为准确。③

又如，《邶风·终风》：“终风且暴。”毛传曰：“终日风为终风。”《韩诗》曰：“终风，西风也。”与之不同，王引之对比《燕燕》“终温且惠，淑慎其身”、《北门》“终窭且贫，莫知我艰”、《小雅·伐木》“神之听之，终和且平”、《小雅·甫田》“禾易长亩，终善且有”等经文，得出“终……且……”为固定搭配，此处“终”字应为“既”。④

以上皆为“以经证经”的范例。除了经文字句解释外，此法也可用于文献校勘。例如陈垣先生《校勘学释例》归纳“校法四例”，即“对校法、本校法、他校法、理校法”⑤，其中前三种即是清儒“以经证经”在文献校勘中的运用。世人诟病乾嘉学者琐碎识小，却不察“不通群经则不能偏治一经”的道理，倘没有渊博的文献积淀，怎么做到“以经证

---

① 郑玄注，孔颖达疏，《礼记正义》第1册，北京：北京大学出版社，2000，页42上。

② 王力，《中国语言学史》，收于《王力文集》第12卷，济南：山东教育出版社，1990，页127。

③ 戴震，《杲溪诗经补注》卷1，收于杨应芹、诸伟奇主编，《戴震全书》（修订本）第4册，合肥：黄山书社，2010，页10；马瑞辰，《毛诗传笺通释》卷2，陈金生点校，北京：中华书局，1989，页41。

④ 王引之，《经传释词》卷9，“黄侃、杨树达批本”，长沙：岳麓书社，1985，页191－193。

⑤ 陈垣，《校勘学释例》卷6，北京：中华书局，1959，页144－149。

经”？

按照我们现代人的眼光，当然很容易指出这种研究方法“不够科学”的地方。比方说上述戴震、王引之、马瑞辰“以诗证诗”的前提是《国风》、《小雅》诸篇文字具有相同的句法结构和音读标准。周代时期，各诸侯国之间文化风俗不同，它们之间的语言、文字和语法结构会完全一致吗？今天各地方言尚且不能相通，何况上古？于是今之上古语言学界就不得不去预设《诗经》、《楚辞》是各地文化交流已经充分发达后的产物，完全有可能存在雅言正音一类标准官方语言。今天人当然不至于怀疑戴震等人对“采采”、“既”的考证是否准确，但这不代表人们不会质疑大多数同类研究——以经解经会不会无限夸大各经文之间的关联，强行建构六经传记的整体性？

事实上，清儒乃至一切传统经学家解经的前提就是如此。六经之间都是一个有机的整体，而其中的每一句话，乃至每一个字都能反映通篇大义。比方说以《诗》证《诗》，就预设了这 305 首《诗》，不管是《周南》还是《商颂》的文字，都是超语境的存在。其他至于以《易》证《春秋》、以《尚书》证《仪礼》之类皆是如此。

此话也可以反过来说，以经证经、以经解经的诠释学循环为乾嘉学者巩固和强化六经传记的整体性，提供了依据。所谓“《诗》以道志，《书》以道事，《礼》以道行，《乐》以道和，《易》以道阴阳，《春秋》以道名分”（《庄子·天下》）。《诗经》为韵文，可以由此证古音，而治《尚书》则可明上古字义，这二者是基础；三礼学为经学中轴，明乎三礼则可以“道阴阳”、“正名分”，可谓严丝合缝，环环相扣。

这样看来，唐德刚称“乾嘉学派”为“圣经学”也不是完全没有道理，毕竟经学之为经学，是需要保障其神圣性的。人家本来就对唐氏奉若圭臬的行为主义实证科学没有兴趣。但乾嘉学者没有兴趣，不代表胡适等人没有兴趣。

顾颉刚曾感叹，原以为“考证之业到清儒而极，他们已经考证清楚了，我们正可坐享其成”，哪知通过这几年的研究，才知道清儒“只是做了一个考证的开头”！① 若论及对上古经籍的熟悉程度，顾颉刚等民国学人恐怕远不如钱大昕、戴震等乾嘉通儒，但新的古史研究成果却能在

① 顾颉刚编，《古史辨》第 1 册，“自序”，上海：上海古籍出版社，1982 影印版，页 47－48。

民国时期井喷式地产生。倘若民国考据学只是亦步亦趋于乾嘉汉学之方法,怎么可能有这样多的新成果?

二 “观境为训”与六经的历史性

钱钟书先生涉及的第二条“诠释学循环”,即是“或并须晓会作者立言之宗尚、当时流行之文风,以及修词异宜之著述体裁,方概知全篇或全书之指归”。所谓“立言之宗尚”、“当时流行之文风”、“修词异宜之著述体裁”云云,一言以蔽之,历史情境。这要求学者从经典文本出发到文本作者所处时代的历史情境,再由该历史情境回到文本本身,如此反复循环,不断切近于文本内涵。

举例来说,训诂学常运用“据文证义”或曰“观境为训”的方法。比如《孟子·梁惠王上》:“涂有饿莩而不知发。”按说“发”字本训为“䠶发也”,即把箭射出去,但根据孟子语境,此处“发”为引申义,指开仓放粮。陈垣的“理校法”,当属这一原则在校勘学上的运用。清儒考证字义,当然时常运用此种方法。

但我们不能忽略,乾嘉学者只是把这一原则运用于考证字句,而在通篇经义的解读上,却自觉不自觉地摒弃了这一原则。甚至于为了保全通篇大义,反而限制了此法在字句考证上的运用,阮元《性命古训》就是显例!关于此例,容下文再谈。出现这种现象的原因也很简单,清儒相信六经之中有一以贯之的圣人之道,倘若辄言历史语境,岂不是说圣人之道自有其特定的语境,而不可施之于今日?

胡适曾严厉批评乾嘉学者,“脱不了‘汉儒去古未远’的成见,故迷信汉人,而排除晚代的学者”。[①] 反观张之洞则称:“经是汉人所传,注是汉人创作”,“必须以汉学为本,而推阐之,乃能有合”。[②] 六经统一于汉儒,乾嘉学者依凭于汉人传笺以实现其对六经经义的建构。而民国古史研究则力图剥去汉儒对六经的添附,将其还原为“各不相干的五部书(‘乐经’本无此书)”。[③] 二者一正一反,相背而驰(尽管皖派和

---

① 胡适,《〈国学季刊〉发刊宣言》,《胡适文集》第1卷,前揭,页4。

② 张之洞,《輶轩语·语学第二》,收于赵德馨主编,《张之洞全集》第12册,吴剑杰、周秀鸾等点校,武汉:武汉出版社,2008,页199。

③ 钱玄同,《答顾颉刚先生书》,《古史辨》第1册,前揭,页69。

扬州学派学者并不完全恪守“注不违经，疏不破注”的教条，有“从注可，违注亦可，不必定如孔、贾义疏之例”的主张[1]，但他们仍认为汉代去古未远，而其传注具有很大的可信性）。乃至傅斯年在谈及《诗经》材料价值时，便强调凡是《左传》、《国语》与《毛诗》相合之处，“是西汉末治古文学者所加所改的”，反而是它们之间不合之处，才是“很有价值的材料”。[2] 此前钱玄同更是痛骂，“两千年中底学者对于‘六经’的研究，以汉儒为最糟”，清代朴学家以为汉代去古未远，“想出种种方法来替他们圆谎，其实是上了他们底当了！”[3]

王汎森曾指出，中国古代“历”与“史”二字极少连用，“不过清末民初受了日本的影响，‘历史’一词变得非常流行”。从“史”到“历史”的转变，体现了进化论对于中国的影响。[4] 清儒所理解的“史”与民国学人口中的“历史”已经大为不同。在传统经学家那里，“以史证经”只是以史实佐证经说，而民国学者则是要还原六经各自不同的历史情境。倘《左传》有《左传》的特定语境，《国风》有《国风》的特定语境，它们之间又怎么会存在一以贯之的圣人之道？

仅以“古史辨伪”而论，民国疑古派喜欢把自己的先驱推到郑樵、朱熹或崔述那里去。然而顾颉刚在谈及崔述时，便不无遗憾地指出，崔述“信仰经书和孔孟的气味都嫌太重”，“他的著书的目的在于驱除妨碍圣道的东西，辨伪也只是他的手段”。[5] 又说：“崔述相信经书即是信史，拿经书上的话做标准，合的为真，否则为伪。”[6]这个评价既可以用到崔述头上，当然也可以用到郑樵、王安石、欧阳修、朱熹头上，可以用到清代汉儒头上。而民国疑古派不以“维护圣道”为目的，不会以圣人之道裁断真伪，其一大原则就是“治古史不可存‘考信于六艺’之见”。[7] 可说无

---

① 阮元，《焦里堂循〈群经宫室图〉序》，《揅经室集》上册，邓经元点校，北京：中华书局，1993，页 250。

② 傅斯年，《〈诗经〉讲义稿》，收于欧阳哲生主编，《傅斯年全集》第 2 卷，长沙：湖南教育出版社，2003，页 140。

③ 钱玄同，《答顾颉刚先生书》，《古史辨》第 1 册，前揭，页 80。

④ 王汎森，《执拗的低音，一些历史思考方式的反思》，北京：三联书店，2014，页 33。

⑤ 顾颉刚，《自序》，《古史辨》第 1 册，前揭，页 46。

⑥ 顾颉刚，《与钱玄同先生论古史书》，《古史辨》第 1 册，前揭，页 59。

⑦ 钱玄同，《研究国学应该首先知道的事》，《古史辨》第 1 册，前揭，页 102。

论二者在具体成绩上有何继承,都不能掩盖其信仰内核上的根本不同。

顾颉刚辨伪古史的方法是,“古史是层累地造成的,发生的次序和排列的系统恰是一个反背”。① 用胡适的话来说,这个“剥笋主义”的方法实际上是建立在这样一条原则之上,古史上的故事“没有一件不可用这个历史演进的(evolutionary)方法去研究”。② 学人辄言“历史演进”,岂不是说周公、孔子的观点不能适用于后世?如是则“通经致用”从何谈起?古今辨伪方法不同,其结论也不会尽皆相同。例如现代疑古研究中具有极高史料价值的《古本竹书纪年》,不正是在疑古风气极强的宋代被弃之不顾吗?

三 《性命古训》的例子

阮元《性命古训》是为了批判唐代人李翱的《复性书》。按照李翱的说法,“人之所以为圣人者,性也;人之所以惑其性者,情也”。③ 尽管世人常常连用“性情”二字,但“性”与“情”归根到底还是两个截然不同的东西。前者指人先天具备的善良本质,后者指人后天沾染的外在欲望。就善良本质而言,桀纣跟尧舜没有什么不同,只是桀纣为外在的欲望所蒙蔽,才不能像尧舜那样发挥出本心的善良。用他自己的话说,“桀、纣之性,犹尧、舜之性也”。二者之所以善恶异趋,只在于前者“嗜欲好恶之所昏”,遮蔽了本心而已。④

总而言之,人人生而平等,不平等是后天造成的。李翱当然不是启蒙革命家,还不至于想到通过推翻旧制度来恢复人天赋上的平等权利,但他好歹有了一些启蒙思想家的成色,人们至少可以通过“正心诚意”的个人修行独善其身,再以善良本性“修齐治平”,彻底改造社会。《中庸》说:“天命之谓性,率性之谓道。”在李翱看来,这句话的意思应该是:“人生而静,天之性也;性者,天之命也。”“率,循也;循其源而反其性者,道也。”⑤这不是很清楚地说明了,人人生而平等是上古三代的圣

---

① 顾颉刚,《自序》,《古史辨》第1册,前揭,页52。
② 胡适,《古史讨论的读后感》,《古史辨》第1册,前揭,页194。
③ 李翱,《复性书》上,《李文公集》第2卷,收于《四部丛刊·集部》。
④ 同上。
⑤ 同上。

人之教吗?

偏巧阮元见不得这样的"圣人之教",这根本不是三代圣人的真实想法。何以见得?阮氏在《性命古训》的开篇就举例说:"先举《尚书·召诰》、《孟子·尽心》二说以建首,可以明其余矣。"孟子的"性善"之论到底是不是李翱以为的那样,对比《召诰》就知道了。按照他的结论:

> 《召诰》所谓命,即天命也。若子初生,即禄命福极也。哲与愚,吉与凶,历年长短,皆命也。哲愚授于天为命,受于人为性,君子祈命而节性,尽性而知命。故《孟子·尽心》亦谓口目耳鼻四肢为性也。性中有味、色、声、臭、安佚之欲,是以必当节之。古人但言节性,不言复性也。"王敬作所,不可不敬德。"即性之所以节也。……今以此二经之说建首,而次以诸经,再随诸经古训比而说之,可以见汉以前性命之说,未尝少晦。《诗》曰:"古训是式,威仪是力。"此之谓也。唐李习之复性之说,杂于二氏,不可不辨也。①

《召诰》不是说得很清楚吗?"性"就是"命","命"就是"情","性"与"情"本来就是一而二,二而一的,又何来"性情二本"之说?值得注意,阮元之能发此议论,前提是西周之《召诰》与战国之《孟子》都是圣人之道的表现,不存在历史语境上的差异。

且看阮元的考证方法。引文第二句:"哲与愚,吉与凶,历年长短,皆命也。"用训诂学的术语,此乃同训义通。何为同训?例如《尔雅·释诂》:"初、哉、首、基、肇、祖、元、胎、俶、落、权舆,始也。"又如:"林、烝、天、帝、皇、王、后、辟、公、侯,君也。"《尔雅》等古书把"初"、"哉"等字并列在一起,意为字义相近,都是"始"的意思。与《尔雅》一样,阮元把"哲"、"愚"、"吉"、"凶"、"历年长短"放在一起,此皆"命"也。

人们也许会问,现代语言文字学研究不也同样会运用同训之法吗?《尔雅》不也同样是某些现代人文科学的工具书吗?阮元这么考证字义岂不正好体现了现代实证科学的方法?

须知训诂学只是皮相,阮元要讲的是,有人聪明有人愚钝,有人好事不断有人噩运连连,人在资赋上的不平等都是天命的结果,"人之

① 阮元,《性命古训》,《揅经室集》上册,前揭,页211-212。

性”即“天之命”。如他所说，“性与命相互而为文，性命之训，最为明显”。[①] 名物训诂从来就不像胡适以为的那样，是一种可以脱离于经学义理阐释而放之四海的抽象方法，人类历史上就从来不会有这样的所谓“方法”。

阮元在引文中说：“口目耳鼻四肢为性也。”人之为善不在于发扬先天本性，而在于节制欲望。此亦如戴震所说，“君子亦无私而已矣，不贵无欲”。[②] 宋儒“去情欲，复本性”纯属无稽之谈。阮元说：“商周人言性命多在事，在事故实，而易于率循。晋唐人言性命多在心，在心故虚，而易于傅会，习之此书是也。”[③]商周人言性命有现实的典章制度可以依据，而晋唐人言性命多凭借自己的本心。然而每个人内心中都可以有不同的善恶标准，我以此事为善，你以彼事为善，究竟以谁的说法为定论？其结果就是戴震所说的，“负其气，挟其势位，加以口给者，理伸；力弱气慴，口不能道辞者，理屈”。[④]

这套复归本性的学说不是三代之学，倒不如说是佛家思维篡改经学的产物。李翱强调：“心寂然不动，邪思自息，惟性明照，邪何所生？”[⑤]阮元则针锋相对地指出：

> 释氏所说“直指人心，见性成佛”之“性”字，似具虚寂明照净觉之妙。此在梵书中本不知是何称名，是何字样，自晋、魏翻译之人求之儒书文字之内，无一字相合足以当之者，遂拈出“性”字，迁就假借以当之。彼时已在老、庄清言之后，盖世之视“性”字者，已近于释、老，而离于儒矣。六朝人不讳言释，不阴释而阳儒，阴释而阳儒，唐李翱为始。[⑥]

李翱攻排佛家最厉，却难免入主出奴而用佛家的办法更改圣人古训，不亦悲乎？后世宋儒非但不察其蔽，反而奉若圭臬，不亦可耻乎？

---

① 阮元，《性命古训》，《揅经室集》上册，前揭，页212。
② 戴震，《孟子字义疏证》，何文光整理，北京：中华书局，1982，页58。
③ 阮元，《性命古训》，《揅经室集》上册，前揭，页235。
④ 戴震，《孟子字义疏证》，前揭，页4。
⑤ 李翱，《复性书》中，《李文公集》第2卷。
⑥ 阮元，《性命古训》，《揅经室集》上册，前揭，页236。

有学者指出，清代汉学发展到乾嘉时期，逐步形成了一股“以礼代理”的学风。[①] 戴震发其端，程瑶田、凌廷堪、汪中等人接其绪。阮元撰写《性命古训》正是这股礼学风气底下的产物。究其实质，就是要论证圣人之道在于典章制度，而不在“传心之法”。

宋儒“复性”之说仿佛个人依照先天道德判断就能实现天下大治，实不啻于毁礼弃法，清代礼学家怎能接受？礼乐制度的前提不就是人与人的不平等吗？今天人习惯于不假思索地认定戴震批判“以理杀人”准是反对专制、主张言论自由，可见某些流行意见深入人心到了何种地步。

我们不难发现，以现象学的角度看，阮元既不承认反映周公之德的《召诰》与体现孟子之道的《尽心》有什么历史语境上的不同，同时认定李翱《复性书》与佛学文本属于同一个谱系。这使得他从容地得出结论：从西周到战国再到汉儒传笺，关于“性”、“命”二字的定义是一以贯之的；李翱关于“性”、“命”也同于佛家。两种对于“性”、“命”的不同理解，构成了针锋相对的义理体系，宋儒之恶就在于把原本与儒家经典对立的佛学义理掺入了经学。

然而，建立在传统经学废墟之上的现代古史研究会相信有一个圆通无碍的三代典章制度吗？

还在乾嘉时期，方东树就讥讽清代汉学家，仅一个“车制”，就“江氏有《考》，戴氏有《图》”，其余“阮氏、金氏、程氏、钱氏”诸人，“同时著述，言人人殊”，其他如弁冕、禄田、赋役等典章制度，更属“各自专门，亦互相驳斥，不知谁为真知定见？”[②]也许方氏正反映出，六经传记中关于三代礼制的记载本就矛盾歧出，无论朴学家如何为之弥缝补苴都难以令人心安。直到晚清经今文学兴起，学术风气为之一变。廖平撰写《今古学考》，索性平分“圣人之礼”与“三代之礼”。前者当然纯而又纯，后者则“周历年久，掌故事实多不免歧出，故各就所见立说，不能不多于门”。[③] 这至少否定了古文经传具有整体性。

---

① 参见张寿安，《以礼代理：凌廷堪与清中叶儒学思想之转变》，石家庄：河北教育出版社，2001。

② 方东树，《汉学商兑》卷下，《汉学师承记（外二种）》，徐洪兴点校，北京：三联书店，1998，页405。

③ 廖平，《今古学考》卷下，蛰云雷斋丛书清光绪刻本，页5（A）。

四　傅斯年的“辨证”

先是今文家疑古，剥去了圣人之道与三代旧史的关联，客观上解放了古史研究。后经过清末诸子学运动和民初新文化运动，所谓“圣人改制之道”也遭到了空前的质疑。在二者共同用力之下，民国上古史研究已经完全抛弃了六经传记的整体意义，即便儒家学者也不能外之。

比如蒙文通就针对阮元和清代汉学，撰写了论文《儒家哲学思想之发展》。在蒙氏看来，阮元说西周之“性”犹后世之“情”，这固然不错，但这仅限于周公之学，不惟不适用于春秋时期的孔子，更不适用于战国时期的孟子，遑论汉代经学。换言之，“性”、“命”、“情”等字的意思从来都不是一成不变的，它们不同的历史语境下具有不同的意义。

蒙文通指出，在周公时期“性”就是情欲，“命”就是“天命”；到了孔子时期，“命”就变成了后来宋儒所说的本善。孔子无疑是一个转折点。《庄子·天道》记载了孔子与老聃辩论仁义之事。孔子指出，仁义是人的本心。老聃却答复说：“夫子亦放德而行，循道而趋，已至矣；又何偈偈乎揭仁义意，夫子乱人之性也！”庄子的话当然不能信以为真，但他会这么说，至少反映了东周时期道家责难儒家的状况。

面对道家的攻击，儒家自然不能坐视不理，于是有了子思作《中庸》、孟子辟杨朱等等事件。在子思、孟子的诠释下，“性”的意思也发生了改变。蒙文通评价道：“仁义德教所从生，率性之性已非节性之性也……此已开性善论之端，而大本已立。”①总之，殷商之“命”乃“主宰之命”，周公之“命”乃“气质之命”，孔子之“命”乃“仁义之命”。至孔子时，“命”与“性”发生了对立。而思孟则改“气质之性”为“仁义之性”，于是“性”、“命”二义再度统一了起来。

不可否认，蒙文通考证“性”、“命”字义，虽然采纳了一些历史主义的原理，但他归根结底还是要建立一以贯之的儒学之道。如他所言：

> 余读王弼与何晏辨圣人无喜怒哀乐，王通之《文中子》，陆淳序《东皋子》，李习之《复性书》，而后知孔、孟之学，魏、晋、隋、唐以

---

① 蒙文通，《儒家哲学思想之发展》，收于蒙默编，《蒙文通全集》第1册，成都：巴蜀书社，2015，页32。

来,其绪固未尝坠也。虽荀悦、韩愈、杜牧论性多歧,终不足以掩之。①

蒙氏辟阮,尚且在争义理,历史主义只是手段。相比之下,那些“不持立场”的所谓“纯学者”就更以之为圭臬了。

也许在傅斯年等现代科学家看来,不管乾嘉考据学再怎么精深,终不过是种宗教信仰。他问道:“在此‘建置的宗教’势力下,有敢谓孟子之说不同孔子者乎?有敢谓荀子性论近于孔子者乎?”究其实质,戴震、阮元之辈,“皆以古儒家义为一固定不移之物,不知分解其变动,不知分解其变动,乃昌言曰‘求其是’,庸讵知所谓是者,相对之词非绝对之词,一时之准非永久之准乎?”②傅氏既发此宏论,当是要把历史主义原则一推到底。

《性命古训辨证》全书分为上、中、下三卷。上卷着重从字形的角度讨论“性”、“命”的本来含义。须知乾嘉学者推崇《说文解字》的一大原因在于该书只载字之本训,而不载引申义,这可以推及圣人造字之初衷。傅斯年于此搬出了更古老的金文、甲骨文,我们当不难想见他的目的。

例如“令”字,傅斯年解释道:

> 《说文解字》卩部令字下云:“发号也,从亼卩。”令字在小篆固从亼卩,而亼卩二文之解,许一失而一阙之。卩字下云,“瑞信也。守邦国者用玉卩,守都鄙者用角卩,使山邦者用虎卩,土邦者用人卩,泽邦者用龙卩,门关者用符卩,货贿用玺卩,道路用旌卩,象相合之形”。按,此乃用战国以来符节之简字说字源,复强为类别,汉儒之陋说也。征之甲骨文及金文,卩之原始形乃像一人屈身而跽,与相合之义无关。亼字下云“从人一,象三合之形”,然此三合何义,许亦无说。张苑峰曰:北平故宫博物馆藏一鼎,由形制纹绘铭文字体考之,皆可断为商器,……。古者发号施令恒于宫庙行之,凡受命者引领待于其下,是以令字如此作(以上张君说)。③

---

① 蒙文通,《儒家哲学思想之发展》,《蒙文通全集》第1册,页1。

② 傅斯年,《性命古训辨证》,《傅斯年全集》第2卷,前揭,页506。

③ 同上,页516-517。按,原文中“亼”写作“A”,今改之。

从字形上看,“令”字是由“亼”、“卩”两部分合成的会意字。然而许慎一则没有解释“亼”的含义,一则错误地解释了“卩”的意思。在他看来,“卩”当为瑞信、符节。对此,傅氏援引金文指出,“卩”的形状“像一人屈身而跽”。至于许慎没有解释的“亼”,金文也给出了答案:从形状上看,它本来是描绘宫庙的。“亼”、“卩”一者形为宫庙,一者“屈身而跽”,合起来就是一个人跪在宫庙之下听候指派。可见许慎和乾嘉汉儒把“令”理解为用兵打仗的符节,根本就错了。

这是傅斯年的独见?负责任地说,它剽窃自罗振玉。罗书有言:“许书训卩为瑞信,不知古文卩字象人跽形,即人字也,凡许书从卩之字解皆误。”①这里不拟检讨所谓“民国大师”的学品。值得我们深思,王国维、罗振玉提倡“二重证据法”,乍看上去要“释古”,但其精神实质跟“疑古派”殊无二致。传世文献与同时期出土文献的互证效力要远远高于经文之间的互证效力,这不就体现了历史主义、语境主义的原则吗?

傅斯年一方面大量援引考古材料,另一方面则断然按照不同的历史时期,赋予了《周诰》、《诗经》、《左传》、《论语》、《孟子》、《荀子》、《吕氏春秋》各个不同的语境。不特《说文解字》之类东汉文献不能论证周代旧史,就连周代内部的各个文献也不能相互证明。六经的整体关联不复存在。

阮元曾引用《说文解字》指出“性”、“情”二字同义互训:

> 情发于性,故《说文》曰:“性,人之阳气性,善者也。情,人之阴气有欲者也。”许氏之说,古训也。味色声臭,喜怒哀乐,皆本于性,发于情者也。情括于性,非别有一事与性相分而为对。②

许慎明明在说,“性,善者也”,“情,欲者也”。阮元非要说“性情一本”,岂非强辩?傅斯年不信东汉文献跟周代文献有什么关联,当然不可能认同阮氏。他指出,“汉儒性说之特点为其善恶二元论”,这分明跟程朱理学“人心惟危,道心惟微”同出一源,实则“合孟轲、韩愈以为

---

① 罗振玉,《增订殷墟书契考释》,《殷墟书契考释三种》,北京:中华书局,2006,页491。

② 阮元,《性命古训》,《揅经室集》上册,前揭,页220－221。

论，旁参汉晋之性情二元说”。[1] 因此，“李氏说之与禅无关于儒有本者”，戴震、阮元等朴学家“反不相识矣”。[2]

奇怪的是，辄曰科学的傅斯年不去发扬朴学家的结论，却要为宋儒辩护，意欲何为？

《性命古训辨证》上卷重在研究文字，中卷则转而讨论周代思想史。按照他的说法，殷商所言之“命”实乃宗教观念，即指超验力量对世间的主宰。武王伐纣，出现了“人道主义之黎明”，表现为周人强调“天命靡常”、“以民为监”。前者为“命定论”（其在东周时的变体为邹衍的“命运论”），后者为“命正论”（其在东周时的变体为墨子的“非命论”）。整部周代思想史就是“命定论”与“命正论”相互斗争，代表人类理性的“命正论”最终战胜代表宗教迷信的“命定论”而成为思想主流。

李翱、程颐、朱熹之所以正确，正在于他们的学说体现了秦汉以来的理性主义光辉。《性命古训辨证》下卷就着重讨论了“汉代性之二元说”对宋明理学的影响。反观戴震、阮元，虽名为“汉学家”却丝毫不懂从孔子到汉代的人类理性进步发展历程，岂不可笑？

英国思想史家斯金纳（Quentin Skinner）曾提醒人们：学者在诠释经典文本时，往往预设了“经典文本可望存在某种‘内在的连贯性’，而注释家的任务就在于揭示这种连贯性”。[3] 但事实上，经典作家在写作文本甲和文本乙时，完全可能基于不同的语境和问题意识，两个文本之间未必真能连贯起来。斯金纳把这种强行建构文本之间连贯性的做法，称为“连贯性的神话”。

此外，斯金纳又指出，传统注释家总是习惯于发挥经典作家的只言片语，就想当然地把自己关心的议题强加给后者，丝毫不顾及后者的历史语境。例如阿奎那（Thomas Aquinas）会赞同“公民不服从”，古代某思想家那里已经具备了类似于今天的“自然保护主义”观念。斯金纳

---

① 傅斯年，《性命古训辨证》，《傅斯年全集》第 2 卷，前揭，页 647、662。

② 同上，页 666。另据桑兵教授所说，陈寅恪主张唐宋新儒学的兴起是吸收外来佛教的结果，而傅斯年为李翱辩诬实有张扬中华文化的主体性，并有与陈氏“暗中过招的故意”。参加桑兵，《民国学人宋代研究的取向及纠结》，载《近代史研究》2011 年第 6 期，页 60。

③ 斯金纳，《观念史中的意涵与理解》，任军锋译，收于丁耘、陈新主编，《思想史研究》第 1 卷，前揭，桂林：广西师范大学出版社，2005，页 56。

嘲讽道：

> 在一种平淡的历史研究的面具的掩护下，它被史学家们作为将自己的偏见强加于那些让人敬慕的人物身上。这样以来，历史实际上成了我们手中一套用来玩弄死人的把戏。①

两厢比较，傅斯年挖苦的“建置的宗教”不就是斯金纳嘲笑的“连贯性的神话”和“玩弄死人的把戏”吗？尽管今天的古史学家未必有傅氏那样的乐观主义进步论，又何曾背离过此类语境主义原则？

结　语

胡适在批评刘掞藜时，曾十分自信地说：

> 历史家只应该从材料里，从证据里，去寻出客观的条理。如果我们先存一个“理”在脑中，用理去“验”事物，那样的“理”往往只是一些主观的“意见”。②

这里所说的“条理”、“理”、“意见”是套用了戴震《孟子字义疏证》的划分。但胡适真读懂了戴震吗？戴震哪里会主张客观中立的纯学术？胡适言之凿凿地嘲笑对手脑中先存有“理”，到头来尽是些不客观的意见，殊不察他自己脑中也预先埋下了“理”，这个“理”就是所谓的“历史演进”。

大抵古代中国人与古希腊哲学家一样，都相信存在永恒的自然秩序，都相信最高的知识是关于世界整体性的知识。所不同者，古代中国人不会像柏拉图那样越过现象世界，直接求诸理念世界。孔子说：“我欲载之空言，不如见之于行事之深切著明也。”（《太史公自序》）对于中国古人而言，整全性思想内在于三代典章制度或圣人言行事迹之中，表现为上古经文的连贯性。直到乾嘉时期，学者仍然在坚持这种连贯性。

不管乾嘉汉学对民国古史研究提供了多么大的帮助，都不能否认

---

① 斯金纳，《观念史中的意涵与理解》，《思想史研究》第1卷，前揭，页50。
② 胡适，《古史讨论的读后感》，《古史辨》第1册，前揭，页196。

两者的精神截然不同,两者的方法也因此异趋。本文并不是要否定乾嘉汉学,恰恰相反,本文意在确立乾嘉汉学独立于古史研究的特殊地位。人文学科毕竟不同于人工技术,后一时代研究与前一时代研究的关系,并不一定是积累与包含的关系,它很难用进步或倒退做简单的评价。在西方学界,"本体论诠释学"(ontological hermeneutics)与"方法论诠释学"(methodological hermeneutics)的历史主义之争至今仍无定论。同理,胡适、傅斯年宣扬的客观主义研究,也不见得在每个方面都比清代汉学优越。严谨地说,二者体现了不同的时代信仰。今日各种现代性理论层出不穷,我们更需要清醒地认识到,胡适、傅斯年所主张的历史主义原则,否定了一切永恒的秩序与道德,很可能最终陷入虚无主义的泥淖。

今之学者好谈"范式",这里就以库恩(Thomas Kuhn)的范式理论说明经学考据与史学研究之间的差别。按照定义,"'范式'就是指某一科学家集团围绕某一学科或专业所具有的共同信念"。[①] 库恩反对历史目的论,他认为科学史的演变绝不是后一个科学体系包含前一个体系的进步过程,而是一个范式代替另一个范式的过程。在科学革命中,"旧范式全部或部分地为一个与其完全不能并立的崭新范式所取代"。[②] 尽管旧的科学研究会为新的科学研究积累大量的经验和技术手段,但二者的信念内核是不能通约、无法交融的。正如从清代考据学走向民国古史研究的过程,也是新的史学信念取代旧的经学信念的过程。一者要建构六经的整体性,一者要还原诸经的历史性,两者难以通约。

库恩曾提醒人们,新的范式本质上并不比旧范式先进,它只是代表了与之前不同的研究共识或共同信念。胡适、傅斯年们嘲笑传统经学家相信六经之间有一以贯之的圣人之道,是一个神话。但他们强调完全客观中立的史学研究,其前提是要历史研究者远离历史本身,只当剧作者而不当剧中人,这难道不是另一个神话吗?

---

① 刘放桐等编著,《新编西方现代哲学》,北京:人民出版社,2000,页530。

② 库恩,《科学革命的结构》,金吾伦等译,北京:北京大学出版社,2003,页85。

1525 年德国农民战争与近代政治革命

文　晗
（湖南大学岳麓书院哲学系）

摘　要： 对 1525 年农民革命战争的评价长期以来众说纷纭。有人认为这次革命战争只是一次普通的农民起义，有人则认为这是德国历史上的自发事件。本文通过对革命起因的研究，以及对革命时期相互混杂的各派思想的梳理，认为 1525 年农民革命战争实际上可以看作是近代政治革命的先声。这次革命中隐藏的各种因素，实际上宣告了一种新的政治思想在历史上的诞生。

关键词： 革命　宗教改革　神法

在近现代史上，德国作为一个没有明确革命传统的国家，其建立近代国家的努力似乎一直是靠对外战争来实现的。通常我们认为德意志统一的时间是 1871 年，而将此前的普丹战争（1864）、普奥战争（1866）和同年的普法战争看作统一道路上的三次主要事件。相较于英国的光荣革命（或者 1640 年革命）和法国大革命，德国建立近代民族国家的方式似乎非常特殊，以至于我们很难找到一个德意志民族国家建立的时刻。

在长达将近一千年的历史中，德意志地区一直是神圣罗马帝国的领土，然而，自 14 世纪中期以后，神圣罗马帝国的王权就不断衰落。1356 年通过的《金玺诏书》不但确定了德意志各个诸侯邦国的主权地位，甚至明文规定，德意志的王权只能将自己的权力建立在传统的领主权力之上。诏书的通过毋宁是以立法形式确认了神圣罗马帝国的封建割据局面，从而宣告德意志王权通过确立继承权来保持自身存续的尝试的失败，实际上等于架空了帝国皇帝的权力。因此，毫不奇怪，此后接连几任的帝国皇帝就算是在位时期都始终没有踏出过封疆一步，完全成了家族的皇帝。

1525 年农民革命正是在这样一种背景下爆发的。此时身任神圣罗马帝国皇帝的是查理五世(Charles V, Holy Roman Emperor,1519—1556 年在位),他的另一个实质性的名号是西班牙国王卡洛斯一世(Carlos I,1516—1556 年在位)。近四十年的在位时期里,他几乎没有在德意志地区行使过皇帝权力,而将其交给了自己的弟弟斐迪南。卡尔本人绝大部分时间都身在西班牙,一心经营他的海上帝国,并在地中海与奥斯曼土耳其苏丹苏莱曼一世(苏莱曼大帝,Suleiman the Magnificent,1520—1566 年在位)相互角逐。

1525 年农民革命的时代,同时也是地理大发现的时代。农民革命爆发前两年,人类刚刚完成历史上的首次环球航行,而资助麦哲伦完成这次航行的正是神圣罗马帝国皇帝卡尔五世。欧洲人通过这次环球航行,将人类的世界图景扩大了数倍。卡尔五世也自豪地声称:"在朕的领土上,太阳永不落下。"在革命爆发的大概十年前,米开朗琪罗终于画完了西斯廷教堂的天顶画《创世纪》;革命爆发的大概二十年后,哥白尼将要写出改变人类宇宙图景的《天体运行论》;文艺复兴此时正处于鼎盛时期,科学革命的步伐也越来越近。

我们也不能忘了,革命爆发的七年前,1517 年的万圣节,路德在维滕贝格的卡斯特教堂墙上贴出了《九十五条论纲》,拉开了宗教改革的大幕;而在革命失败的六年后,马基雅维里出版了奠定近代政治哲学基础的著作《君主论》,是为近代国家的先声。站在五百年后的今天往回眺望,我们也许会惊讶地发现,那是一个倒转世界历史的时代。[①] 当然,在那个时代中身处德意志乡村地区的农民们,并不知道世界的命运

① 对这一历史时期内世界范围内普遍的危机被非常宽泛地概括为"17 世纪的普遍危机"(The General Crisis of the Seventeenth Century),这一时期大概从 1500 年一直持续到 17 世纪上半叶。一般认为这一时期的动荡不安标志着资本主义的一个重要转折点。不过,许多试图跳出西方中心论的研究也会将中国明清间的王朝更迭看作这一普遍危机的一部分,从而将这一危机扩大为一个世界历史的叙事,而非仅仅欧洲范围内的变革。本论文仍然采取一种较为传统的视角,也就是将这一时段看作是古典世界向早期近代世界转变的转折点,虽然这一转折具有世界历史意义,但并不代表世界范围内所发生的变革都具备类似的动因。参见 G. Parker, and L. Smith, eds. *The General Crisis of the Seventeenth Century*. Cambridge University Press, 1984; F. Wakeman, China and the Seventeenth Century Crisis. *Late Imperial China* 7:1 - 26, 1986。亦可参见 Michel Foucault, *Sécurité, territoire, population, Cours au Collège de France*(1977 - 1978), Paris: Gallimard, 2004。

将要发生剧烈的变换。虽然他们已经攥紧了手中的镰刀和锤子，准备改变自己的命运。蝴蝶挥舞一下翅膀也许都能带来一场风暴，而当农民们举起革命的大旗，整个欧洲的土地都将为之震颤。

1525年德国农民战争是欧洲近代史上一次波澜壮阔的革命战争。这次革命战争的重要意义首先当然体现在它的斗争规模和激烈程度上，不同于之前零星的起义或骚动（如1493年的鞋会起义以及1513年的穷康拉德起义），这次农民战争席卷了德意志的绝大部分地区，大概三分之二的农民以及为数不少的市民、工人和贵族都参与其中。其次，在后世的史家眼中，这次革命也被赋予了巨大的时代意义，早期社会主义历史学家戚美尔曼在他著名的《伟大的德国农民战争》中认为："欧洲以后的社会运动的一切现象都包含在1525年运动之中，它不仅是多次欧洲革命的起点，而且是它们的缩影。"①

而恩格斯曾根据戚美尔曼的《伟大的德国农民战争》撰写了一本小册子《德国农民战争》，认为德国农民战争是德意志人民最壮观的革命之举，也是一场典型的农民反抗封建领主的农民起义；19世纪德国大史家兰克则将农民战争看作一起农民反抗压迫的"自发事件"（natural event），是"日耳曼民族历史上最伟大的自发事件"。② 即便从这些莫衷一是的解释中，我们仍能看出德国农民战争的重要性。

一 农业危机和农民革命

传统叙事认为，农民战争的爆发原因在于封建领主对封地农民的剥削和压迫。无论是兰克的自发事件论还是恩格斯的阶级冲突论，基本上都将其视为刺激农民起义的根本原因。然而，如果我们同意阿伦特对革命的解释，"只有发生了新开端意义上的变迁，并且暴力被用来构建一种全然不同的政府形式，缔造一个全新的政治体，从压迫中解放以构建自由为起码目标，那才称得上革命"，③那么我们首先就要将兰

① 戚美尔曼，《伟大的德国农民战争》，北京编译社译，北京：商务印书馆，1982，页4。

② Leopold von Ranke. *History of the reformation in Germany*. Sarah Austin trans. Robert A. Johnson edit. Kessinger Publishing. 2007.

③ 阿伦特，《论革命》，陈周旺译，南京：译林出版社，2011，页23。

克的理解排除在外。如果我们承认1525年农民战争不仅是一次战争，还是一场革命的话，兰克理解为自发事件的做法显然就低估了这次事件的意义。革命战争中的革命主体显然不会仅仅因为某些偶然的原因或者单纯经济上的压榨而揭竿起义(尽管经济原因在大多数情况下都是起义的诱因)，①1525年的革命运动也不仅仅是限于地区意义上一系列无法解释的单个行动。既然承认他们是在革命，那么，这些革命的人们就会有相应的政治意识和诉求。

如果依照编年史的描述，当时农民的生活实际上相当富裕，但富裕的农民显然又当上了革命的领导者，为什么呢?

我们都知道，14世纪中叶爆发了席卷全欧洲的黑死病，在1348年到1352年间几乎使欧洲三分之一的人口，也就是接近2500万人丧生。而在这场瘟疫中，人口密集的城市损失的人口要远远大于农村人口，这就间接导致农产品价格的下跌；同时，城市人口的大量减少导致的劳动力短缺使得城市工作的工资和工业产品价格飞涨，诱人的城市就业前景吸引了更多的农民逃离农村奔向城市；农村人口的减少和农产品价格的下降进一步又对各地封建领主的收入造成巨大的损失。自然而然，各地领主为了减少损失只能进一步强化农奴制，这些制度包括禁止农民自由选择领主、废除农民自由流动的权利、惩罚和其他领主的农奴结婚的属民等等。②

揆诸历史，大灾大难之后的休养生息向来能够很好地恢复和激发潜在的生产力。因此，不难想象，在黑死病之后的两百年间，农奴制的强化实际上有利于恢复生产，促进经济繁荣。依照马克思主义的经典叙述，这一时段的封建主义生产关系适应了生产力的发展。

然而，1525年革命的经济诱因是否就是封建领主加重了对农民的剥削和压迫呢? 从相对晚近的研究来看，这一点似乎是站不住脚的。实际上，即便直到18世纪，法律还是禁止任意提高租税。只要领主出

① 如摩尔所言，“有关德国大革命地区农民和资产阶级在中世纪末期就已经非常富有的证据是如此丰富，以至于我们已经不可能再相信，是普遍的经济状况恶化引发了农民暴动”。见摩尔，《专制与民主的社会起源》，王茁等译，上海：上海译文出版社，2012，页481。相反的意见可以参看托尼，《宗教与资本主义的兴起》，赵月瑟，夏镇平译，上海：上海译文出版社，2013，页47－72。

② 因为一旦与其他领主的农奴结婚，其子女和死后的财产归属必然会引起纠纷。

租给某个家庭的土地可以继承，领主就不能随意加租。如果我们相信在德意志大部分的地区，领主们基本上能够做到遵守法律，[①]那么，农民们感到负担加重的原因就可能与领主们的行为无关，而更多是由于农民自身。原因又是什么呢？

其实，答案很简单。原因就在于人口的迅速增加。如果领主制下的各种税收按人头收取，在人口生育率增加，死亡率减少，人口寿命大大增加的时代，各个家庭的赋税压力自然会成倍增长。这就是黑死病趋于平稳，而农业生产又得以恢复之后德意志地区的普遍景况。这种情况下，除非农业生产方式有本质性的更新，否则很难在相同的生产水准下养活成倍增长的人口。[②]

自然而然地，农民们在这种状况下就会试图寻找农业耕种之外的生存方式，农林牧渔等农业行为也就成了农民们希望从事的行业。然而，在中世纪领主制下，伐木、打猎和捕鱼都是被封建领主禁止的行为，这就成为农民和封建领主冲突的一个焦点。

同时，以往显得不那么突出的劳役和强制性劳动，此时也显得特别繁重而不可承受，诸如领地税和军事税等等额外税收更是激起了农民们的反抗意识。

与农奴制的强化平行发展的，是领地国家制度的发展。在12世纪到14世纪这几百年间，由于皇权尚未衰落，各地的土地贵族其实对地方的管理工作并没有太大兴趣。南部德国的大部分贵族最初都是没有自由权的神圣罗马帝国皇帝的仆从，在12、13世纪，他们以帝国骑士的身份获得了贵族称号。这时的德国乡村地区，乡村的农业机构履行着国家最基本的职能，只有在受到外来威胁的时候，贵族的保护才成为必要。此时的乡村发展出了一种乡村自治的公社体系。

然而，随着帝国皇权的衰落，各地的领主逐渐加强了对领地的统治。到15世纪，领地国家基本上已经形成，最重要的立法和司法权都被收归领地国家，领主的土地所有权、对农民的所有权以及领主司法权

---

① 这一点与之后我们要讨论的习俗法和神法相关。之后的农民革命诉诸神法的很大一部分原因就在于，仅就习俗法而言，农民们并没有太多法理上的优势。

② 关于人口问题在早期近代国家的变革中所产生的重要作用可参见戈德斯通，《早期现代世界的革命与反抗》，章延杰，黄立志，章璇译，上海：上海人民出版社，2013。

合而为一,对农民的管理因此日益严酷,控制更为有效。农民变成了属民,而领主则成了政府。①

很明显,在1525年之前的几十年,农民的境况逐步恶化,但农民很难通过在原有体制内的改革来改善自己的生存。15世纪南德农民的斗争频繁借助于习俗法,试图以此维护农民的权利。然而,习俗法本来就是因地而异,随时代和地域的不同而变易,同时,习俗法依靠古老传统的特征并不利于农民改革现有秩序;立法权被领地政府掌控之后,农民在立法上也丧失了原有的权力。希望通过援引习俗法来维护自己权利的做法已不再可能,想要通过对原有秩序的小修小补来维护自身权益的做法也不再可行。时势所迫,农民不得不寻找其他途径来伸张自己的权利。

二　农民革命和宗教改革

我们如果仔细审视农民革命的诉求,就会发现,农民们的政治意识实际上已经远远超出了简单的农业危机的范围。在1525年农民革命的"共同纲领"——《十二条款》②——中,能够很明显地看到这一点。

作为《十二条款》的第一条,农民们提出,"从今以后我们应当能够代表全体大众拥有挑选和任命自己牧师的权力和能力";而在第三条里,农民们声明,"我们将在所有正当的、基督教事务上非常乐意地服从我们选举出的、正直的统治者",同样是在这一条中,农民们还提出"《圣经》证实了我们是自由的,并且也想得到自由"。正因为农民们认为自己是自由的,所以他们并不认为自己应该无条件服从现任统治者,而是要求选举自己信得过的、正直的统治者。放在当时的语境下,我们可以看出,这一条的实际内容相当于要求废除农奴制。选举牧师和废除农奴制,很明显已经超出当时习俗法的框架范围,也不是单纯的经济原因和社会原因能够解释的。如果说《十二条款》中仍然有许多条目是直接针对经济利益的诉求,那么这两条已经超越了各地具体的政治、

① 布瑞克,《1525年革命:对德国农民战争的新透视》,陈海珠等译,南宁:广西师范大学出版社,2008,页44。

② 《十二条款》译文,见布瑞克,《1525年革命:对德国农民战争的新透视》,前揭,页222-228。

经济和社会差别，而成为一种普遍性的诉求。它质疑的不仅仅是封建制度下具体的社会经济政策，更是整个封建制度本身。

农民们之所以能够在实践上提出如此革命性和颠覆性的诉求，实际上要归功于宗教改革的出现为农民们带来了新的政治意识，我们来看看《十二条款》的结论部分：

> 第十二，我们相信并且决定，如果这些条款中的任何一条或多条不符合上帝之言（对此我们表示怀疑），并能够用《圣经》向我们证实这一点。只要能够用《圣经》证明（这个条款不符合上帝之言），那么我们将废除它。如果我们的条款得到批准，但后来又被发现为不合理，那么从那一刻起，这些条款将中止、无效和废弃不用。同样，如果《圣经》确实表明，某些怨情是违背上帝和给我们的邻居造成负担的，我们将为这些抱怨留有位置，我们将宣布将它们包含在我们的条款之中。对我们而言，我们将完全按照基督的教导生活和行事，我们将通过基督的教导向我们的主祈祷。因为只有他自己，别的任何人都不能，给予我们正义。基督的和平将与我们所有的人同在。①

这一条再明显不过地体现了宗教改革的影响。条款中着重强调了《圣经》的权威性，实际上这一点在《十二条款》全篇处处可见，所有的条款中提出的具体要求，比如由农民选举牧师、规范收取什一税、选举统治者、开禁渔猎等等，依据都是基督徒的自由以及基督徒之间的兄弟之爱。而路德在他的名篇《论基督徒的自由》中发挥的思想，总体思路也可以归结为两条：

（一）基督徒是全然自由的万人之主，不臣服于任何人。

（二）基督徒是全然顺服的众人之仆，臣服于每一个人。②

这两条按路德自己的论述，无非是对保罗说过的两句话的重述，这两句话是“我虽是自由的，然而我甘心作了众人的仆人”（《哥林多前书》9:19），“凡事都不可亏欠人，唯有彼此相爱”（《罗马书》13:8）。③

---

① 布瑞克，《1525 年革命：对德国农民战争的新透视》，页 227－228。

② 路德，《路德三檄文与宗教改革》，李勇译，上海：上海人民出版社，2010，页 216。

③ 同上，页 217。

同时,不论是基督徒的自由还是基督徒之间的兄弟之爱,其最终的根源都在于《圣经》中的言语。既不是教会,也不是世俗政府,充当了最后的权威。最后的权威只能是《圣经》。因此,如上引条款中所言,“我们将通过基督的教导向我们的主祈祷。因为只有他自己,别的任何人都不能,给予我们正义”,这毋宁是对路德因信称义说的进一步发挥,路德认为,遵守律法并不能使人得救,只有凭靠上帝在基督里所赐的恩典,才能得救。如罗马书第一章所言,“义人必因信得生”。农民们则进一步将基督与基督的言论《圣经》看作人间所有秩序最后诉诸的绝对权威,一切尘世的政制和组织都不能取代基督和《圣经》的权威。

然而,路德本人却并不这么看,路德在他对《十二条款》的回复中说:

> 你们正在夺取政府的权力,甚至于它的权威——或者可以说,它的一切,一旦政府失去了它的权力,它还能维持什么呢?

他也曾在一篇名为《施瓦本农民问题十二条款中关于和平的告诫》的文章中言辞激烈地说道:

> 这篇文章要使所有的人平等,从而把基督的精神王国变成一种外在的世俗王国。绝不可能!没有人的不平等,尘世的王国就不能存在。有些人必须是自由的,其他人必须为奴,有些人必须统治,其他人必须臣服。①

对于农民革命战争,路德的基本态度是坚决不赞成的。他不认为应该推翻领主和贵族的统治,相反,他认为世俗统治的权威也是绝对的。这种看法的根源实际上是他那奥古斯丁式的两城论的信念。

路德同奥古斯丁一样,认为上帝建立了两个国度:精神的和世俗的。如路德所言,“世俗的世界,由宝剑统治,能够被眼睛看到;精神的世界,由恩典统治,并宽恕罪”,这几乎是《圣经》中耶稣那句“上帝的归上帝,凯撒的归凯撒”的翻版。而相比《圣经》更进一步的,则是路德对世俗政权的承认。

---

① 转引自托尼,《宗教与资本主义的兴起》,前揭,页66。

路德认为,虽然一者永恒,一者短暂;一者完全是福音的,一者则依靠武力;一者为灵魂所居,一者为肉体所处,但精神的国度或者属灵的国度以及世俗的国度都是上帝创造的。虽然这两者的关系在路德的教义中一直是争论焦点,[①]但是无疑,路德的实证主义的国家学说使他倾向于将国家权力和世俗的律法与神意联系起来,[②]认为神意使各种世俗的权力存在,这些权力都是来自上帝。虽然人们可以以好的基督徒的标准来评判统治者,但即便是不好的统治,其权力依然来自上帝,因而是不可反抗的。这也就是我们前边所引的两句话"(一)基督徒是全然自由的万人之主,不臣服于任何人。(二)基督徒是全然顺服的众人之仆,臣服于每一个人"所表达的意思。在属灵的国度里,每个基督徒都只受基督的管辖而不受其他任何人的管辖,但在世俗的国度里,每个人则都因为兄弟之爱而受任何人管辖。

虽然路德的学说已经足够对教会的权威造成毁灭性的打击,但他在世俗政权上的保守使得他并不支持农民们对教会和世俗政权的双重革命。尽管如此,农民的政治诉求虽然没有得到路德的支持,却仍在宗教改革运动中找到了同盟。虽然宗教改革神学都认同因信称义和《圣经》是唯一权威这些宗教教义学说,但在国家学说方面,宗教改革者们则表现出了各种不同的倾向。

在传统叙事中,德国农民战争的大背景虽然是宗教改革,但它实质上的领导人并不是路德,而是闵采尔(Thomas Münzer,1489—1525 年)。闵采尔虽然早年与路德交好,但后来思想越发激进,因此最终与路德分道扬镳。从世俗层面来看,他的主张是认为凡违背主的启示的人,都必须毫不怜悯地予以消灭,而上帝之国将由劳动人民,首先是农民建立起来;从精神层面来看,他在严刑拷打下的一句供词便足以概括其思想,即"万物公有"。[③]

这种看法实际上是对路德思想的彻底化,他从基督徒的平等自由

---

① 许多人认为路德要为纳粹的兴起负责,但很多相反的意见也认为,路德的个人良心神圣不可侵犯论等学说同样也为近代西方宪政的兴起奠定了坚实的基础。实际上,这些互相反对的意见反倒可能印证了施米特的判断,他认为所有现代西方的政治话语都是神学话语的翻版。

② 见蒂利希,《基督教思想史》,尹大贻译,北京:东方出版社,2008,页 230 - 231。

③ 丁建弘,《德国通史》,上海:上海社会科学院出版社,2007,页 57;布瑞克,《1525 年革命:对德国农民战争的新透视》,前揭,页 164。

出发，将这一原则应用到现实政治上，坚定地站在了被压迫被损毁的劳动者一边。闵采尔合乎逻辑地将宗教改革的思想推向了极端，而没有在天国与人间之间做出妥协。说到底，闵采尔实际上是在末世论的原则下为建立最后的世界而奋斗，这一革命神学所建立的世界恐怕只能如本雅明的新天使一样，在微弱的弥赛亚的期盼中，从废墟中徐徐升起。

显然，如果对照《十二条款》来看，路德和闵采尔都不符合《十二条款》的精神。路德的想法过于保守，而闵采尔的想法则过于激进。闵采尔虽然亲自投身到农民战争中，最后还因此牺牲，但他的主张实际上并没有在《十二条款》中得到充分体现。依照德国历史学家布瑞克的研究，是茨温格利而非路德或闵采尔，更为决定性地影响了农民革命的道路：

> 通过致力于国家的基督教化，通过以“神法”的形式使自然法规范化，通过将社区制度作为国家的组织或者是外部的原则，茨温格利创造出了与 1525 年革命目标广泛一致的一套完整思想体系。①

在茨温格利看来，福音的律法应当是国家律法的基础。②

换言之，在路德看来分属两个不同世界的福音和律法，在茨温格利这里得到了统一。福音不仅只是属灵的，还与公共利益成为两个相互依赖的概念。实现了福音，就是实现了公共利益。当然，这并不意味着福音和律法就成为完全相同的东西，实际上，在福音和律法中仍然存在分别，只不过律法需要由福音来奠基。换言之，在“神法”、③自然法和习俗法之间，茨温格利认为，习俗法无疑要符合自然法和神法。如果习俗法违背了自然法和神法，就必须对这种“旧法律”做出全面检查。而

---

① 布瑞克，《1525 年革命：对德国农民战争的新透视》，前揭，页 179。

② 同上，页 177；《基督教思想史》，前揭，页 235。

③ 一般认为，“神法”是上帝通过启示而反映在《圣经》中的律法，这一点对天主教和新教而言都是相同的。宗教改革并不反对“神法”，而是反对教会法。路德认为教会法是教皇权力的象征，而每个教徒并不需要通过天主教会的中介就能直接领受上帝的神恩，因此教会法是不必要的。

自然法，也只不过是“圣灵的领导和向导而已”。一切都奠基于神法，但针对具体的社会经济问题，习俗法可以有自己的体系。因此，在讨论各种政制形式时，茨温格利持一种类似于亚里士多德的共和理想，认为将教会和政治团体融为一体的制度是最理想的政体。他支持采取代议民主形式的贵族政体，反对君主制和民主制。他还和亚里士多德一样，认为君主制易于蜕变为暴君统治，而民主制则易于成为暴民统治。

因此，不同于路德从其过于保守的立场出发对农民革命的激烈批判，也不同于闵采尔从其激进立场出发试图直接建立一个最后的世界，茨温格利较为中道的思想框架，实际上成为农民革命的指导原则。他所试图建立的国家，其原则应该是神法为习俗法奠基，同时习俗法可以依据各地不同情况稍作修订。然而，即便是这样一个相比而言较为温和的革命框架，仍然被既得利益群体视为洪水猛兽而无情扑灭。

三 结 语

农民革命的最终失败，使得宗教改革内部不同派别的分歧最终成了德意志地区宗教纷争的开端。对于农民革命的策源地，也就是德意志地区而言，这次革命的失败使得德意志的分裂局面继续维持了下去：在德意志地区，各种教派冲突，各种不同的政治制度长期共存，让德意志地区的统一变得遥遥无期，并形成了一种特殊的转向内在自由的观念。摩尔在他的著名研究中认为，农民革命的失败以及随之而来的庄园制度的巩固使得德意志的现代化道路彻底走上了一条不归路，这条极端保守的现代化道路对 20 世纪的法西斯主义也负有间接责任①。而创建了所谓布瑞克农民学派的布瑞克则认为这场革命是一场普通人的革命，尽管失败，它仍然促成了德意志地区的近代化。

不论其最终的结局如何，诉诸“神法”使这次农民运动蒙上了一层近代政治革命的色彩，1525 年的农民革命由此可以被视为第一次近代意义上的革命运动。与韦伯对新教与资本主义关系的考察类似，我们在 1525 年的农民革命中也能看到类似的宗教动因在起着巨大的作用。也正是由于宗教改革运动与农民革命相互交织的这一状况，使得我们

---

① 见摩尔，《专制与民主的社会起源》，王茁等译，上海：上海译文出版社，2012，页 448－449。

不能简单将这次农民运动看作单纯的“暴动”或“动乱”。不同于以往由教会法或封建法所引导的起义，这次运动之所以能被看作“革命”，正是因为其诉诸因信称义的神法，而此神法恰恰构成了近代个人主义的源头，并为现代政治思想奠定了基础。①

正是因为有神法的支撑，农民革命才能从总体上截断中世纪法律和政治传统的连续性；也正是因为有神法的支撑，农民们才能超出具体政治、经济以及社会结构的差别，从各地特殊的传统和习俗中脱身出来，共同朝着一个普遍性的目标迈进。基于这些理由，这次农民运动实际上标志着一种新的政治思想正式登上了历史舞台，并同时成为早期近代普遍危机的一个具体表达。起义的纲领和思想，标志着封建体系的政府形式逐渐被一种中央集权式的民族国家模式所取代，而近现代政治中脱胎于神学话语的激进与保守之争也出现在农民运动之中。农民运动是近代政治革命的第一次尝试，虽然以失败告终，却宣告了一种新的政治思想在历史中的出现。

---

① 见伯尔曼，《信仰与秩序》，姚剑波译，北京：中央编译出版社，2011，页 27，133－176；斯金纳，《现代政治思想的基础（下）》，奚瑞森等译，南京：译林出版社，2011；吉莱斯皮，《现代性的神学起源》，张卜天译，长沙：湖南科学技术出版社，2012，页 135－169。

尼采的舞蹈*

重估一切价值与哲人的自我克服

田立年
（北京交通大学人文学院）

摘　要：在尼采看来，思想是一种舞蹈。为了获得舞蹈的轻盈，必须重估一切价值。重估价值的重点在于，哲人通过自我克服而在他自己身上克服他的时代。哲人通过自我克服而在灵魂中和在文化-政治中维持生命的自然秩序，使万物舞蹈。这一思想的展开主要体现在如下三个方面。首先，全面、彻底重估一切价值，以便开始思想的舞蹈。其次，在时间过程中持续地重估一切价值，维持思想舞蹈的连续性，所以尼采的重估一切价值极端推进了虚无主义、对语言和逻辑的怀疑主义，以及文体风格的激进化。第三，对必然不可参透和认识的"混沌"的肯定，以及基于肯定"混沌"而肯定"很多愚昧 + 少许理智"的灵魂秩序和文化-政治秩序。这种秩序是生命的自然秩序，位于这种秩序之顶点的哲人不是孤独高峰上的孤独舞者，而是让万物舞蹈的虚静圣人。

关键词：舞蹈　自我克服　混沌　生命秩序　哲人

有关舞蹈的概念和意象在尼采的作品中随处可见。尼采对舞蹈有最高等级的评价，甚至超过他对音乐的评价。尼采声称，一切神圣的事物都是轻盈的。每一个不曾起舞的日子都是辜负的日子。按照尼采的描述，他信仰的神（狄俄尼索斯），他笔下的理想人物（扎拉图斯特拉），以及他自己，都是"舞者"。尼采认为，思想是一种舞蹈，需要天赋和学习才能掌握。尼采因此追慕"让万物奔跑起来"的罗马作家佩特罗尼乌斯（Petronius）以及"急板大师"马基雅维利，而指责德国思想家举止

* 特别感谢浙江大学人文高等研究院驻访学者项目为本文写作提供的支持；本文使用了多种尼采著作中译本，感谢各位中译者的辛劳。

笨拙,步伐沉重。[①]

然而,舞蹈并不容易。它遇到的最大敌人,尼采称为“重力之魔”。[②]“重力之魔”代表了传统的价值负载。在价值的重负下,人类有着“沉重的心和腿”,甚至直不起腰来,遑论跳跃和舞蹈。因此,为了获得神圣的轻盈,跳出思想的舞蹈,必须“重估一切价值”,也就是重估一切价值的重量,使其变轻。而在让一切确定性隐退、翩翩起舞之后,还必须持续不断地重估一切价值,这样才能维持舞蹈的持续性,已经开始的舞蹈才不会半途而废。最后,在重估一切价值的顶点,在尼采所谓“完成了的虚无主义”的虚无的高峰,舞者蓦然回首,“向相反的理想张开了眼睛”,生命的自然秩序自然到来。尼采的“未来哲人”不是“只有一个人自由”的东方君主,而是让万物舞蹈的虚静的圣人。

一 起 舞

在尼采那里,“重估一切价值”与舞蹈这两个表面似乎并无关联的概念是内在一体的,它们指向一个共同的敌人即尼采所谓“重力之魔”。为了跳起轻盈的舞蹈,必须重估和卸载所有沉重的价值负载,这些价值负载,尼采形象地称之为他的“魔鬼”:

> 当我见到我的魔鬼时,发觉他认真、彻底、深沉、庄重。(《查》,“论读和写”)

这个魔鬼就是“重力之魔”,尼采说它是“至高无上的最强有力的恶魔”,是“万物之主”,万物都由于它而下坠。柏拉图的“理念”,基督教的“上帝”,亚里士多德和康德的“范畴”……

为了使人能够舞蹈和飞行,甚至仅仅为了使人能够迈开步伐,首先都必须杀死重力之魔,消灭这个拦路虎,使天空重新开放,使万物变得轻盈:教人飞行的人,将会移开所有的界石;由于他的缘故,所有的界石将飞向空中,失去意义……(《查》,“坟墓之歌”)

然而,尼采这一重估的要点和难点不在于“重估”,而在于重估“一

---

① 尼采,《善恶的彼岸》,赵千帆译,北京:商务印书馆,2016,§28。

② 尼采,《查拉图斯特拉如是说》,“重力之魔”,钱春绮译,北京:三联书店,2007。

切”价值而非部分甚至绝大部分价值，因为每一个哲人都总是重估他们的前人以及其他人的学说，他们在重估上的勇气和力量在知识人中早已声名卓著。这是不容易的，因为思想家也和常人一样，总是灯下黑，并且灯光越明亮，灯下越黑，他们一下子就能看到别人眼中的刺而忘记自己的梁木，结果，他们攻击的东西总是在他们的思想中又悄悄重生了。

按照尼采的观点，就其本身来说，价值重估自然而平常，因为生命就意味着价值评估和价值论断。价值代表了具体生命或生命类型为了维持生存所需要的特定条件。所有的生命都需要对维持和提高生命的条件做出价值评判，否则就不能生存；即使不做评判也已经是一种评判，即虚弱生命和虚弱意志所做的消极和悲观评判，它同样提供了维持特定生命活力和活动的某种合适条件。尼采宣称，从内部看，万物都是权力意志，都试图维持和扩展自己的权力范围和权力水平，对其他所有存在进行“透视”、“解释”和“重估”，分娩出各种价值。人是一种透视性的存在……。

但是，有一种重估很难。那就是对我们自己的重估进行重估，对我们自己生命的透视视角本身进行透视。我们看到的一切都带有我们的视角，但我们难以看到自己的视角。重估一切价值，包括重估自身的重估的价值，消除自身上的“重力之魔”，甚为困难，因为这包括放弃维持甚至提高自身生命的现有条件。

从整体上说，迄今占支配地位都是维持和阻碍自我克服和提高的视角。保存生命的条件最终变成了阻碍生命的条件，或者保存低级生命的条件变成了更高类型生命增长的阻碍条件。迄今为止的一切哲学尽管试图广泛重估价值，但最后都在某种特定视角的地平线上折戟。它们不能彻底重估一切价值，因为它们无法克服自己。它们的自我最后变成了独断自封的自我。它们的学说最终变成了自我信仰的教条。它们的飞行最后总是开始的终结。人类保存他们自己的生命的哲学限定性活动，同时也是限定他们生命、阻碍生命提高和扩展的活动，是他们的阿喀琉斯之踵、之重，他们因之而下降、坠落。

你所能遇到的最坏的敌人总是你自己；你自己埋伏在山洞里和森林里，在你自己的路上……你必须愿意把你自己在你自己的火里烧死：如果不先烧成灰，你怎能希望成为新人！（《查》，“创造者的路”）

哲人们寻找最重的负担，但他们最后找到的只能是他们自己。①

尼采认为，过去的所有哲学在对抗种种“重力”以便不被其压倒的同时又让重力在自己身上再生了。纵观哲学和哲人的历史，他们最终都屈服于他们自己亲手制作的某种视角的僭政，无法自由反思和移动自己的视角：

> 这是一个古老的、永恒的故事：只要哲学开始信仰自身，我们就会看到，从前发生在廊下派身上的事情就会同样发生在今天。（《善恶的彼岸》，前揭，§9）

例如，从前的哲人们总是“对肉体投以轻蔑的目光：这种轻蔑在当时是最崇高的思想”，然而，这种轻蔑还不够，它还不能对自身感到轻蔑，它还不是最高程度的精神化：

> 你们能获得的最伟大的经历是什么？那就是你们感到极大轻蔑的时刻，在这样的时刻，连你们的幸福也使你们感到恶心，你们的理性和道德也是如此。（《查》，“前言”）

只有同时能够轻蔑自己的这种“幸福、理性和道德”的人才会从基本权力意志的狭隘视角中解放出来，克服特别是藏身于自我之中的“重力之魔”。

甚至在传统神学和形而上学冰消雪化而人们的生活失去其传统基础之后，民众及其代言人仍然渴望寻找新的替代品。例如，当宗教和形而上学的庞大体系在现代衰落之后，民众及其代言人对确定性的狂热渴望以知识的实证方式释放出来。尼采认为，这仍然是对立足点、支撑物的渴望，是那种虽然不创造但保存各种宗教、形而上学形式的虚无本能在起作用。没有确定性这最后的陆地或“救命稻草”，信徒们似乎就无法生活，所以现代甚至有一种对“虚无”的信仰，一种“对无信仰的信仰”，尼采称之为“彼得堡式的虚无主义”，这是他们在现代性的茫茫大海上站立的最后一根柱子，所以他们满心悲伤，坚定地成了“悲观主

① 尼采，《狄俄尼索斯颂歌》，“猛禽之间”，孟明译，上海：华东师范大学出版社，2013。

义”和“虚无主义”的信徒。这不过是宗教破产之后的宗教而已。

现代的实证主义者和虚无主义者都竭力在其无信仰形式下保留过去的信仰。哲学仍然处在史前时期和不成熟状态中，自由思想的舞蹈仍然是不可能的。尼采因而提倡“未来哲学”和期待“真正的哲人”。或有一种特别的生命类型可以做到这一点？尼采声言，只有“未来的哲人”才可以“自己捕杀自己，成了自身的猎物，在自己身上楔入自己”。[①]

因此，为了舞蹈而重估价值的顶点和标志是对于自己和自己视角的重估。所有的趣味和哲学都是价值的评判，都从某一或强或弱的生命视角出发必然对其他事物做出价值评价，甚至即使不评价也已经是一种评价，这是基本的权力意志，但是，基本的权力意志通常是狭隘视角的。而迄今为止的哲人，作为民众的代言人，也很难重估自己的视角和评判，他们的勇气还需再提高一个关键级别。

因此，在尼采用来取代“古典四美德”的未来哲人的美德中，位于柏拉图古典“四美德”之次席的“勇敢”不仅被保留下来，而且取代了柏拉图的“智慧”，被提升到首要位置，成为未来哲人的首要美德。[②] 在尼采看来，虽然过去的哲人作为哲人，或许已经清楚看到了哲学终极使命，因而在某种意义上超出了自身的视角，但他们显然缺乏足够的勇气和智慧，仍然与宗教、政治、道德和民众结盟，对他们做战略妥协，放弃哲人自我克服的终极任务(《善恶的彼岸》，§284)。

尼采因而要求“重估一切价值”而非部分价值，甚至包括重估“重估”本身的价值在内。在尼采的思想中，不仅耶路撒冷被重估了，而且雅典也被重估了，不仅过去的所有价值被重估了，而且“重估”行为本身也被重估了，不仅所有其他的哲人和信仰被重估了，而且尼采自己的学说和思想也被重估了。

扎拉图斯特拉在本来作为全部《扎拉图斯特拉如是说》写成的第一卷的结尾，坚决要求他的弟子们离开他，否定他(《查》，“赠礼的美德”)，尼采要求读者警惕尼采自己的体系化的倾向，提防尼采自己变成一个体系制造者，[③]他经常说的格言是“我又算得了什么”：[④]切入生

---

① 尼采，《狄俄尼索斯颂歌》，“猛禽之间”，前揭。

② 尼采，《善恶的彼岸》，前揭，§284；亦参朗佩特，《施特劳斯与尼采》，田立年、贺志刚等译，上海：华东师范大学出版社，2005，页121。

③ 参尼采，《权力意志》，孙周兴译，北京：商务印书馆，2007，页509、516、900、1231。

④ 尼采，《重估一切价值》，林茄译，上海：华东师范大学出版社，2013，页1011。

命的生命,尼采才称之为“精神”。

> 这是我的勤奋和我的懒惰,我的战胜和我的放弃,我的勇敢和我的战栗,这是我的阳光和我从乌云密布的天空中的闪电,这是我的灵魂,这是我的精神,我沉重的、严肃的、坚如磐石的自我,但它又能对自己说:“我算得了什么!”①

哲学和哲人在尼采心目中是“最为精神化的权力意志”。也许与人们眼中尼采铺张扬厉的思想风格的印象不无矛盾,尼采自称他最大的特点是自我克服,说这使他总是如履薄冰,如临深渊(《重估一切价值》,前揭,页649)。可以说,尼采以他自己的方式继承了哲人的“骄傲的谦虚”,骄傲而谦虚,并在改变了的历史条件下将其发展到空前的高度。②

尼采认为,对于真正的哲人来说,对于生命丰盈到渴望冒险程度的思想舞者来说,与民众及其代理人相反,任何确定性和必然性的消失乃是思想及其舞蹈的前提条件。任何必然性,任何确定性,都会让人们得以牢固地站立在上面,仿佛茫茫大海中的一根高耸的柱子,一根可以让印度的圣人在上面修行的柱子。但是,真正的哲人和舞者追求的却是另一幅景象:认识者首先站在看似坚硬、不变的冰原上,而随着春天的到来,冰面一块块裂开和开始漂浮:

> 瓦解,即不确定性,是这个时代特有的:没有任何东西能够站稳脚跟,并坚定地相信自我:人们只为明天活着,因为后天是可疑的。在我们的轨道上,一切都是滑溜溜的,充满了危险,承载着我们的冰变得如此薄:我们感到了融雪天气可怕的暖风——我们还在冰上走着,不久,将没有人能够在上面行走!(《重估一切价值》,前揭,页566)

人们的脚下的基础变成浮动的、偶然的,要想不掉到海里淹死,他们不

---

① “精神就是切入自己生命中的生命;它通过自己的痛苦增加自己的知晓”。尼采,《查拉图斯特拉如是说》,“著名的哲人们”,前揭。

② 尼采,《快乐的科学》,杨恒达译,北京:中国人民大学出版社,2016,§351。

是必须开始走路、跳跃、舞蹈,甚至飞行吗?

> 让任何信仰、任何确定性愿望隐退,训练有素地抓住轻便的绳索和可能性,甚至在深渊边上跳舞。一个这样的思想家会是杰出的自由精神。(《快乐的科学》,§347)

因此,重估一切价值的首要意义在于,为了舞蹈和跳跃,任何必然性和确定性都必须被清除,万物"宁愿以偶然之足跳舞"。(《查》,"日出之前")

二 将舞蹈进行到底

重估一切价值必然导致万物呈现为偶然的,对之只能加以尝试性的猜测,用舞蹈来设问和回答。不仅如此。为了维持这种已经开始的舞蹈,还必须持续不断地重估一切价值。因为这种舞蹈不仅不能有一个固定的高贵的开端,而且合乎逻辑的做法是,它也不能有一个固定的高贵的终结。否则,它的舞蹈性的开端就会被证明是一个虚假的开端,历史上的偶然的开端最后将被表明为逻辑上必然的开端,如黑格尔哲学所表明的所谓"历史和逻辑的统一"。最后,被重估所取消的过去的价值确定性也不能通过语言或文体风格的方式重新返回。

从未完成的虚无主义到极端的虚无主义

思想为了能够舞蹈,不仅要重估一切价值,使一切确定性"隐退",而且还要让这些确定性永远地隐退,与起源的彻底消失呼应的是终点的彻底消失:

> 过去,人们曾经通过指出人的神圣起源来证明人的高贵伟大,但现在这种方式行不通了,因为在这条路的开端是与其他种种让人毛骨悚然动物站在一起的猩猩,它以它特有的方式向我们龇牙咧嘴,仿佛在说:"回去!此路不通!"因此,人们现在试图走上相反道路:人类前进的道路将证明他的高贵伟大和与神的亲缘关系。呜呼!这同样是白费心机。矗立在这条道路尽头的是最后一个人

和自掘墓者的坟墓，墓碑上写着："人性所在，我无例外。"①

因此，尼采实行的是一种极端的思想运动，他名之为：虚无主义，并且是一种极端的虚无主义。存在着虚无主义的不同类型，而尼采试图通过将虚无主义推进到其极端形式而最终克服虚无主义。

尼采这样描写虚无主义的根源：对理性范畴的信仰乃是虚无主义的原因，我们根据与一个纯粹虚构的世界相联系的范畴来衡量世界的价值，长久地在一切事件中寻找一种本来就不在其中的"意义"，当我们最后发现，通过生成根本就获得不了什么，达到不了什么，虚无主义就登场了。

> 当人们明白了，无论是用"目的"概念，还是用"统一性"概念，或者"真理"概念，都不能解释此在的总体特征……事件的多样性中没有普全的统一性；此在的特征不是"真实"而是虚假……我们借以把某种价值嵌入世界之中的那些范畴，诸如"目的"、"统一性"、"存在"等，又被我们抽离掉了——现在，世界看起来是无价值的……(《权力意志》，前揭，页722)

但是，超感性世界、"真实世界"的失落并非最终状态，而是一种过渡的未决的状态：现在，过去的理想的约束力已经消除，人们处于某种漂浮状态，似乎在向四面八方自由移动，从"最高价值的贬值"这一处境出发，人们会做出各种不同的反应。人们可以实行某种不完全的虚无主义，简单地用一些新的东西来填补失落的最高价值，在它们过去的位置上把这些新的价值重新竖立起来：道德，人类之爱，普遍幸福；人们也可以采取一种弱者的虚无主义，简单地放弃意志和听天由命，如叔本华，或如历史主义，为一切提供一个失败的原因，力求以历史学的方式去说明一切，为一切作辩解，并且承认一切，等等。

因此，虚无主义不是一个终点，也不是一种"客观的"历史处境，它的含义取决于对其进行解释的意志和强力，取决于强力意志。弱者的虚无主义或者未完成的虚无主义是什么呢？比如说，上帝死了，世界因之失去了价值规范，这是一种虚无主义。但是，人们又会去寻找其他的

① 尼采，《朝霞》，田立年译，上海：华东师范大学出版社，2007，§49。

规范作为替代,比如社会主义、启蒙运动的理想,我们不相信天国了,但是我们可以建成社会主义或自由民主的地上乐园。而尼采会说,这些所有的替代品都是弱者的虚无主义,因为虚无所以要去填补,无法直面虚无,不能因为虚无而去高扬创造。用这些替代性的价值去填补价值亏空,表明过去的价值评价结构并没有改变。神-人的高下结构和价值秩序依然如故。

而对于积极的虚无主义来说,虚无主义不仅仅是消除旧价值的手段,而且也是创造新价值的工具:如果以往的价值专政以这种方式被粉碎了,如果我们取缔了"真实的世界",那么只要我们坚持这一虚无主义到底,将那些用来填补最高价值真空的社会主义和自由主义等廉价代用品同样加以虚无化,将厌倦人生听天由命的悲观主义、或者用历史为一切寻找根据和辩护的"历史主义"同样加以虚无化,过去被贬低为无价值的东西就会成为新的价值秩序的核心,一种新的价值秩序就会随之出现。

> 通过以往最高价值的沦落,在此时此地可通达的现实之物意义上的存在者……更能发挥效力了。

因此,彻底的、推进到其终点的虚无主义是一种创造出空间、把一切生命存在置入自由领域,一种"绽出的虚无主义",一种"本真的虚无主义",它是"重要的和本质性的增长的标志","一种神性的思想方式"。①

按照尼采的积极的虚无主义,不仅仅是具体的价值评价内容改变了,颠倒了,而且是价值的评价结构改变了。更准确地说,这一结构现在发生了位移:不是高的成为低的,低的成为高的,而是评价高低的结构坍缩了,从过去的两层垂直结构变成了在感性世界内部的单层平面张力结构:一旦我们取消了所谓的"真实的世界",实际上我们也就取消了"虚假的世界",我们不再追问真或假的世界,我们有的只是"亦真亦假"的世界。尼采的价值重估勇敢指向"太阳下落的方向",而非"未完成的虚无主义"的虚晃一枪:

---

① 海德格尔,《尼采》,前揭,页33、772。

> 作为欧洲第一位完全的虚无主义者，他已经在自身中彻底地经历了虚无主义本身，——他已经在自身之后、在自身之下、在自身之外经历了虚无主义……(《权力意志》，前揭，页901)

尼采力图经历虚无主义直到其力量的终点，从而克服虚无主义。

从对于思想内容的重估到对于语言本身的重估

在尼采的重估价值运动中，不仅仅是柏拉图主义和基督教受到了重估和攻击，而且种种无论自由主义还是社会主义的现代后基督教价值也被作为前者的现代变种受到了重估。然而，尼采的重估还更进一步，我们的语言、语法的“自然信念”也被重估和攻击了：

> 我担心我们摆脱不了上帝，因为我们还信仰语法。①

因此，重估“一切”价值，必须包括重估用来重估的语言、逻辑和理性本身的价值在内。针对语言和语法描述一个客观、独立对象及其真理的看法，尼采一直强调语词所具有的隐喻性的、召唤性的力量，否认语词描述对象和事实，并批评科学和理性概念耗尽了语言的隐喻力。在尼采看来，语词和名称根本就不是外在对象的准确描述，而是主体神经刺激的联想。语言的非反映的创造性特性是尼采始终坚持的一个基本思想。

在早期作品《论非道德意义上的真理和谎言》中，尼采就已经指出，词是神经刺激的声音摹本，例如，我们说“石头是硬的”，实际上上表达的只是一个主观的刺激，却仿佛“硬”是事物本身具有的一个性质，仿佛“硬”是某种自在存在的东西。语言创造者命名的只是事物与人的关系，为了表达这些关系他动用最大胆的隐喻。首先是神经刺激转变为视觉形象，这是第一个隐喻，而视觉形象又在声音中被摹写，这是第二个隐喻。每一次转变都是从一个世界毫无保留地一跃置身于一个全新和不同的世界中。因此，根本不存在什么正确表达的问题。无论事物的名称还是事物的性质都是我们多重主观选择的结果，是艺术

① 尼采，《偶像的黄昏》，“哲学中的‘理性’”，李超杰译，北京：商务印书馆，2009。

性的创造,是虚构,是隐喻:

> 那么什么是真理?一群活动的隐喻、转喻和比喻,也就是一大堆已经被诗意地和修辞地强化、转移和修饰的人类关系,它们在长时间使用后,对一个民族来说俨然已经成为固定的、信条化的和有约束力的。真理是我们已经忘掉其为幻想的幻想,是用旧了的耗尽了感觉力量的隐喻,是磨光了压花现在不再被当作硬币而只被当作金属的硬币。①

最后的结果是"概念的骨灰陈列所"和"知觉的墓地",但它们给人带来了安全和稳定性。人们看到了撒谎者的"到处碰壁",亲眼看到了真理的尊严、信誉和功效。作为一个"理智的"生物,他现在让自己的行为受抽象概念的支配,不再容许自己像过去那样跟着骤然的印象和直觉走。他开始把这些印象普遍化为暗淡和乏味的概念,以便能够放心地让它们指导自己的生命和行动。所谓概念和理性与真理的联系不过如此。真理的起源是社会约定性和实用性的。

从对语言和逻辑的重估到对文体风格的重估

既已放弃与真理结盟,既已重估一切学说和逻辑,那么,尼采重估的方式就不能像过去的哲学家们那样,用理论体系摧毁理论体系,而必须采用跳跃的、片段的、戏谑的表达方式。用更重的重力无法杀死精神的"重力之魔",因为重力在杀死的行为中又重生了,所以尼采宣布他用来"笑"杀死精神上的传统重负:

> 如果你要杀人,不要用愤怒杀人,而要用笑杀人。让我们如此杀死重力之魔!(《查》,"读和写")

尼采不仅仅重估西方哲学和宗教的价值评判的内容,而且也重估这种评判方式。西方的理性主义体系和理性主义思考方式,正是尼采试图重估的内容之一。因此,戏谑和舞蹈内在于尼采的价值重估哲学

---

① 尼采,《哲学与真理》,田立年译,上海:上海社会科学院出版社,1993,页76。

之中。尼采不能采取一种简单的论证西方理性主义错误的方式,而是必须表明理性主义论证本身也被重估了,破坏了——他用来重估的方式因此是“尝试”(Versuch)而非“证明”。

也因为如此,尼采的重估并不具有传统哲学所具有的最终的真理性和可靠性,不能摆出一副“严肃、庄严、彻底”的学术上流人士面貌来,它不能要求对于读者的逻辑和理性说服和强制,而是“试探”读者、诱惑读者——这个词同时又与“诱惑”双关。“重估一切价值的尝试”因此是“重估一切价值的舞蹈”,带有试探性和诱惑性的特点,刻意缺乏理性主义体系所具有的那种必然强制力。对尼采来说,严肃态度本身就是一种疾病和丑化,是对理论本身的反驳:

> 当人们严肃对待事物时,人们已经使事物变得畸形了。人们可以严肃地对待女人:而最美的女人立即会变得多么丑陋不堪啊。(《权力意志》,前揭,页 1162)

按照尼采的名言,“真理是一个女人”,而与德国思想家追求真理的笨拙姿态相比,尼采对于“一切价值”的重估有意采取了一种非传统思辨体系的舞蹈方式。

由于这种彻底性,尼采进行重估的方式本身而不是用来重估的思想内容变成了核心。重估的极端运动,风格,形式变成了内容。尼采指责现代画家,考古学家,心理学家,说他们在一种理论主义文化中,都变成了某种理论化的人物。他们热爱一种形式并非为了它本身所是,而是为了它所表达的东西。他们是博学的、煞费苦心的和反思性的一代人的子孙——与古代大师们相距千里,因为古代大师们并不埋头苦读,而只是想着让自己的眼睛过个节(《权力意志》,前揭,页 329)。

> 艺术家之所以成为艺术家,是因为艺术家把所有非艺术家所谓的“形式”当作“内容”来感受,即当作“实事本身”来感受。当然,这样一来,人们就归属于一个颠倒了的世界:人们把内容当作某个单纯形式上的东西了,——包括我们的生命在内。(《权力意志》,前揭,页 673)①

---

① 亦参海德格尔,《尼采》,页 142。

在尼采看来,甚至怀疑论者还是有其信誓旦旦的东西的,甚至怀疑论也是有他们的真理的,他们并不能将他们的怀疑贯彻到底,他们在某种意义上仍然是负载真理、道德、习俗和价值的骆驼,而重估一切价值者是极端者,是卸掉了一切价值重负而只保留价值的运动形式的极端者:

> 在今天,我们是为了获得胜利而无需任何同盟的唯一强力了。因此,我们是迄今强者中的最强者。我们甚至用不着谎言……不,我们甚至并不需要真理;没有真理,我们甚至更能获得强力和胜利。现在为我们而战的魔法,这个甚至使我们的敌人迷惑和盲目的维纳斯的媚眼,就是极端之魔法,是动用一切极端的诱惑。我们非道德论者——我们是极端者。(《权力意志》,前揭,页584、585)

因此,重估一切价值的不是真理,不是谎言——因为真理和谎言也被重估了——而是重估的舞蹈。

> 这是一种强大精神与意志的状态:对此而言,是不可能停留在"判断"之否定上的:——出于它们的天性,是行动之否定。通过行动使之虚无化,有助于通过判断使之虚无。(《重估一切价值》,前揭,页569)

在推进到极端的运动和行动中,按照尼采的说法,我们更容易向"相反的理想"睁开眼睛:

> 谁如果像我这样……看到一切可能思考方式中对世界最否定的那种方式,深深地沉入其中,那么,他也许正好因此会在无意中对相反的理想,即那最欢乐、最生气勃勃和最肯定世界的人的理想,睁开了眼睛。(《善恶的彼岸》,前揭,§56)

尼采声称,反命题是一道窄门,谬误最喜欢从这儿蹑手蹑脚地溜到真理那边去。① 因此,一切价值的重估和新价值的建立,与其说取决于具体

---

① 尼采,《人性,太人性》(上卷),魏育青译,上海:华东师范大学出版社,2008,页168。

的强有力的立场和观念本身，哪怕是真理性的立场和观念本身，不如说取决于这种将任何一种立场推进到极端的思想运动和行动。

三　蓦然回首

那么，在将怀疑主义和虚无主义推进到极端的程度之后，尼采看到的“相反的理想”具体是什么呢？那就是“混沌”（Chaos）：“世界不是有机体，而是一团混沌。”（《重估一切价值》，前揭，页173）在尼采那里，“混沌”的理想或观念是如此与虚无相反，是如此实在，以至于“混沌”甚至是渺小的理性和意识所不可认识的，而只能借助于身体的更可靠更丰富的线索试探性地加以猜测。

如果说，彻底的虚无主义和重估一切价值是尼采哲学所呈现出来的负面，那么，对于“混沌”的崇拜和信仰就是尼采哲学的正面。由于对“混沌”的强调和抬高，否定一切理性和道德之价值的哲人一变而成为肯定位于“理性”之彼岸和“善恶之彼岸”的存在的哲人。

这一“混沌”之所以是“混沌”，并不是说，像在我们通常的语言中，它是某种尚未变得清晰或潜在而应该变得清晰的东西，似乎是一个缺陷。若我们如此想，则可以判定，我们身上的苏格拉底式理性主义中毒的后遗症又发作了。在尼采看来，“混沌”之所以是“混沌”，不是因为它尚未变得清晰，不是因为它应该并且也可以变得清晰，而是对于“混沌”来说，混沌就是它的清晰。它要获得清晰的意义和力量，就必须保持在混沌中。

> 心理学家的主要错误：他们把不清晰的观念当作一种与清晰观念相对的较低级的类型的观念：但是，从我们的意识中分离出来并因此变得晦暗的东西，可能本身是完全清晰的。变晦暗是意识视角的事情。（《重估一切价值》，前揭，页97）

因此，这种不能穿透性主要不是因为人类的理性不够用，而是因为“混沌”本身拒绝被意识和理性所穿透，而概念、逻辑、意识、理性只能接受这种拒绝。在“混沌”的强大和无限面前，意识无计可施，无论多么勤奋也是枉然，因为：最深刻的东西都喜爱面具；最深刻的事物甚至憎恶图像和譬喻（《善恶的彼岸》，前揭，§40）。连图像和譬喻也不愿意给出的东西深刻而超然,与“语词的无力”相对立的是“无力的语词”。我们不能描述不能表达的东西并非就不存在,相反,恰恰因此它才更真实地存在。它也许像尼采本人一样“害怕被理解超过害怕被误解”?

尼采嘲笑“我们终将理解一切”的理性主义信徒,将他们比作那些自不量力地试图凿穿地球的人,他们每个人都明白,尽毕生最大的努力,他也只能挖开深不可测的地球的一小块,而第二个人的工作无非是当着他的面填上了这一块土,以至于第三个人必须另外选择一个地点挖掘,才能显得有所作为。在尼采眼中,认为思想可以循着因果律的线索直达存在之至深深渊的苏格拉底理性主义,实为妄想(《悲剧的诞生》,前揭,§15)。

按照自不量力的理性主义的信念和理想,我们终将认识一切,事实上我们现在几乎已经认识了这个世界上的一切。自然演化和生命进化的学说就是我们今天的科学“创世纪”。但是,在转换了意识的视角或重估了其重量的尼采看来,在“混沌”面前,我们的无知不是程度上的,而是根本上的。我们的物理学和宇宙观,虽然有助于我们支配自然和控制生活,但这并不能掩盖它们作为完全虚构和谬误的本质。

最能说明问题的是,一般来说,如果说有什么是我们确切地知道自己知道的,那就是我们的内心了,我们不可能知道任何东西而不知道自己知道,但我们可能知道自己不知道,所以对于笛卡尔及其理性主义来说,“思”或我思无可置疑。但按照尼采的看法,甚至我们用来作为认识的基础的“内心”、“我思”或“思”本身也是我们所不认识的:

> 我们费了很大力气才认识到,外在事物并不像它对我们显现出来的那个样子——现在我们也应该认识到,内心事物也一样。……所有行动奥秘都是不为人知的。(《朝霞》,前揭,§116,§119)

无论我们的自我认识多么深刻,都没有什么比我们为构成我们的存在的全体冲动及其互相作用机制所绘图画更不完全的了。例如,我们所意识到的一些内在经验状态乃是一些例外的突出状态,而绝大多数经验和冲动状态我们甚至根本就没有名字称呼它们。进入意识的永远只是表面、例外和一小部分,而我们就根据这些极其残缺不全的材料来定义和命名我们的自我！

因此，无论我们用来描述外在世界的语词、概念、理论，还是我们用来描述内心世界的语词、概念、理论，它们都是我们支配生活和世界的工具，但却是一种非常可怜的工具，只是一些对身体效应作为文本的永远试探性的物理学、生理学或心理学解读，必须小心翼翼地使用它们，将它们当作猜测和线索，而不能像在科学主义文化中那样，将我们解读出来的东西当成本身有其独立存在的东西，当成最终取代混沌的东西：

> 在意识的桌面上出现一个接一个的想法，好像一个想法是紧接着的想法的原因。实际上，我们看不见在桌面下的斗争。（《重估一切价值》，前揭，页95）

某些事情这样或那样发生，是因为各种力量互相作用的结果，但我们看不到这些力量，我们拥有的所谓"基本文本"是这些力量作用的效果，即其在我们的身体，我们的眼睛、耳朵、神经上的效应，其他一切都是我们为解释这些作为效应的文本而虚构出来的"原因"：

> 机械论的一切前提，材料、原子、重力，碰撞，这一切都并非"自在的事实"，而是借助心理的虚构进行的解释。（《重估一切价值》，前揭，页307）

甚至运动概念也是如此。为了把这个不可知的作用世界转变为一个可见的世界，人们虚构出运动概念，总是设想某物被推动了：

> 我们并没有摆脱掉感官和语言诱使我们形成的习惯……我们不要忘了，这仅仅表示一种单纯的符号学，而不表示任何实在。机械学作为一种运动学说，已经是一种向人类感官语言的转译了。

我们从我们的"自我"的心理经验中形成了事物的实体概念，而从我们的感官语言中借用了运动概念，于是就有了机械论的世界：

> 为了在理论上维护关于世界的机械论，我们始终必须提出一个附加条款，说明我们何以要以两种虚构来实行这个构想：运动概

> 念（采自我们的感官语言）与原子 = 单子概念（来自我们的心理“经验”）：它是以一种感官偏见和一种心理偏见为前提的。（《权力意志》，前揭，页 983、984、1034）

机械论世界就是如此这般地被想象出来的，就如同视觉和触觉唯一地把一个世界表象出来一样。

因此，相对于这一我们只能在其表面挖几个小坑的“自在”的“混沌”，局限于宇宙某一个小得不能再小片段的自我竟然想站到宇宙之外获得对于宇宙的永恒的“真理性认识”，这是可笑的。对于我们用“世界历史”、“真理”、“传之久远”等等称呼的一切，尼采设想，一个冷漠的神灵也许会这样说：

> 在那散布着无数闪闪发光的太阳系的茫茫宇宙的某个偏僻角落，曾经有过一个星球，它上面的聪明的动物发明了认识。这是世界历史最妄自尊大和矫揉造作的一刻，但也仅仅是一刻而已。在自然作了几次呼吸之后，星球开始冷却冻结，聪明的动物只好死去。虽然他们自以为无所不知，但是他们最后还是无可奈何地发现，他们所知道的一切都是假的。他们死了，在临死时他们诅咒真理。那些发明认识的动物的命运就是如此。（《哲学与真理》，前揭，9 页）

如果人仅仅是一个认识动物，那么这就是人的命运。真理，即他永远逃不出非真理这一真理，将把他推上绝路。他将认识到：我们是一棵树上的花蕾，——我们根本不知道在树的生命体中我们可能变成什么（《重估一切价值》，前揭，页 1011）。我们对于世界的认识将不会超过画布上的士兵对于画布上的战役的认识（《悲剧的诞生》，前揭，§5）。所以尼采说他嘲笑每一位不自我嘲笑的大师（《快乐的科学》，前揭，“题记”）。在我们以为自己具有完全远离“混沌”甚至支配“混沌”的清晰理性时，我们恰恰因为完全没有任何反省意识而彻底屈服于“混沌”的支配下。用尼采的话来说，当我们以为自己由于理性而唤醒和启蒙梦中人时，当我们以为自己处于最清醒的理性状态时，我们实际上是在沉入更深的奇异睡眠（《哲学与真理》，前揭，页 7）。如果人将自己完全当作认识的动物，那么，最后他将发现他认识到的一切都是错误，是可笑的。

但是,幸运的是,出路在于,人不仅仅是认识动物,他还是一个本能动物;他不仅有灵魂和精神,还有身体和生理,而他的身体、生理、神经是比理性和意识更好的试探性和猜测性认识的线索。由于本能和身体,他与这个世界有一种比认识更深刻并为认识奠定基础的关系。他认识不到整体,通过认识的通道人类永远不会通向所谓真正的世界,但是作为本能和身体的动物,他与世界联系在一起,他就是世界。他与世界的联系虽然只是一个片段,但却是实在的。在一次性的生成事件中就可以确切地包含世界,虽然这并不意味着他就可以认识世界。片段和瞬间生存的实在性,这是尼采的永恒复返思想所要肯定的:

> 假使我们肯定仅有的一个瞬间,那么,我们就不仅对我们自己,而且对一切存在的事物表示了肯定。因为任何东西都不是独立存在的,无论是我们自己身上的东西,还是在事物当中:如果我们的灵魂只有唯一一次由于幸福如同琴弦那样颤动并发出音响,那么,为了制约这个事件,一切的永恒性都是必要的——在我们表示肯定的仅有的瞬间,一切永恒性都得到了赞同、解救、辩护和肯定。(《重估一切价值》,前揭,页 1015)

每一次发生都在自身的完整性中反映出整体,是整体自身的表达和解释。因此,生成的意义必定在每一个瞬间都是已经充实的、达到了的、完成了的(《权力意志》,前揭,页 712)。正是这种天然的动力和冲力提供了包括人和动物在内的一切生命的最根本的保证。动物没有认识和理性,细菌没有认识和理性,但它们仍然可以很好地生存,依靠的就是它们与世界的活的联系。

甚至哲学家们否认肉体和生命,但使他们否认生命的也仍然是生命,也仍然不可解脱地将他们与世界联系在一起。如果没有这种联系,他们甚至不能生存和存在。花蕾虽然不认识树根,但它能够感觉到在自身中涌流着树根所传递的汁液,而感觉到这一点的条件是它们需要在一定程度上从彻底认识树根——尼采说这是用起源和历史的理性主义探讨向生命的树根举起了刀子——的妄想中解脱出来。

我们与世界有一种活的联系,这保证了我们的生命不仅仅只是一个错误的笑话,而是与真实的活的世界具有某种联系,即使在我们的最荒诞的错误中,即使在我们最深沉的梦境中,也是如此。

> 哲人的有意识思维大多受到其本能的悄然控制,并被迫沿着特定轨道运行。在所有逻辑及其运动的看似不可反驳性的背后,是价值判断,说得更清楚些,是为了保持某种生命类型而提出的生理要求。(《善恶的彼岸》,前揭,§3)
>
> 在每种哲学中都存在着一个临界点,哲人的"信念"就在此现身;……"驴子过来了,美而能干"。(同上,§8)

在尼采看来,每个哲人或学者最终都表明自己是"驴子",在根本上缺乏智性而又极度倔强,支撑他们的那一点知识的是巨大的愚蠢:肥美而健硕的驴子,倔强的长着长耳朵的驴子,只是会说 Ja[是,是]的驴子。因此,愚蠢之所在也是生命之所在,也是丰富才智之所在。

但是,生命不仅意味着自我坚持,而且意味着自我克服。对于自我克服的认识来说,对于自我克服自己身上的驴子来说,驴子的极端倔强是一个障碍,这种倔强代表哲人也和民众一样,陷入自身的狭隘视角中,只能对这个视角和视角中的东西说"是"。要让他们超出这一狭隘视角,上升到自由精神的广阔心胸的视角,迄今的哲人们证明自己力有不逮,他们虽然将"认识你自己"的牌子举过自己的头顶,但他们却无法获得使他们自我清明和自我克服的知识;

> 树感觉到自己的根,要胜于它能看到自己的根;但是,这种感觉是根据它可见的枝条的大小和力量来测量根的大小的。假如树在这一点上已经错了,那么,关于自己周围的整个树林,它又将怎样错误啊!①

就此而言,他们在根本上都受本能和"愚蠢"支配而没有意识和理性。迄今的哲人和宗教人尽管言必称精神,却在这一根本意义上拒绝精神化,拒绝理性对本能的支配:

---

① 尼采,《历史学对于人生的利弊》,李秋零译,上海:华东师范大学出版社,2007,§3。

> 自柏拉图以来,所有神学家与哲人都沿着这条轨迹前行,——即是说,在道德方面,迄今为止取得胜利的是本能,基督徒称之为“信仰”,我则称之为“畜群”。(《善恶的彼岸》,前揭,§191)

迄今的哲人由于自认有理性、纯粹心灵、我思等等,而不认为自己是“驴子”,因而在完全愚蠢和倔强的意义上更彻底地是“驴子”。

按照混合程度的不同,可以区别出三种类型。一种是完全混同于民众的哲人驴子,完全没有反省和自我意识,例如智者,尼采会说他们是自卑和自大的结合,就像现代的实证主义者和物理学家。因此,

> 正是出于谦虚的动机,希腊人发明了“哲人”一词,而把自称智者的不可一世和狂妄自大留给了思想者中的戏子——此乃毕达哥拉斯和柏拉图这类骄傲自雄的怪物的谦虚。(《快乐的科学》,前揭,§351)

但是,在尼采看来,虽然毕达哥拉斯和柏拉图结合了谦虚和骄傲,但这类哲人还不够谦虚,也不够骄傲。因为他们还不能做到完全的自我克服。他们没有彻底意识到他们的本能。完全可以仿照苏格拉底的话来说:所有人都是无知的,但只有他自己知道自己无知,因而具有了一点点知识;所有人都是驴子,但只有尼采完全意识到这一点,承认并嘲笑自己身上的驴子,因而与驴子拉开了某种距离,可以跳出思想的舞蹈。舞蹈需要起承转合,需要上下左右移动,需要“距离的激情”,需要维持灵魂中以及文化-政治中的内在张力。

在《扎拉图斯特拉如是说》中,高人们——各种各样的知识人和精英们——最后在扎拉图斯特拉的影响下,似乎来了个根本转变,从过去崇拜上帝和精神转向快活地崇拜肉体和驴子,崇拜愚蠢,庆祝驴子节,甚至给驴子喝酒让驴子跳起舞来(《查》,“驴子节”)。这是完全放弃了理智而崇拜驴子,与尼采将每个人身上的驴子精神化的企图正好相反,因此,扎拉图斯特拉最后对他们失望,彻底放弃了向他们赠送智慧、使其成为自己的帮手和同伴的企图。他认识到,对于“高人”的同情乃是他“最后的犯罪”,于是他在清晨离开他的山洞,让那些高人在里面兀自酣睡:

> 好吧！他们还在睡着，这些高人，而我已睡醒：他们不是我的真正的同道！……他们的身体里还缺少聆听我说话的耳朵——听从的耳朵。（同上，“预兆”）

驴子的长耳朵是倔强的象征，而不是听从的象征。尼采需要的不是驴子跳舞，而是对于驴子的意识和思想能够翩翩起舞。意识到驴子，就说明在某种意义上已经不是驴子，已经从驴子的重量下获得了某种解放。

尼采对于高人们的驴子和驴子节不满，希望用理性克服驴子，将其加以更高程度的精神化，因为哲学是最精神化或智性化的权力意志。

> 确实，一点点的理性，播撒在一颗颗星辰上的智慧之种子——这种酵母被混合进万物之中：智慧混合进万物之中乃是为了愚蠢之故。（同上，“日出之前”）

这并不是许多“愚蠢”（Narrheit）和“一点点理性”的机械相加。尼采说的是，之所以需要将一点点理性掺加到“愚蠢”，中，是为了愚蠢“之故”，在二者之间存在着一种支配和转化关系。愚蠢仍然是主要的，但也是不足的，是深刻的，但也是低贱的。智慧被作为转变愚蠢的“酵母”而混合到万物之中，虽然数量上“一点点”，但却改变了万物。因为这是唯一可以获得的聪明。万物和人的底色是愚蠢，但是为了认识到这种底色，人必须具有“一点点的理性”，否则人甚至无法知道这是愚蠢。正如苏格拉底所说，他和其他人一样无知，但其他人不知道自己无知而自认为自己有知识，只有他知道自己无知，所以，神说苏格拉底是雅典最有智慧的人。

必须有“一点点的理性”，才能将愚蠢命名为愚蠢，从而使其被意识到和被精神化，从而使其在精神上被克服。反过来说，虽然“愚蠢”需要被转化，但是之所以需要“大量”而不是“一点点”，之所以需要被转化而不是被消灭或清除，乃是出于“理性”“之故”，因为愚蠢是有力量的，是动力，它支撑着甚至分娩才智。我们既是愚蠢，也是理性，我们同时是这二者，我们用后者来克服前者，用前者来支撑后者：

你们必须在体内保有混沌，这样才能诞生出会跳舞的星星！（《查》，“前言”）

尼采的“柏拉图主义”或“柏拉图化”在这里的表现是，在上述二者之间，居支配和统治高位的是智慧或理性。

正如柏拉图的灵魂学说和国家学说一样，尼采建立了一种灵魂秩序和文化-政治秩序，但这种秩序建立在哲人个人的特殊自然之上，是符合生命而非违反生命的自然秩序。新型未来哲人作为“最为精神化的权力意志”，将克服所有的重力之魔，从基本意志的狭隘视角心胸开阔地上升到“作为认识手段的生命”。

尼采自许“未来的哲人”，经常以从遥远未来返回的姿态讲话。按照尼采的说法，有一个特点使他卓尔不群：他在生命总体的问题上具有中立和超派别的视角，或者说，他可以在不同甚至截然相反的视角之间自由转换，他可以颠倒视角，也正因为如此，只有他才能重估一切价值：

> 从病人的透镜出发去看更健康的概念和价值，又反过来根据丰富生命的充盈和自信来审视颓废本能的隐秘机制——这乃是我最长久的训练，是我最本真的经验，如果说我在什么方面是个大师，那我就是**这方面**的大师。我现在深谙此道，知道如何**转换视角**：也许正是因为如此，“**重估一切价值**”唯有对于我来说才是可能的。①

重力之魔的最终克服被证明取决于一种自我克服，因为“哲人必须于自身中克服他的时代”。② 哲人必须能够超越“一己私我性”（ipsissimosity）的魔咒（《善恶的彼岸》，前揭，§207）。③

在尼采的秩序中，位于最高位置的哲人统治和支配自然的方式不是教条和独断论的哲学，而是个人性的、思想的舞蹈。他通过克服自己

---

① 尼采，《瞧这个人》，“我为什么如此智慧”，§1，孙周兴译，北京：商务印书馆，2015。

② 尼采，《瓦格纳事件》，“序言”，孙周兴译，北京：商务印书馆，2015。

③ 施特劳斯对比柏拉图和尼采，柏拉图从不指向自身，尼采总是千方百计指向自身，创造了“最私己自我性”这个词汇，并称之为“可诅咒的”。尼采迫使我们在评判其作品时凝视他这个人，评判他这个人及其可诅咒的私己自我性；由于尼采，哲人的人性，而非哲人之外而哲人希望指向的某种东西，某种理想化的人，某种神圣的自然，成为我们注意的中心。见朗佩特，《施特劳斯与尼采》，前揭，页26、27。

而克服他的时代。能够克服自己的哲人,而不是显而易见且普遍有效的原理,是所有重要认识或知识——包括对于自然等级秩序的知识——的基础,并因此是等级秩序本身的基础。

> 灵魂状态有等级之分,与之对应的是问题的等级之分;最高级的问题会毫不留情地把所有胆敢靠近者打发回去,倘若他们不是先天具备解决这些问题所必需的才智的高度和力量的话。(《善恶的彼岸》,前揭,§213)

因此,存在一种自然的等级秩序,这个等级秩序的顶端是完成了的人[未来哲人]。他解决了最高也最难的问题。施特劳斯认为,要想看看尼采如何走出智性的混沌,我们就必须看到这个问题。①

未来的哲人不仅仅克服和重估包括自身评价在内的一切价值,而且是新价值的创造者。但为了创造这些价值,他并非像过去那些价值创造者那样,颁布法律和学说,并使之成为固定的有约束力和束缚力的信条,而是坚信,一旦我们消除了过去的那些变得敌视生命或整体上敌视生命的虚假价值判断,从生命身上抹去过去道德、宗教和哲学那些已经变得不合适的百衲衣,随着生命恢复本来的可爱面貌,新的价值和价值秩序就会自动落成,包括灵魂秩序和文化-政治秩序。

生命的秩序将自然地成为新的价值等级秩序。因为生命蓬蓬勃勃,本来有力,本来可爱。生命自然的秩序乃是"自然的"秩序。未来的哲人乃是"生命"的最深爱慕者。他不创造生命,他不评价生命,但他认识生命,并将自己的一己生命作为认识生命的工具,超出一己"善与恶的细小视角"的认识工具,他通过放弃自己而赢得作为哲人的自己,赢得自己的地位、价值和意义:②

> 有一天,一个伟大的解放者,一个念头攫住了我:生命可以成

① 施特劳斯,《哲人的自然与道德》,曹聪译,上海:华东师范大学出版社,2017,页299。

② "公正,作为一种全景式眺望着的强力的作用,它超越善与恶的细小视角向外观看,因而具有一个广大的优势境域——其意图是保存比这个和那个个人更多的某物。"转引自海德格尔,《尼采》,前揭,页886。

> 为追求认识者的一次实验：不是一种义务，不是一场灾难，不是一个骗局！……“生命是认识的工具”。(《快乐的科学》，前揭，§324)

哲人通过放弃特定生命的价值评判将自己从特定生命的束缚中解放出来，上升到最为精神化和哲学化的“公正”的高度。作为“公正”的化身，哲人的权力意志肯定一切生命及其秩序，并作为肯定一切的哲人位于生命秩序的最高位置。

因此，未来的哲人解决了最困难的问题，他的认识不仅仅是他自己的生命的表征，不仅仅是他自己的权力意志的精神化伸展，而且也是最高公正精神的化身和维护者，是生命秩序本身的维护者。

> 高级的精神状态恰恰是公正的精神化，是那种美好的严厉性的精神化，这种严厉性知道自己被授权，要在事物本身中，而不仅仅是在人类中，维持等级秩序。(《善恶的彼岸》，前揭，§219)

因此，针对有人批判说，所谓“世界就是权力意志”不也同样是从某一视角出发得到的特定解释吗？不是和其他解释同样是解释而不是事实吗？它不是同样一己之偏私因而不能要求作为真理的地位吗？尼采的回答是：哲人的权力意志学说同样也是一种解释，很好，这样更好！(《善恶的彼岸》，前揭，§22)因为这样的反驳恰恰证明了生命秩序的根本解释性特征，证明了世界的“从内部看”的透视性。对于哲人的权力意志及其解释来说，重要的不是逻辑和理论上的反驳，因为作为解释，所有的解释都必然是可反驳的，重要的是进行解释的生命或生命类型之间的等级秩序。

生命就是权力意志，权力意志就是解释和透视。生命及其解释都同样不可反驳，但生命及其解释有高下之分。最高的生命类型可以承认自身解释的解释性并包容其他生命解释。尼采认为，必须建立不同生命类型之间的等级秩序，生命类型之间的等级秩序是首要问题。[①]未来哲人的权力意志解释具有最广大的“优势境遇”，可以包容甚至要

---

① 尼采，《作为认识的权力意志》，周国平译，北京：光明日报出版社，1998，页178、179。

求其他解释的反驳。扎拉图斯特拉的"这样更好"回答显然不仅仅是一种相对主义的俏皮风趣或玩弄逻辑的机智，它有其正面的积极的内容。①

肯定其他视角的存在，肯定视角的开放性，这不是一种限制，而是未来哲人超越自己、获得"公正"的哲人视角的立足点的机会。对于尼采来说，认识客观性不在于陈述或理论符合一个唯一的对象，而在于有效占有的视角的丰富性和多样性，一种克服自身、力透纸背的主观性。在这个意义上，虽然未来哲人的解释同样是一种解释，恰恰因为未来哲人的解释同样是一种解释，它却是"更客观的"解释。

因此，未来哲人的真理不是过去哲人的真理，它并不要求普遍性的理论形态，它从来没有宣称自己上升到"法则"或"真理"的确定性，那样将违反而不是证明它自己。未来哲人对于不确定性比对确定性有更高的评价。确定的真理，如实证主义者的真理，乃是弱者和平民的孱弱的真理。

对于尼采来说，"真理是个女人"，而且"绝不是一个有德的女人"(《善恶的彼岸》，"序言"；《查》，"另一支舞曲")。扎拉图斯特拉用来与"生命"共舞的是他的"狂野的智慧"(《查》，"一支舞曲"和"另一支舞曲")。未来哲人对于事物的估价从自身出发但同时又将自身包括在内。它因此避免了过去哲人总是落入的将自己的学说教条化的先天陷阱，产生了一种包容性的最广泛的透视视野。

尼采因此称未来的哲人为一种特殊的人的类型："成全性的人"。他自身成全、自身正当化以及万物通过他而得以正当化。② 成全性的人不仅克服其他人的视角而上升，而且在其顶点通过克服自己而下降，从而在上升和下降的运动中获得对于万物的成全和"肯定一切"。通过克服自己学说的固定理论形态，通过承认其他权力意志所具有的作用力量和范围，通过采用其他不同的方式和立场，通过狄俄尼索斯的变形和舞蹈，哲人的权力意志以更具活力的方式证明了自己，证明了自己的特殊地位和价值，并通过自己的特殊地位维护了生命的自然等级秩序。哲人的生命由于达到了公正的顶点而认识和维持了

---

① 参朗佩特，《施特劳斯与尼采》，前揭，页43。

② 尼采，《善恶的彼岸》，前揭，§207；尼采，《查拉图斯特拉如是说》，前揭，"论救赎"。

这一秩序。哲人通过掌控最高天性自然（即哲人的最为精神化的权力意志）而控制千年意志，是最高等的人（《重估一切价值》，前揭，页1000）。

尼采的未来哲学有两个主要攻击对象，一个是传统形而上学、神学、道德的价值重负，他称之为“重力之魔”；另一个是在减轻重力之魔的重力的现代过程中，尼采所谓“颓废”蔚为流行起来。前者僵化而沉重，后者散漫而芜杂，是前者的解体现象。尼采希望用生命的鸢飞鱼跃的秩序来对抗这二者，未来的哲人则被指定为这一新秩序的顶点和公正的维护者。这一新秩序的最大特点是，它是一种秩序，但它不是抽象理论的秩序，而是生命的活泼秩序，建立在未来哲人的生命的力量和动态之上，在基本问题上仍然不失天真、活泼和顽皮，[①]每每如振翅欲飞高空的小鸟，箭一般地射向遥远的目标。它包含并促进复多、机运和生成。它不是灰色的理论秩序，而是长青的生态秩序。

四　虚静的哲人让万物舞蹈

尼采所谓哲人是“立法者”以及哲人支持等级秩序的说法，他在灵魂秩序与政治秩序之间的关联，极其强烈地令人想起柏拉图的“哲人王”。尼采因此会在很大程度上被看作一个支持保守主义政治的反动分子。但这些联想都在很人程度上忽视了尼采以及柏拉图这些说法的语境和生命情境。

撇开柏拉图不论，支撑尼采自我克服的是哲人的“权力意志”，虽然是最为精神化的权力意志，这种权力意志最终登上了等级秩序的最高位置，并主张维护灵魂以及文化-政治上的等级秩序。这还不够保守吗？

但是，尼采所谓世界是权力意志，不过是尼采明确限定“从内部看”、根据其“智性特征”来规定和标识的世界，而智性和“内部”虽然具有重要性和最高地位，但却并非哲人关于世界的终极结论，而是一些自我探索的路标，他们在极大程度上依赖于权力意志所克服的东西，与其

---

① 施特劳斯，《注意尼采的〈善恶的彼岸〉的谋篇》，林国荣译，载朗佩特，《施特劳斯与尼采》，前揭，页207；亦参朗佩特的有关讨论，同上书，页41。

不可分,克服与被克服者都在永恒复返:①

> 有时我们发现了解决问题的某些方法,这在我们身上激起了强烈的信念,有人此后就称之为他们的"信仰"。然后,人们发现,信仰不过是自我认识的足迹,是通往问题即我们自身的路标,——更确切地说,通往天大的愚蠢即我们自己,通往我们的精神的命运,直至在"那下面"的冥顽不化的东西。——在我们对自己如此充分限定和表示谦虚之后,我也许可以获准说出一些关于"女人本身"的真理,只是希望诸位从一开始就明白,这其实——只是我的真理罢了。(《善恶的彼岸》,前揭,§231)

言辞中的等级秩序并非现实中的等级秩序,内部的等级秩序并非外部的等级秩序。未来的哲人追求的不是新的统一性和最终目的,而是一种有力的行动,一个开放,一个未来,一个谜团:

> 一种新的哲人露面了:我大胆给他们起了一个名字,一个也许不能完全避免错误的名字。如果我猜得没错,如果他们允许我猜对——因为他们天生就渴望在某种程度上不被猜到——那么,这些未来哲人也许有权——或错误地认为自己有权——要求被称为试探者。这名字本身其实就是一种试探,你也可以称之为一种诱惑。(《善恶的彼岸》,前揭,§42)

因此,尼采将他最重要的计划中著作题为"重估一切价值的尝试"。新哲人并不拥有真理,并不宣称自己的学说无可反驳,而是承认甚至邀请其他的解释反驳,甚至自我反驳,在这种反驳中透露出生命的深度和律动,以及生命的自然等级秩序。因为敢于承认不确定性和欢欣于自身观念的消亡不是哲人的缺陷,而是体现了生命的强力,是生命具有强力

① "在那里,一切转变,都是群神的舞蹈和群神的一时高兴……那里,我也又发现了我的古老的魔鬼或大敌,就是重压之魔……因为,跳起舞来,不是必须有踏在它上面、从它身上舞过去的东西存在吗?为了轻捷者和最轻捷者,不是必须有鼹鼠和沉重的侏儒存在吗?"尼采,《查拉图斯特拉如是说》,前揭,"旧的和新的法版",§3。

的标志。新哲人热爱真理,并拥有未来。未来的哲人是未来的开辟者而非终结者。

在我们通常的印象中,尼采是一个极度自我中心的哲人,将他的学说和概念经常作海报似的张贴和宣传,但是,另一方面,我们应该注意到,尼采又一直试图摆脱这种自我中心,他称这种难以摆脱的自我中心主义为"可诅咒的"。因此,他的各种学说又是有保留的、打折扣的,与他思想强烈的自我意识特点相伴随的,是一种持续的有意识的自我疏离。尼采是否最终成功地疏离了自我,或者他的自我疏离达到了何种程度,这是一个需要讨论的问题,但无论如何,尼采思想的这一面向的存在提醒我们,正如扎拉图斯特拉要求他的弟子们的,也许要追随尼采学说的内在固有精神,就必须与他的那些最著名学说保持某种恰当的距离。

尼采的思想和文字在其轻快明亮的外表下是极度复杂的内容。尼采期待"完美的读者和语文学家"对他的作品的解读(《朝霞》,前揭,"1886 前言")。这种解读除了对于哲人所肩负的自我克服责任的意识以外,还包括尼采自己对于所有思想和语言本身的有限性的意识。尼采认为,包括他自己的思想在内,所有思想当其出现在意识中,出现在文字中,都已经是来得太晚的思想,清晨带着露水的思想总是永失无返。

> 哈,你们到底是什么呢,我所书写和描画的思想!这并不是很久以前的事,那时你们还如此斑斓、年轻和险恶,散发幽香,让我打着喷嚏笑——而现在呢?你们的新鲜已经消退了,你们中有一些,我担心,已经成为真理了:它们看起来已经如此不朽,如此令人心碎地正派,如此乏味!……
>
> 我们这些使那些能被书写的事物永恒化的人,我们唯一能够描摹的是些什么啊?哈,永远只是消歇殆尽的雷雨和迟暮枯黄的感觉!哈,永远只是倦飞而迷失的、让自己被一手逮住的鸟,——被我们的手!我们使之永恒的,是再也不能长生和高飞的东西,只是些疲乏、酥软的事物!现在是下午,我用很多色彩描写你们,但没有人知道你们在清晨时的模样!①

① 尼采,《善恶的彼岸》,前揭,§296;亦参尼采,《偶像的黄昏》,前揭,"一个不合时宜者的沉思",§26,当我们把某种体验形诸语词时,我们已经失落这种体验了。

甚至哲人也——也许尤其是哲人才——总是朝花夕拾而非带露折花。与黑格尔的只是在黄昏降临后才起飞的雅典娜的猫头鹰正好相反！不仅是意象内容相反，而且其中的自我疏离和自我圆满的态度也正好相反！如德里达所说，尼采思想的特异之处在于，他承认这一不利限制，将这一限制变为一种有利条件，跳起思想和风格的独特舞蹈。而尼采的思想和文本的自我有限性也要求解读者的自我克制和解读的有限性。换句话说，尼采的作品的有限性在很大程度上又构成读者的解读的有限性。读者必须同时超越界限和停留在界限之内，以免在消除文字的形而上学的同时，又重新生产出一种呼吸和声音的形而上学。①

另一方面，所有语言之所以都具有某种无力性，这不仅是因为有一个它不能开始的“清晨”，而且也因为它有一个它不能终结的“黄昏”。语言不仅不能捕捉清晨花朵的奇妙芬芳，而且也不能保持自己的固定的含义，甚至不能保持自己的固定的形式，因为一个语词，一个能指，一旦说出，就是说出了关于它本身的一切。开始就是结束，诞生就是死亡。“形式是流动的，而意义尤其如此……”②与语言那不可返回的神秘过去对应的，是一个因为说出了一切因而只剩下沉默的未来空间，一个平坦的、没有权威和起伏的空间，③每一个说出的语词都在大地上犹如飞花转蓬无尽流浪。它是否仍然在期待某种复活？

因此，与海德格尔所谓作为权力意志形而上学家的尼采形象相反，在尼采的作品中，我们看到，尼采试图留给读者和弟子的不是让他们直不起腰的重负和阴影，而是一根危乎高哉的“轻便的绳索”，不是败坏“生成之无辜”的各种目的、意义和统一性，而是抖落了一切阴影、将过去和未来凝聚成当下光华的“正午的时刻”，让读者可以在一切确定性隐退之后踏索而歌，翩然而舞（《快乐的科学》，前揭，§347）。这是未来哲人的权力意志而非最后一个形而上学家的权力意志。正如施特劳斯所说，如果我们看不到这一点，我们将无从了解，尼采是如何走出他的“智性的混沌”的。我们也将无法抓住尼采递给我们的“轻便的绳索”。

---

① 参德里达，《论文字学》，汪堂家译，上海：上海译文出版社，2015，第一章。

② 尼采，《论道德的谱系》，周红译，北京：三联书店，1992，页 56。

③ 参雷米·布拉格，《圣言的无力，说完了一切的上帝》，陆象淦译，载《第欧根尼》，1996 年第 1 期。

沃格林是历史主义者吗?

与刘小枫教授商榷

陈建南
(台北辅仁大学哲学系)

刘小枫教授在大作《海德格尔与中国》第六章中引施特劳斯的话,批评沃格林看重哲学与"某种特定处境"的关系:

> 从哲学上讲不可能有理由断言:"与某种特定学说相关的处境,可能特别有利于唯一真理的发现,而其他一切处境则多少不利于它的发展。"①

刘教授赞同施特劳斯对沃格林的规劝:"真正热爱智慧的灵魂不会认可生存性的'存在理由'拥有最终决定何谓'唯一真理'的权利。"刘教授还说,由于"海德格尔遗忘了这一古典的政治原则,他才会发展出一种走向政治未来的哲学,让哲学成为政治未来的工具"(同上,页205)。言下之意,沃格林的《秩序与历史》真是瞎了眼,竟然没有看到海德格尔哲学的历史主义败笔。

刘小枫教授是可敬的前辈,但据笔者研读沃格林的经验,他对沃格林的批评值得商榷:沃格林是历史主义者吗? 笔者将从下面几个主题来讨论。

沃格林的"存在"理解

沃格林评传的作者韦伯(Eugene Webb)说:

---

① 刘小枫,《海德格尔与中国》,上海:华东师范大学出版社,2017,页205(以下随文注页码)。

> 从宇宙论真理经由人类学真理，到救世论真理的这个过程，并非一个由错谬到正确的运动，甚至也不是从旧式真理到新奇真理的运动。它只不过是奔向更圆满的体验、更清晰的表达以及同一个存在真理的运动。①

这意味着，沃格林认为，柏拉图或许在体验方面与保罗同样拥有灵魂的洞见，可惜他并未由此产生一种天启式的期待："柏拉图确实保持了意识的平衡，但他并不重视神显事件所具有的破坏均衡的实在。"②

在沃格林看来，保罗的灵魂洞见使得他超越造物世界，直抵上帝创造性的爱与自由的本源所在。保罗对存在的真理进行了分化，通过人面对神圣性根源时所体验到的有序化过程，认识到超宇宙的上帝及其大爱（Agape）在圣灵显现的事件中显现为推动者，而圣灵显现的时间构成历史的意义。保罗把人的生存目的（teleion）理解为具有方向性的运动体验，并进而理解为一种不朽的（aphtharsia）状态，这种状态超越阿那克西曼德关于无限与时间的神秘性。最终，保罗将人类的体验理解为实在运动逐渐启明的状态（《天下时代》，页 345 - 346）。③ 与此不同，柏拉图看重的不是人类的救赎，而是回归宇宙的源初状态，随之而来的必然是新一轮的衰退。④ 因此，沃格林对哲学的定义是：

> 一种对存在的爱，通过爱神圣存在（divine Being）而产生，这种神圣存在是存在秩序的根源。⑤

这意味着，哲学的核心是体验存在的张力以及"秩序化的真理"

---

① 韦伯，《沃格林：历史哲学家》，成庆译，长春：吉林出版集团，2011，页 249；比较桑多兹，《沃格林革命：传记性引论》，徐志跃译，上海：上海三联书店，2012，页 106。

② 沃格林，《天下时代》，叶颖译，南京：译林出版社，2018，页 335（以下随文注页码，译文略有改动）。

③ 转引自韦伯，《沃格林：历史哲学家》，前揭，页 248。

④ 沃格林，《柏拉图与亚里士多德》，刘曙辉译，南京：译林出版社，2014，页 172（以下随文注页码，译文略有改动）。

⑤ 沃格林，《以色列与启示》，霍伟岸、叶颖译，南京：译林出版社，2009，页 25（以下随文注页码，译文略有改动）。

(ordering truth)。[1] 沃格林用Being指至高无上的本体论基础，而being则指体验到的存在张力及其极点的综合整体。由于灵魂被上帝吸引，加上灵魂自身对神圣的追求(zetein)，灵魂能够通过对上帝的信仰(fides formata)而参与神圣的爱(caritas)，朝不断圆满与启明之境升华。

对沃格林而言，哲学是因好奇而探索，但整个探索过程必须始终保持神秘性。他所说的神秘性即阿奎那所说的consubstantiality，笔者不知道应该怎样将这个语词译成中文，但笔者知道，这也是圣十字约翰(Saint John of the Cross)的神秘主义神学的基础。[2] 阿奎那认为，没有任何概念足以涵括上帝，因此他用爱替代概念，以免上帝被概念化。这意味着，只有通过模仿上帝的爱的方式，才能接近上帝。

在《新政治科学》(1952)开篇，沃格林说：

> 人在政治社会中的存在是历史的存在；一套政治理论，若是深入到原理层面，就必须同时是一套历史理论。[3]

在1956年出版的《秩序与历史》第一卷中，沃格林这样说明历史：

> 尽管不存在简单的贯穿历史的进步或循环型式，但作为求索真正秩序的斗争的历史过程，是可理解的。然而，历史的这一可理解结构是……一个实在，有待在事件流(flow of events)中被追溯性地辨识，而事件流则经由观察者的现在，不确定地延伸到未来。历史哲学家把这一实在说成是神意(providence)……[在这么说的时候]他们指的是超出具体的人类计划的一个实在——其起源和终结都是未知的，因此之故，此实在不能被带入有限行动的掌控之中。(《以色列与启示》，页19－20)

很明显，沃格林从历史的政治理论直接跳到秩序哲学。在这个轨

---

① 沃格林，《记忆：历史与政治理论》，朱成明译，上海：华东师范大学出版社，2017，页383。

② 参看Jacques Maritain, *The Degrees of Knowledge*, New York, 1959, 页260－265, 320－325。

③ 沃格林，《新政治科学》，段保良译，北京：商务印书馆，2018，页8。

迹上,历史场域中的经验及其象征的踪迹,通过"回忆"和"分析"成为讯息的关键来源。10 年后,在《回忆》(1966)中,沃格林表达了他所理解的政治哲学的要核:

> 社会和历史中的人间秩序之诸般问题,来自意识的秩序。因此之故,意识哲学是政治的哲学(philosophy of politics)的核心。①

意识的过程在时间之中,并通过经验和象征来表达自身,因此,政治哲学被理解为意识哲学在经验和象征中的扩充。② 但是,探究政治哲学时,切勿忘记哲学的神秘基础。《以色列与启示》导论的第一句话是:"神与人、世界与社会,形成原初的存在共同体。"很清楚,存在的共同体所包含的四个元素,这是沃格林哲学的起点。存在共同体正说明人的内心经验内容,即有意识地参与一个比自身更大更整全的共同体。由于在意识场内的各张力中,这种更大更整全的共同体无法清楚地得到呈现,好奇而好问的哲学参与这种四元结构是受神性的存在吸引,因此没有灵魂品质之分,只有古典"正义"的实践理性的差异。

> 精神必须与权力相联结,这样才有社会效力……这个要求源于[柏拉图]这位爱国者的洞见,他看到自己城邦的权力正走向解体,因为它跟精神失去了联系。③

柏拉图是爱城邦又爱智的哲人,由于他的实践性哲学,存在的飞跃才可能进入人类的生存。所以,沃格林认为,柏拉图在《治邦者》中让"在困境中恢复社会秩序的带剑的拯救者"替代哲学王。

在《新政治科学》中,沃格林还暗示:柏拉图主要探究人类"普遍"的灵魂,而非某类个别的灵魂。爱智慧的哲学定义是灵魂皈依真正的秩序,但由于灵魂的品质差异,爱智的程度也有差异。如果施特劳斯对沃格林的批评有道理,即沃格林没有理解"柏拉图的努力乃是旨在重

---

① 沃格林,《记忆:历史与政治理论》,前揭,2017,页 1。

② 桑多兹,《沃格林革命:传记性引论》,前揭,页 158。

③ 沃格林,《城邦的世界》,陈周旺译,南京:译林出版社,2008,页 319(以下随文注页码,译文略有改动)。

新奠定科学的基础，特别是有关灵魂与国家的这门科学”（《海德格与中国》，页 209），那么，人类灵魂除了品质差异，还有什么一致性可以建构观念性的城邦，而且是不受时间和空间限制的城邦呢？灵魂又怎么可能向爱智慧靠拢，并走向真正秩序的正途？

努斯的神秘性原理

在《自传体反思录》中，沃格林说明，他是沿着古典路线来拯救历史科学：

> 历史哲学作为一个领域，往前最早可追溯到 18 世纪。从它在 18 世纪出现以后，它就与一种想象的历史建构相联系，进行这种建构的目的在于把建构者与其个人的异化状态解释为先前一切历史的顶峰。直到最近以前，历史哲学一直是确凿无疑地与从一种异化立场出发对历史的错误建构相关联的，在孔多塞、孔德、黑格尔和马克思那里都是这样。这种刻板的历史建构，作为从一个异化的存在之立场上对实在的一种巨大的伪造，在 20 世纪正在土崩瓦解。一旦对存在的扭曲——正是这种扭曲导致了意识形态体系的建构——为人们所认识，关于未被扭曲的人之存在的诸范畴就会成为标准，扭曲的存在和体系必须借这些标准来加以评判。因此，在对人类在存在的秩序与失序之间的紧张作出反思的过程中，意识形态体系本身和其他事物一道，成了历史现象。①

既然施特劳斯关心拯救哲学，而灵魂的品质又影响政治的实践，看来沃格林兼顾两者。柏拉图思想中“兼际”（metaxy，又译“居间”）的张力，反映在沃格林研究参与人类生活的兼际（in-between）经历的张力中，柏拉图的“爱存在”（love of being）激起他反思何谓不当的生存象征，而“爱生存”（love of existence）激发一种“新的宽容，容许人在历史中经过曲折之路才达到真正的存在秩序”（《以色列与启示》，页 51－52）。

沃格林受奥古斯丁影响甚深，奥古斯丁的“天国之城”、“地上之

① 沃格林，《自传性反思录》，段保良译，北京：华夏出版社，2018，页 124。

城”和“爱自己”、“爱上帝”正对应兼际(in-between)的“爱生存”、“爱存在”。奥古斯丁洞见到,“不变的永恒”与“可变的时间”交汇在遇见“上帝的爱”这瞬间,就是“历史”的价值和真意,而沃格林从“秩序”到“失序”,到因“爱智慧”而回归“秩序”,他们对“历史”的意义看法一致。在沃格林看来,对奥古斯丁来说,“历史的结构是终末论的,在此意义上,它具有一种精神超越当下的特质”(《天下时代》,页408-409)。所以,历史不是一条人类及其行动的河流,而是人类参与了神圣性的存在,向终末论的方向奔涌而去。如此的“历史”,才能称得上有“纪念”价值。正如沃格林所言:

> “太阳底下没有新鲜事”这种感觉,自有其重要性:可以预防把人自身的现在提升到历史的目的这种人性弱点。一个总是有教益的练习是,反思一下,从现在算起的2500年后,我们自身的时代将会属于一个遥远的过去,就像赫拉克利特、佛陀和孔子与我们现在的关系一样。可以进一步反思的是,就我们的现在,什么值得记住,以及为什么值得记住,这样的反思将建立起一个视界,而且反思也必须被置于这种视界:我们的现在,就如任何的现在一样,是神性临在流中的一个阶段;我们,就像在我们之前和我们之后的所有人一样,参与这临在流之中。奥秘在时间中的视野,随着天下在空间上的扩展而开放,这奥秘视野依然是将自身呈现给现在活着的人的那个问题;有关现在,值得记住的将是我们对这个问题作出回应时采用的意识模式。(《天下时代》,页443,笔者自己的译文)

以上观点基于沃格林的一个革命性原理:人的哲学的努斯原理(Philosophiae Hominis Principia Noetic)。1977年7月,韦伯问沃格林,是什么时候、什么原因,使他从观念史转变到“体验历史及符号化”,沃格林很明确地说,是1945年,读毕谢林(Schelling)的神话学和启示论开始,他用了30年时间去体会“观念并非思想中最为根本的东西”。刘教授对此批评道:

> 沃格林以政治观念史探究的方式来处理历史哲学问题,没有意识到自己的政治观念史其实与海德格尔的“存在”哲学史有着

根本性的一致：让本来具有静观品质的哲学成为历史性思维。（《海德格尔与中国》，页207）

我必须将沃格林的努斯原理说清楚，以回答刘教授的质疑。沃格林的努斯原理，正是对意识的结构和动力的分析而非观念。[①] 沃格林分析说，Psyche［灵魂］和nous［智思］是希腊传统用来解释存在张力的秩序化以及引导方向性的特征的核心体验。Psyche［灵魂］是关于意识存在的过程，而非指一个人拥有什么。灵魂处于人身上的中心位置，人可以在这里以面对超越实在的方式来体验自身。当张力开始以意识形式显现出来时，就是沃格林意义上的灵魂（Psyche），而nous［智思］指这个连续体的上部。

柏拉图、亚里士多德用nous指涉真理之光具有的强大牵引力。该术语的这一含义可以回溯到比柏拉图与亚里士多德更早。沃格林对nous这个希腊概念（以及存在性的事件）的诠释，得到弗雷姆（Douglas Frame）最近研究成果的支持。根据弗雷姆的看法，nous这个词来源于印欧语系的词根nes-，即neomai［归家］的词根，包括一种早期的神秘意涵，即从黑暗与死亡中返回至光明与生命。[②] 斯塔（David E. Starr）说：

> 这些例子无论运用在上帝或人的身上，都使下列情况变得十分清晰，即nous一般被当作一种关注自身的功能来理解和接受，且这或许是最为重要的功能，nous驻留在身体的灵魂里，领会事情的意义，以及用周详的计划、言语和行动去应对。[③]

---

① 朗尼根的transcendental用法，参看Bernard J. F. Lonergan, *Method in Theology*, New York, Herder and Herder, 1972，页10－12，23－25；比较*A Second Collection*, William F. J. Ryan与Bernard J. Tyrell编，Philadelphia, Westminster Press, 1974，页264－265。Bernard Lonergan，"Theology and Praxis"，Catholic Theological Society of America, *Proceedings of the Thirty-Second Annual Convention*, Toronto, 1977，页6－14。朗尼根不仅与柏拉图看法一致，对意识的分析也如出一辙。

② Douglas Frame, *The Myth of Return in Early Greek Epic*, New Haven: Yale University press, 1978。

③ David E. Starr, *Entity and Existence, An Ontological Investigation of Aristotle and Heidegger*, New York: Burt Franklin and Co., 1975，页86。

通过诠释参与性的智性体验，沃格林把参与的符号（可理解的结构）提升到意识之中。因此，智性知识并不是通过收集参与的个案和检视具有普遍特征的抽象知识。相反，它是一种关于参与的具体知识，人们将知识的渴望体验成一种奔向根源的运动，而这个根源也正被更为深邃的根源所推动。①

按斯塔的说法，巴门尼德与赫拉克利特用 phroneo［思想、思虑］（来自 phren［心胸］，靠近"内心"之意）来表达 nous［智思］。沃格林探究什么是政治性的实在时，就用 nous 来说明政治活动是一种照亮灵魂活动的努力，受对智慧的寻找（Zetesis）和来自至善（summum bonus）的拉力（Helkein）的双重动力。人都是在这种灵魂的张力活动中前行，而无分哲人或普通人。但 Nous［智思］并不是 psyche［灵魂］的一部分，反之，它是 psyche 具备自我反思的清晰性之后的状态。这种清晰性的开启使得有意识地、审慎地反思符号的充分性成为可能，而表达的中介过程（mediating Process）在这种清晰性里也变得可以认识。

对古典哲人而言，nous［智思］就是 episteme［认知］。施特劳斯批评沃格林误解古典哲人，错读柏拉图，把"生存性"和"理论'静观性'"区分开，而古典的原意是一。我需要强调，柏拉图和亚里士多德使用的 vita contemplative［静观生活］与沃格林的 mediating process［中介过程］有神圣维度上的差异，即在沃格林那里有神秘奥体参与其中，且沃格林所用的介质"人"是 in-between［兼际］的张力场所，离开上文的四维元素或只强调部分，都难免滑向灵知主义。

沃格林强调，《蒂迈欧》表明，柏拉图的秩序哲学的中心正是"神话哲学"。灵魂拥有一个中心（omphalos）或"中央"（nave），宇宙力量通过它涌入灵魂。中心既是"从无意识深处涌现出来的力量的源泉"，也是神话的主题（《柏拉图与亚里士多德》，页 22，参页 232 - 233）。沃格林对古典哲人的确作了一个让施特劳斯"摇头"的转换，他把 agathon 换成 summum bonus，将 Helkein 等同于 caritas（agape，amicita），把 epistem 换成 zetesis，将 eros 改装成 fides formata。

> 在《会饮》和《斐德若》中，哲学是灵魂对理念的爱欲倾向……爱欲的吸引和不关心，爱欲关系中的能力和反应，创造出精神等级

① 沃格林，《记忆：历史与政治理论》，前揭，页 186 - 187。

中的级别。如死亡的力量一样，爱欲的力量逐渐变成正义的力量。（《柏拉图与亚里士多德》，页 64）

刘教授指出，“应该注意到，沃格林这样做并非出于基督教信仰。沃格林是哲学家，不是神学家”（《海德格尔与中国》，页 159）。的确，沃格林不是神学院里的“神学家”，但非常明显，他是奥古斯丁、阿奎那、圣十字约翰的神圣神秘体的追随者。对沃格林来说，信仰不是教会的教条，而是在灵魂中承认我们没有、也不能完全了解的前理智激情。

沃格林如何贯通哲学和历史

阅读沃格林的作品，不难发现他使用的大量古典语言既是哲学的，也是神学的。所以，他反对海德格尔发展他的特别术语——此在（Dasein）。刘教授说沃格林竟然没有看到海德格尔哲学的历史主义败笔，实在是冤枉了沃格林。事实上，沃格林早在 1929 年就阅读过海德格尔，并评论说他“切断了内在世界与超世存在的联系”。[①] 之后，沃格林更多阅读的是胡塞尔。在《科学、政治与灵知主义》一文中，沃格林明确用了 condition，施特劳斯把它解读成未断根的历史主义。但沃格林对 condition 的诠释如下：大 Being 进入小 being，小 being 在 condition 下现形为可见的 existance。但 existance 是否符合大 Being 的品质，这得要“参与”其中的经验从“层级”、“平衡”、“和谐”等方面来观察是否与大 Being 同调，并从这四项来判断小 being 是否正常。所以，如把 condition 解释成历史主义的残留，那沃格林的学说结构就得改写了。

关于沃格林对历史哲学的理解，我尝试简单表达与刘教授不同的看法：沃格林的确以“坐标数学方式”去表达历史哲学。纵坐标是超世或永恒，横坐标是历史处境，人在这两个维度的 in-between［兼际］张力下活动，至于是否正常而非失序，需要参照我上文提到的四个标准来分析，不能只顾横坐标的历史处境，或只顾纵坐标的超世或永恒。

在沃格林看来，order 贯穿 history。离开 order 的 history 就是生病了，需要回归 order 才得治愈。但 order 为什么可以贯穿 history？又为

---

① 沃格林，《没有约束的现代性》，张新樟、刘景联译，谢华育校，上海：华东师范大学出版社，2007，页 45。

何能贯通,即达到哲学上的普遍一致性甚至至善?在《尼各马可伦理学》中,亚里士多德指出,灵魂的最高点是对天开放,因为大家都有灵魂,所以大家都有最高点,这是普遍一致。而天是至善,因为最高点的开放,可以透过灵魂的互读而互通,对美好的事物世代同表欣赏,至善又成为普遍一致之二。刘教授关心的是灵魂的品质差异及其带来实质行动的差异,而沃格林关心的是灵魂最高点对至善的开放带来 order 的依据,也是观察历史健康与否的依据。

刘教授很不待见的德里达晚年受卡普托(John D. Caputo)影响,走进弥赛亚式的宗教转向。[①] 沃格林用最后一口气与他夫人道别时,讲了同样弥赛亚式的宗教转向:"我终于理解基督教了!"而他夫人回应说:"是的,埃里克,但你将带着它上路!"[②]所以,我更相信沃格林的历史哲学关心的是灵魂的去处,而非品质。

沃格林用 in-between[兼际]概念划出了"超世"和"历史处境"这两个坐标式的视域,所以他很留意提防历史主义。他临终前的宗教转向表明,他离历史主义有多远!不管怎样,在沃格林的历史哲学中,condition 和 existence 与 order 的关系是关键,这种关系也许正是用来言说大 Being 的本性的必要的恶。如果把必要的恶解释成可疑的历史主义的"当然恶",这可不是我理解的沃格林。

---

① 卡普托,《上帝的苦弱:一个事件的神学》,芮欣译:台北:橄榄出版公司,2017。

② 桑多兹,《沃格林革命》,前揭,页 266-267。

Abstracts

From Anthropocentrism to Sprachnationalismus
On Herder's Philosophy of Language and Its Influence

Li Rui

(Department of German, Peking University)

Abstract: German enlightenment linguist and philosopher Johann Gottfried von Herder is the soul and theoretical founder of Sturm und Drang. Herder's most famous philosophical work on language, *Treatise on the Origin of Language*, is the best-known work on the origin of language in the history of language philosophy, and it also marks the beginning of the history of language philosophy. Herder believes that language originates from the *Besonnenheit* of human beings. From the perspective of the history of German language, this paper attempts to sort out the philosophy of Herder's language; and by digging deep into the theory of *anthropocentrism* and *Sprachnationalismus* in Herder's language theory, it reveals the influence of Herder's language philosophy on the development of German nationalism. Herder developed the concept of humanistic *Nation* of the German cultural patriots in the 17th and 18th centuries into a concept of *Kulturnation* oriented by language, thus making the concept of *Kulturnation* a concept based on the concept of *Sprachnation*, which contrasts with the concept of the *Staatsnation* of the Enlightenment.

Key words: Johann Gottfried von Herder; Philosophy of Language; *Treatise on the Origin of Language*; Sprachnationalismus

The *Nature* in *On the Origin of Language*

Heidegger's Interpretation of Herder

Feng Qing
(School of Philosophy, Renmin University of China)

Abstract: In Herder's *On the Origin of Language*, the concept of "Nature" plays an important philosophical role. In the 1938 lecture, Heidegger gave a vivid interpretation of Herder's expression of the Nature of human beings, making it a key link to Heidegger's own ontological philosophy, as a sign to Ereignis. However, once the concepts of "Nature" in Herder's texts are analyzed, it will be found that Herder's theories on human beings contain strong natural law genes and belong to the enlightenment philosophical tradition. Herder's doctrine on human beings' *Sensorium commune* in Nature is actually a modern reform on the philosophical love of Plato. From an anti-Platonic position, Heidegger follows the path of Herder and Creates his later doctrines.

Key words: Herder; *On the Origin of Language*; Heidegger; Nature; *Sensorium commune*

Symbolization of Gnosis: Towards the Intellectual Foundation of Herder's Philosophy of History

Hu Jihua & Ding Li
(The School of Chinese Culture and Communication,
Beijing International Studies University)

Abstract: Philosophy was said to be an invention of 18th century, which was on the basis of the ideas of secularization and progressive development. Appealing to linguistics in general and to poetics in particular, the purpose of Herder's reflections upon history is to symbolize the Gnosis or a kind of particular knowledge concerning salvation of soul and on the basis of philology and mythology reveal a teleological history of universal mankind. As early as 1769, in his journal of travel by sea, Herder, crystallizing his passionate thoughts on the trip into some fundamental images of thought or Denkenbilden, envisioned the universal history of world as a symbolic system through constructing a new mythology of modernity, through which penetrates a kink of Gnosis from pagan world of ancient times. His destiny is to fulfil a creative and transformative synthesis, to reach a higher unity of thought and freedom by the medium of myths, metaphors, and pictures, and finally with symbolization present the universal drama of world history between Providence and humanity, the divine and the secular. This is Herder's universal symbolism which orients towards a cultural primitivism and unfolds the double dimensions of the historiogenesis and apocalypse.

Key words: Johann GottfriedHerder; Philosophy of History; Gnosis; Universal Symbolism; Cultural Primitivism.

Xia Zhenwu's Explanation of the "nine squares" System

Wang Rui

(Department of History, East China Normal University)

Abstract: Xia Zhenwu is convinced of Cheng Zhu's Neo Confucianism and believes that the key to solving the problem of people's livelihood is to take policy of benevolence. And the key point is to restore the "nine squares" system. He thinks that the inequality between the rich and the poor is a serious problem in the late Qing Dynasty, and insists that the land distribution system should be fundamentally changed instead of being repaired. Those ideas are based on his understanding of Confucian political theory, that is, the political legitimacy of the ruler is to serve the people. What's more important is that Xia Zhenwu is not a conservative scholar who knows nothing about the world. He notices the great impact of the socialist movement on the West in the 19th century. He thinks that his theory can also be regarded as an integral part of it. In a word, Xia Zhenwu embodies the brilliance of Confucian political virtue.

Key words: Xia Zhenwu; the "nine squares" System; Equality; Confucianism

The Difference between Classical Philology During the Mid-Qing Dynasty and Ancient History Study During the Early 20th Century

A Hermeneutic Study of the Debate on Xing-Ming between Ruan Yuan and Fu Si-nian

Fu Zheng

(Tsinghua Institute for Advanced Study in Humanities and Social Sciences)

Abstract: The method of textology is a kind of hermeneutics, rather than an induction method that many scholars considered. The precondition for "Six Confucian Classicsinterpret itself", which research means classicists in Qing Dynasty applied, is a doctrine that Six Confucian Classics is a coherent text. During the period of the Republic of China, in contrast, researchers of early ancient history would deconstruct the unity of Six Confucian Classics, holding the idea that Six Confucian Classics were some separate historical documents, and even some documents of a certain Classics were patched together from some texts in different periods. Therefore, modern historians' method was the hermeneutic method that mutual interpretation between a document and its historical situation, instead of the hermeneutic method that mutual interpretation between a classic text and others classic text. In short, the study object of Han School classicists in Qing Dynasty, is Confucian Classics; the study object of historians in the early 20th century, is historical documents. Different study targets and different study objects require different methodologies. And the comparison between Ruan Yuan's *The Paleography Research on Xing-Ming* and Fu Si-nian' s *On Ruan Yuan' s Idea of Xing-Ming* provides a good case in point for this study. Modern historicism finds very important expression in this case.

Key words: the Qian-Jia Textology; Xing-Ming, Methodology; Hermeneutics; Historicism

German Peasant Wars in 1525 and Modern Political Revolution

Wen Han
(Tsinghua Institute for Advanced Study
in Humanities and Social Sciences)

Abstract: The evaluation of the German Peasants' war in 1525 has long been controversial. Some people regard this revolutionary war as just an ordinary peasant uprising, while some hold that this is a natural event of German history. By way of analyzing the cause of the revolution and studying the thoughts of different factions during the revolutionary period, the author thinks that the German Peasants' war in 1525 can be looked as the prelude to the modern political revolution. The hidden factors in this revolution, in fact, proclaim the birth of a new political thought in history.

Key words: Revolution; Reformation; Divine Law

Nietzsche's Dance: Revaluation of All Values and Philosopher's Self-overcoming

Tian Linian
(School of Social Sciences and Humanities,
Beijing Jiaotong University)

Abstract: In Nietzsche's view, thinking is a kind of dance. To obtain the lightness of dance, the philosoher must revalue all values. The focus of the revaluation of all values is on the philosopher's "self-overcoming", and the philosopher overcomes his own time in himself. Nietzsche thus makes the philosopher's self and his self-overcoming the center of philosophical concerns. By self-overcoming, the philosopher maintains the natural order of life in soul and in culture-politics, letting all things dance.

The main contents of this paper are as follows. First, it is impossible to start thinking dance without comprehensively and completely revaluing all values, especially the values of those ideas and beliefs that constitute the bases of philosopher's own positions. Secondly, to maintain the continuity of thinking dance, the philosopher must keep revaluing all values in the process of time. The dance that has already begun will not be abandoned halfway, so Nietzsche revalues all values rather than partial values, and extremely promotes nihilism and the skepticism toward language and logic, as well as the radicalization of literature style. Thirdly, at the apex of its development, Nietzsche's skepticism and nihilism surprisingly change into the most radical affirmation, especially the affirmation of the "chaos" that cannot be penetrated and recognized even by the philosopher's intelligence. As a consequence, the order in soul, culture and politics that based on "a lot of ignorance plus a little of rationality" is also affirmed. This order is the natural order of life. The philosopher who stands at the apex of this order is not a lonely dancer on the peak of the loneliness, but a quiet saint who lets all things dance their dance.

Key words: Dance; Self-overcoming; Order of life; Chaos; Philosopher

征稿启事暨匿名审稿说明

《古典学研究》辑刊由中国比较文学学会古典学专业委员会主办，专致于研究、解读古典文明传世经典，旨在建立汉语学界的古典学学术园地，促进汉语学界对中西方经典和其他传统经典的再认识。

本刊立足于中国文明的现代处境，从跨文化、跨学科的视角出发，力求贯通文学、哲学、史学和古典语文学，从具体文本入手，研究、疏解、诠释西方、希伯来和阿拉伯等古典文明传世经典。

本刊全年公开征稿，欢迎学界同仁（含博士研究生）投稿，来稿须为未经发表之独立研究成果（已见于网络者亦不算首次发表）。来稿注意事项如下：

一、本刊仅刊发论文和书评两类。论文以八千至一万二千字为宜，书评以三千至五千字为宜（编辑部保留学术性修改和删改文稿之权利）。

二、本刊同时接受中文稿件和外文稿件，中文稿件请使用简体字。

三、投稿请以电子文件电邮至本刊邮箱，谢绝纸质稿件。

四、来稿须注明作者真实中英文姓名、电邮联系方式，作者可决定发表时的署名。

五、作者文责自负，一切言论，不代表本刊观点。

六、本刊在三个月内对来稿给出评审结果，逾期未获通知者，可自行处理。

七、来稿通过编辑部初审后，将匿去作者姓名，根据所涉论题送交二位本刊编委复审；主编将依据匿名评审书处理稿件。

八、文稿一经刊登，作者将获赠当期刊物两本，不另致稿酬。

九、投稿撰写格式及顺序：

1. 中英文题名和作者联系方式（中英文姓名、现职及通讯地址、电话、电邮等)。

2. 中英文摘要(中英文均以三百字为限)、中英文关键词(各以五项为限)。

3. 正文及注释格式,按“《古典学研究》体例”(见“古典文明研究中心”:http://wenyueyuan.ruc.edu.cn/cfcc/article/?id=148)。

投稿电子邮箱:researchinclassics@foxmail.com

《古典学研究》辑刊

刘小枫　主编

第一辑《古典哲学与礼法》　林志猛　执行主编
第二辑《荷马的阐释》　彭　磊　执行主编
第三辑《尼采论现代学者》　林志猛　执行主编
第四辑《近代欧洲的君主与戏剧》　贺方婴　执行主编
第五辑《赫尔德与历史主义》　贺方婴　执行主编
第六辑《色诺芬笔下的君王与哲人》　彭　磊　执行主编
第七辑《论语中的死生与教化》　林志猛　执行主编
第八辑《肃剧中的自然与习俗》　贺方婴　执行主编

图书在版编目(CIP)数据

古典学研究:赫尔德与历史主义/刘小枫,贺方婴主编. --上海:华东师范大学出版社,2020

ISBN 978-7-5760-0300-0

Ⅰ.①古… Ⅱ.①刘…②贺… Ⅲ.①赫尔德(Herder. Johann Gottfried 1744—1803)—哲学思想—研究 Ⅳ.①B516.39

中国版本图书馆 CIP 数据核字(2020)第 055342 号

VI HORAE

华东师范大学出版社六点分社

企划人 倪为国

第五辑

古典学研究:赫尔德与历史主义

编　　者　刘小枫　贺方婴
责任编辑　王　旭
责任校对　徐海晴
封面设计　卢晓红

出版发行　华东师范大学出版社
社　　址　上海市中山北路 3663 号　邮编　200062
网　　址　www. ecnupress. com. cn
电　　话　021-60821666　行政传真　021-62572105
客服电话　021-62865537　门市(邮购)电话　021-62869887
地　　址　上海市中山北路 3663 号华东师范大学校内先锋路口
网　　店　http://hdsdcbs. tmall. com

印 刷 者　上海盛隆印务有限公司
开　　本　700×1000　1/16
插　　页　1
印　　张　13
字　　数　160 千字
版　　次　2020 年 5 月第 1 版
印　　次　2020 年 5 月第 1 次
书　　号　ISBN 978-7-5760-0300-0
定　　价　48.00 元

出 版 人　王　焰